上海鲁迅研究

鲁迅与外国文学

总第96辑

上海鲁迅纪念馆 编

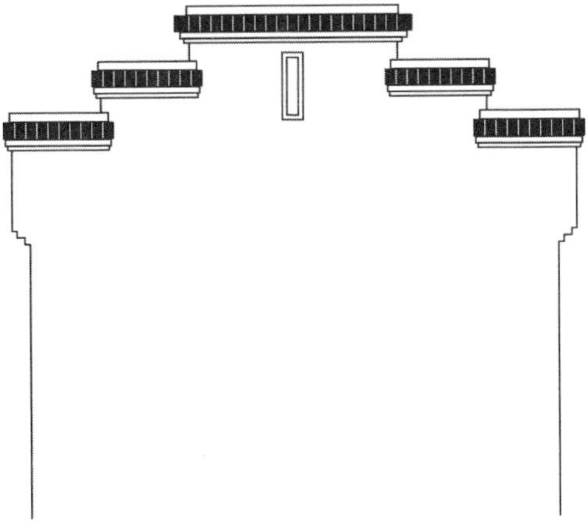

上海社会科学院出版社
SHANGHAI ACADEMY OF SOCIAL SCIENCES PRESS

目　　录

鲁迅与外国文学

纪念《阿Q正传》发表100周年

鲁迅作品研究

鲁迅思想研究

鲁迅同时代人

史料·辨证

读书杂谈

CONTENTS

Study on Lu Xun's Thought

Lu Xun's Contemporaries

History · Textual Research

Book-Reviews

Memorial

Summarize

Material

周氏兄弟与商务印书馆"说部丛书"
——兼论兄弟合译与鲁迅的"隐身"

乔丽华

创办于1897年的商务印书馆实力雄厚,在当时的出版界首屈一指。从1903年起商务印书馆推出规模宏大的"说部丛书",专门出版翻译小说,1934年鲁迅在写给杨霁云的信中提到他曾托文坛前辈蒋观云帮忙,向商务印书馆推荐一部译稿《北极探险记》,然而这次投稿没有成功,还被商务印书馆的编辑斥为"译法荒谬"。但鲁迅并未气馁,1906年夏秋,他携二弟周作人赴日留学后,也开启了合作翻译的模式,并经由蔡元培的堂弟蔡元康的推荐,译作《红星佚史》被列入商务印书馆"说部丛书",于1907年底顺利出版。以下将周氏兄弟向商务印书馆投稿的几部翻译作品做一梳理,由此管窥他们留日时期合作翻译的基本面貌。

一、《红星佚史》《匈奴奇士录》及其他

周氏兄弟自1906年下半年一起到东京后,直至回国(鲁迅1909年8月,周作人1911年5月),在外国文学翻译方面,不仅出版了《域外小说集》二册,还前后翻译了《红星佚史》《劲草》《匈奴奇士录》《炭画》《黄蔷薇》等中长篇小说,这些小说应该都曾投稿给商务印书馆,只是命运各不相同,有几部译作可谓命运多舛,但

也有几部被商务印书馆顺利接受和出版,以下重点介绍早年出版的两部译作,并兼及其他几部译作的翻译出版情况。

(一)《红星佚史》

周氏兄弟在商务印书馆出版的第一部小说,列入商务印书馆"说部丛书"初集第八编,题为"神怪小说",版权页注明:"原著者　英国罗达哈葛德　安度阑俱;译述者　会稽周逴";出版时间为"丁未年十一月",即1907年12月。本书正文前有《小引》一篇,末尾落款是"丁未二月,会稽周逴识",可知本书译成于1907年3月前后。根据周作人的回忆可知,这部译作能在商务印书馆出版且获得稿酬200元,与蔡元康的推荐大有关系。

《红星佚史》原名*The World's Desire*(直译为《世界欲》),该书原型人物是《荷马史诗》中的主角奥德修斯,讲述了他回到家乡伊卡大,发现城邦被毁、妻儿失散,阿芙罗狄特指引他前往埃及寻找永生的海伦的故事。"因海伦佩有滴血的星石,所以易名为《红星佚史》"。[①]小说系两位英国作家合著:罗达·哈葛德,现通译为亨利·莱特·哈葛德(下文简称"哈格德")(Henry Rider Haggard, 1856—1925),是19世纪后期英国新浪漫主义文学的代表,以创作非洲冒险故事而闻名,代表作有《所罗门王的宝藏》《她》等;另一位作者安度阑俱,周作人后来译为安特路朗,现通译为安德鲁·朗格(Andrew Lang, 1844—1912),是英国著名文学家、历史学家、诗人、民俗学家,以研究神话、民间传说而闻名于世,他认为通过民间传说中的惊异和恐怖的故事可以看到人类过去真实的痕迹,他所编撰的《彩色童话集》汇集了世界各国、各民族的传统神话和经典童话故事。

哈葛德在19世纪末的英国曾是著名畅销书作家之一,他的小说经由林纾大量翻译介绍进来,在晚清风靡一时。林译小说是商务印书馆重点推出的品牌,而林译小说中哈葛德的小说占了很大比重,在商务印书馆"说部丛书"初集中就有以下11部:

第二编:《迦茵小传》(言情小说,与魏易合译),《埃及金塔剖尸记》(神怪小说,与魏易合译),《英孝子火山报仇录》(伦理小说,与魏易合译)。1905 年出版。

第三编:《斐洲烟水愁城录》(冒险小说,与曾宗巩合译),《鬼山狼侠传》(神怪小说,与曾宗巩合译)。1905 年出版。

第四编:《玉雪留痕》(1905 年,言情小说,与魏易合译);《洪罕女郎传》(1906 年,言情小说,与曾宗巩合译),《蛮荒志异》(1906 年,神怪小说,与曾宗巩合译)。

第五编:《红礁画桨录》(1906 年,言情小说,与魏易合译)。

第六编:《雾中人》(冒险小说,与曾宗巩合译),《橡湖仙影》(社会小说,与魏易合译)。1906 年出版。

鲁迅和周作人早年都曾被林纾翻译的小说而深深吸引,通过以上所列举的 1905 和 1906 年出版的 11 部林译哈葛德的小说,可以清晰地看到在文学上处于起步阶段的周氏兄弟,他们第一次的合译不仅沿袭了林译小说的模式——双人合译,而且选择了林纾推崇的英国作家哈葛德的作品。周作人后来的回忆里也提到这一点:"一九〇七年即清光绪丁未在日本,始翻译英国哈葛德安度阑二人合著小说,原名《世界欲》(*The World's Desire*),改题曰《红星佚史》,在上海出版。那时哈葛德的神怪冒险各小说经侯官林氏译出,风行一世,我的选择也就逃不出这个范围,但是特别选取这册《世界欲》的原因却又别有所在,这就是那合著者安度阑其人。"②

鲁迅后来很少谈及早年的译作,但是他也曾回顾自己留日后文学兴趣的发展变化:"我们曾在梁启超所办的《时务报》上,看见了《福尔摩斯包探案》的变幻,又在《新小说》上,看见了焦士威奴(Jules Verne)所做的号称科学小说的《海底旅行》之类的新奇。后来林琴南大译英国哈葛德(H. Rider Haggard)的小说了,我们又看见了伦敦小姐之缠绵和菲洲野蛮之古怪。"③这段自述,从周作人日记、从鲁迅早年的翻译选择中都能得到印证。很明显有一个阶段鲁迅深受林译小说的影响,许寿裳在《亡友鲁迅印象记》里提到对鲁迅留学初期产生过有较大影响的3个名人,其中之一就是林纾:"林纾译述小说有百余种之多,也是首开风气的事业。他不谙原文,系经别人口述,而以古文笔法写出。出版之后,鲁迅每本必读,而对于他的多译哈葛德和科南道尔的作品,却表示不满。他常常对我说:'林琴南又译一部哈葛德!'又因其不谙原文,每遇叙难状之景,任意删去,自然也不以为然。"④

周作人在《鲁迅与清末文坛》一文中追忆了鲁迅的"林纾译作阅读史":

这以后,对于鲁迅有很大的影响的第三个人,不得不举出林琴南来了。鲁迅还在南京学堂的时候,林琴南已经用了冷红生的笔名,译出了小仲马的《茶花女遗事》,很是有名。鲁迅买了这书,同时还得到两本有光纸印的书,一名《包探案》,是福尔摩斯故事,一名《长生术》,乃是神怪小说,说什么"罐盖人头之国",至今还记得清楚。这在后来才弄明白,乃是哈葛得的一部小说,与后来林译的《金塔剖尸记》等是同一类的。《茶花女》固然也译得不差,但是使得我们读了佩服的,其实还是那部司各得的《撒克逊劫后英雄略》,原本既是名著,译文相当用力,而且说撒克逊遗民和诺曼人对抗的情形,那时看了含有暗示的意味,所以特别的被看重了。《埃及金塔剖尸记》的内容古怪,《鬼山狼侠传》则是新奇,也都很有趣味。前者引导我们去译哈葛得,挑了一本《世界的欲望》,是把古希腊埃及的传说杂拌而成的,改名为《红星佚史》,里面十多篇长短诗歌,都是由鲁迅笔述下来,用楚词句调写成的。后者更是爱读,书里边的自称"老猎人"的土人写得很活现,我们后来闲谈中还时常提起,好像是《水浒传》中的鲁智深和李逵。我们对于林译小说有那么的热心,只要他印出一部,来到东京,便一定跑到神田的中国书林,去把它买来,看过之后

> 鲁迅还拿到订书店去，改装硬纸板书面，背脊用的是青灰洋布。但是这也只以早期的林译本为限，例如上边所说三种之外，有《迦因小传》，《鲁滨孙漂流记》正续，《玉雪留痕》，《橡湖仙影》。到了末后两部也已经看得有点厌倦，但还是改订收藏，随后更是译得随便，便不足观了。……[⑤]

从“每本必读”到“表示不满”，这当中体现的正是鲁迅文学理念的成长变化轨迹。不过，起码在周氏兄弟合译哈葛德的《红星佚史》时，他们对林译小说还是钦佩的，而且渴望着能像林纾那样在商务印书馆出版一部又一部译作，实现文学翻译之梦。

（二）《匈奴奇士录》

周氏兄弟在商务印书馆出版的第二部小说，列入商务印书馆“说部丛书”二集第五十一编，被归入“言情小说”。1908年初版本版权页笔者未见到，根据周作人的回忆及商务印书馆1915年再版本可知，本书署名为“匈加利育珂摩耳著”“会稽周逴译”，1908年10月出版。[⑥]正文前有小引一篇，对作者及小说的背景作了介绍，评价原作者“每成一书，情态万变，且秾丽富美，妙夺人意。”结尾落款为“戊申五月会稽周逴记”，可知本书译成于1908年6月前后。

《匈奴奇士录》原名 *Rgy az Isten*（直译为《神是一位》），小说借一位叫勃兰迦的公爵夫人与一位名叫摩那塞的男子之间的爱情故事，展现了1848年匈牙利争取民族独立运动的历史场景，其中也有作者亲身经历。[⑦]作者育珂摩耳，本书小引中这样介绍他：“育珂名摩耳，匈加利人也，以一千八百二十五年二月生于科摩伦，就学巴波大学，进为博士。四十八年匈加利独立之战，育珂亦与，为奥人所忌，及维拉戈思战败则物色之，遂窜迹山林中，数月不出，事平归蒲陀沛思著书，六十一年推为国会议员，至一千九百五年卒。所作小说，都二百五十余卷，别有国史及自传等甚多。”[⑧]育珂摩耳现通译为约卡伊·莫尔（1825—1904），是匈牙利杰出的浪漫主义小说家,出身于中产阶级的律师家庭,1845年同裴多菲等人组成进步的作家团体"十人协会",1847年主持具有进步思想倾向的刊物《生活场景》,传播法国资产阶级革命思想。1848年3月15日佩斯举行起义,约卡伊参与起草著名的十二点纲领,要求实现民族独立、建立民族政府、实行出版自由等。此后专门从事写作,先后写过110卷小说,其中最重要的有《一个匈牙利富豪》(1853—1854)、《卡尔帕蒂·若尔坦》(1854)、《铁石心肠的儿女》(1869)、《黑钻石》(1870)、《金人》(1873)等,晚年又写成中篇小说《黄蔷薇》(1893)。

周氏兄弟选择翻译匈牙利作家约卡伊·莫尔的这样一部小说,体现了他们那时对于弱小民族文学的兴趣。周作人后来也曾提到这部小说翻译出版的情况:

> 这回的译稿卖不出去,只好重新来译,这一回却稍为改变方针,便是去找些冷僻的材料来,这样就不至于有人家重译了。恰巧在书店里买到一册殖民地版的小说,是匈牙利育凯所著,此人乃是革命家,也是有名的文人,被称为匈牙利的司各得,擅长历史小说,他的英译著作我们也自搜藏,但为译书卖钱计,这一种却很适宜。盖此书原本很长,英译者稍事删节,我们翻译急于求成,所以这是颇为相宜的,书中讲一神宗徒的事情,故书名《神是一个》,即不承认三位一体之说,但里边穿插恋爱政治,写的很是有趣,所以出版者题作"爱情小说",可见商人是那么样鉴定的。这一部稿子算是顺利的卖成功了,可是寄卖稿契约和钱来的时候,却是少算了一万字之谱,当初就这样的收下了,等到半年后书印了出来,特地买来一册,一五一十的仔细计算,查出数目的确不对,于是去信追补,结果要来了大洋十几元几角几分,因为那书店是一个字算几个钱,是那么样的精算的。翻译是在中越馆进行,但是序文上题戊申五月,已是在迁居西片町之后了。⑨

“译稿卖不出去”，指的是他们合译的第二部小说《劲草》。这一时期的周氏兄弟，处于“卖稿”阶段，需要适应出版社和读者市场的口味，如此才能让出版社接受他们的译稿，同时也获得一笔稿酬。周作人1919年撰写的履历中记载有本书的稿费：“戊申　五月居西片町ロノ七，译《匈奴奇士录》（Jákai Mór：Egy az Lsten），售于商务印书馆，得洋一百廿元。”[⑩]这部书稿是否经由蔡元康介绍不得而知，但第一部书稿介绍成功，则后面与商务印书馆洽谈也就比较容易了，这是可以想见的。

（三）《劲草》《炭画》《黄蔷薇》等留日时期翻译但未能出版或后来出版的作品

尽管有蔡元康的帮助，但周氏兄弟其他几部留日时期的长篇译作都命运多舛：

《劲草》翻译于《红星佚史》之后，周作人《墨痕小识》中记：“丁未……九月，居东竹町中越馆，译《劲草》（A. Tolstoi：*Knjaz Serebrjanni*）。”丁未九月，即1907年10月。这是阿·康·托尔斯泰1862年所写的一部历史小说，原名Князь Серебряньйй，现译《谢历勃里亚尼公爵》。它以伊凡四世时代的部分历史事件为素材，反映16世纪俄国人民反对沙皇统治的斗争。这部译稿原本也是给商务印书馆，但因为已经有人翻译而被退稿。商务出版的译本名为《不测之威》，上下卷，列入“说部丛书”第二集第五十九编，题为“历史小说”，发行兼著作人署名“商务印书馆”，译者不明。出版时间为戊申年二月，即1908年3月。

《炭画》是波兰显克微支的代表作，周作人在《墨痕小识》中记载：“己酉　三月居ハノ十九，译《炭画》（H. Sienkiewicz：*Szice Weglem*），甲寅五月由文明书局出板。”“己酉三月”，即1909年4月，此时鲁迅仍在东京，他于同年8、9月回国。《炭画》，也译为《炭笔素描》，1877年连载于《波兰报》，生动描写了波兰一个叫“羊头村”的人情世态。作者亨利克·显克维支（1846—1916），波兰著名作家，代表作有通讯集《旅美书简》，历史小说三部曲《火与剑》

《洪流》《伏沃迪约夫斯基先生》及历史小说《十字军骑士》等,1905年他因长篇历史小说《你往何处去》这部作品而荣获诺贝尔文学奖。显克微支是周氏兄弟所喜爱的作家,《域外小说集》里也收录有他的作品。然而这部作品的出版也颇为曲折,1913年由周作人寄往上海商务印书馆,但收到退稿信,编辑指出其译文"行文生涩,读之如对古书,颇不通俗"。又寄往中华书局,再次遭退稿。后经鲁迅设法,1914年4月由上海文明书局出版。[11]

《黄蔷薇》是西班牙作家育珂摩尔(即约卡伊·莫尔)晚年的作品,周作人《墨痕小识》中记:"庚戌　十二月居麻布森元町。译《黄花》(Jókai Mór: A Sárga Rózsa)。""庚戌年十二月",即1911年初,同年5月周作人在鲁迅的催促下回国。这部小说的出版显然也很不顺利,直至1927年,周作人通过蔡元培的介绍,方由上海商务印书馆出版。

二、兄弟合译与鲁迅的"隐身"

在此有必要就周氏兄弟合译的问题做些讨论。周作人后来的回忆中,有时把这些翻译直接归于自己,但有时也提到兄弟俩当时的合作:

> (鲁迅)平常抄文章,总用一种蓝印直行的纸,店里现成的很多,自己打格子衬着写,多少任意,比较的方便。大部的翻译小说,有十万多字的《劲草》和《红星佚史》,都是用这种稿纸,在那小书桌上抄录出来的。后者卖掉了,前者退了回来,在别处也碰了两个钉子,终于下落不明。[12]

> 那年夏天由汤岛移居东竹町,在旧书店买得《银公爵》的英文译本,名曰《可怕的伊凡》,是一种六便士的粗印本,可是内容很有趣味,于是计划来翻译,大概是在丁未之冬完成的吧,因为是用拟古文翻译的,所以觉得原名《银公爵》不甚雅

> 驯,改称曰《劲草》。这译文是我起草,由鲁迅抄录,用蓝格的日本纸,订成一厚本,又寄给商务印书馆去。不久原稿退了回来,说此书已经译出付印,当然不能再收了。后来那本译本印了出来,书名《不测之威》,似不著译人姓名,我们披读了一回之后,虽然不敢说自己的译得好,毕竟敝帚自珍,人情之常,也无足怪。译书卖钱以还书债,这预算一时顿挫了,不得不为补救之计。结果是那册匈加利育诃摩尔的小说,译名是《匈奴奇士录》,如序上所记其时为戊申五月。《劲草》的译稿收在柳条箱内,辛亥年秋间带回绍兴,民国初二年间又由鲁迅携至北京,想寻找发表的机会,最初交给某杂志社,其次交给某日报社,终于不能登出,末了连信息都没有,因为社是在外埠,所以就此了结了。这是遗失的原稿的第一件,虽然这事已在三十年前,只因对于原书尚有爱好之意,现今想起来还不免觉得可惜。⑬

如上所述,周作人提到《红星佚史》和《劲草》都是鲁迅抄录的。这所谓"抄录",自然不是单纯的誊抄,而是校对、修改、定稿之意。至于最后订成一册寄给商务印书馆,应该也是鲁迅经手的。

鲁迅留日时期的同学沈瓞民曾指出,鲁迅在弘文学院时就已着手译《红星佚史》。他的这一说法无法确证,他的回忆文章中也颇有一些史实性错讹,但正如他所指出的,当时的风气并不注重署名:"鲁迅的手笔,署他人之名者,岂仅《红星佚史》而已。《鲁迅全集补遗续编》收入《红星佚史》译歌十六篇,是妥当的。当时风尚所趋,署他人之名,亦不会反对,仅作为谈笑的资料罢了。""那时风尚,不分你我,只要对革命有利,于愿已足。这种毫无利己之心,在革命家面前,是不足为奇的。总之,鲁迅早年著述,用笔名亦好,合署亦好,用他人名亦好,对于鲁迅是无损秋毫之末的。"⑭关于署名一事,沈瓞民所言不虚,《浙江潮》及当时的留学生杂志上有许多文章都没有署名,或仅署笔名而无法确认作者身份,这样的情况比比皆是。

诚然,由于种种原因,即便在鲁迅生前,这些译作大多归于周作人名下,但后来的研究者理应对兄弟合译的这种情况有更全面的认识。遗憾的是,现在的情况并非如此。例如《集外集拾遗补编》的附录中,根据鲁迅手稿收入了《劲草》译本序的残稿,内容如下:

> 藁,比附原著,绎辞紬意,与《不测之威》绝异。因念欧人慎重译事,往往一书有重译至数本者,即以我国论,《鲁滨孙漂流记》,《迦因小传》,亦两本并行,不相妨害。爰加厘订,使益近于信达。托氏撰述之真,得以表著;而译者求诚之志,或亦稍遂矣。原书幖名为《公爵琐勒布略尼》,谊曰银氏;其称摩洛淑夫者霜也。坚洁之操,不挠于浊世,故译称《劲草》云。
>
> 著者托尔斯多,名亚历舍,与勒夫·托尔斯多 Lyof Tolstoi 有别。勒夫为其从弟,著述极富,晚年归依宗教,别立谊谛,称为十九世纪之先知。我国议论,往往并为一人,特附辩于此。己酉三月译者又识。[15]

《鲁迅全集》中对这篇序言是这样注释的:“本篇据手稿编入,是鲁迅1909年代周作人为其《劲草》译本所写的序言残稿,原无标题,有句读。”[16]这句话语义相当含混,很可能注释者也不清楚这篇序言究竟是谁所作,或大致认为系周作人所作,由鲁迅抄录。从残稿的内容来看,序中提到商务印书馆已出版的《不测之威》,并举《鲁滨孙漂流记》《迦因小传》等例子,说明一本书有几种译本的情况也是常见的。这个观点后来鲁迅也曾有所申述,考其内容和文章风格,更像是鲁迅手笔,很可能是回国后为了向其他出版社投稿而特意撰写的。

又全集注释中说“周作人的译本未印行”[17]。这句话同样也值得商榷。另,《鲁迅译文全集》中收录了《红星佚史》译诗,注释是这样的:“载周逴(作人)译《红星佚史》(光绪三十三年〔1907〕10月上海商务印书馆出版)一书中。”[18]笔者认为,将“会稽周逴”的译本简单地注成周作人的译本,并不完全符合历史事实。虽然周作人没有明确说这是兄弟合译,即便鲁迅生前也没有提出异议,但当时他们是密切合作的关系,很难简单分割,归入其中一人名下。如前所述,他们的合作方式,通常是二人一同确定翻译的文本,由懂得英文的周作人翻译出草稿;或周作人口述,鲁迅笔录,这种笔录正如林纾的笔录,并非口授实录,而是具有创造性的,同时又与林纾与他人的合作不同,鲁迅也通过参照日译本或德文本而对译文有所考订。正如有研究者指出的那样:“就翻译合作方式而言,他们各有其特点:林纾与众多的口译者合作,西译中述,‘耳受而手追之’;鲁迅和周作人则是兄弟合作,各展所长。”[19]这种合作,周作人可能更多承担了文字翻译的工作,鲁迅则更多地做了校对修订的工作及其他种种出版方面的杂务,在寻求出版途径及具体经办手续方面,因鲁迅留学年头较长、交友更广且更善于处理事务,所以主要由他独自承担了。因此,每部译本凝聚了兄弟二人的心血,无法简单地归于某个人名下。此时期出版的《红星佚史》《匈奴奇士录》均署名“会稽　周逴”,又后来被发掘出的鲁迅所创作的小说《怀旧》发表时也署名“周逴”,“周逴”当为兄弟二人共同的署名,不能简单地认作是其中任何一位。

有不少研究者已经注意到留日时期鲁迅和周作人“彼此在场”[20]的情况,但他们主要集中于《天义》上署名“独应”的1907、1908年,以及《红星佚史》《域外小说集》等部分译作上的合作,这显然还不能反映兄弟俩合作的深度和广度。必须看到,翻译介绍外国文学并谋求出版是鲁迅提倡文艺运动的一个重要方面,是他重回东京后实施文艺计划的一部分,根据鲁迅和周作人留日的先后及二人当时的学识素养,合理的推测应该是:早年兄弟二人翻译上的合作,关于作品的选择及最后的定稿等,大哥鲁迅应居于主导地位,更多体现了鲁迅的“强力意志”。然而,现在的情况是,这些译作包括译本的序言,均悉数收入周作人译文集或文集中,反之《鲁迅全集》或相关研究则将这部分排除在外。可以说,鲁迅所起的作用被"隐身"了,迄今为止仅有少部分译作被纳入鲁迅研究视野之中,这与鲁迅弃医从文后在东京从事文艺运动所取得的业绩是不相符的。

可能因为兄弟失和,这段岁月鲁迅后来很少触碰,因此基本上由周作人单方面讲述,研究者也主要靠周作人的文字来还原和构建这段历史,这就造成鲁迅研究中一个令人相当费解的现象:留日初期出版了好几部译作的鲁迅,在周作人赴日后,发表的译作寥寥,即便《域外小说集》中他的译作也只有极少的几篇,直至1917年发表《狂人日记》之前,鲁迅在文学上给人的印象总体而言是"沉默的"。这种"沉默"对于一个天生的作家来说难道不是很反常?是否可以认为,在很长一段时间,鲁迅在翻译上的付出主要体现于对翻译作品的选择、对周作人译稿的校对等大量幕后工作,这种工作是无形的、隐身的,但鲁迅认为是值得的,因为他的宗旨是向国人译介他认为值得介绍的外国文学作品。他后来与未名社、与朝花社青年作者的合作,以及创办《奔流》杂志、主编《译文》杂志,与《作家》杂志编辑孟十还的交往等,足以证明他对于翻译介绍外国文学自始至终怀抱热忱,可谓此志不渝。同时从中也可以看到,他并不把翻译看成个人的业绩,而是尽可能召集懂外语的青年人共同协助,以完成他构想中庞大的翻译出版计划。

注释

① 周作人:《翻译小说上》,《知堂回想录(七七)》,《周作人散文全集》第13卷,广西师范大学出版社2009年版,第369页。

② 周作人:《习俗与神话》,原刊1934年1月刊《青年界》5卷1号,署名岂明,收入《夜读抄》。本文引自《周作人散文全集》第6卷,广西师范大学出版社2009年版,第212页。

③《鲁迅全集》第四卷,人民文学出版社2005年版,第472页。

④ 许寿裳:《亡友鲁迅印象记》,鲁迅博物馆、鲁迅研究室选编:《鲁迅回忆录》(专著上册),北京出版社 1999 年版,第 218 页。

⑤ 周作人:《鲁迅与清末文坛》,原刊 1956 年 10 月 5 日《文汇报》,署名“周遐寿”,后收入《周作人散文全集》第 12 卷,广西师范大学出版社 2009 年版,第 646 页。

⑥ 赖静:《商务印书馆与清末民初小说》,上海师范大学中国古代文学专业硕士学位论文,2015 年。

⑦ 姜异新:《遥望匈牙利海——约卡伊·莫尔故居访问记》,《书城》2016 年 10 月。

⑧ 周逴译:《匈奴奇士录》,商务印书馆 1908 年版。本文所引以《〈匈奴奇士录〉序》为题收入《周作人散文全集》第 1 卷,广西师范大学出版社 2009 年版,第 85 页。

⑨ 周作人:《翻译小说下》,《知堂回想录(七八)》,《周作人散文全集》第 13 卷,广西师范大学出版社 2009 年版,第 372 页。

⑩ 周作人:《墨痕小识》,本文原署“甲寅六月起孟记”,“甲寅六月”是 1914 年 7 月—8 月,但文中记事至“(民国)八年”即 1919 年 12 月 27 日。《周作人散文全集》第 2 卷,广西师范大学出版社 2009 年版,第 203 页。

⑪ 周作人:《〈炭画〉与〈黄蔷薇〉》,《知堂回想录(八八)》,《周作人散文全集》第 13 卷,广西师范大学出版社 2009 年版,第 405 页。

⑫ 周作人:《矮脚书几》《鲁迅在东京(二十)》,《周作人散文全集》第 11 卷,广西师范大学出版社 2009 年版,第 544 页。

⑬ 周作人:《遗失的原稿》,《周作人散文全集》第 9 卷,广西师范大学出版社 2009 年版,第 557 页。

⑭ 沈瓞民:《回忆鲁迅早年在弘文学院的片断》,原刊 1961 年 9 月 23 日《文汇报》,后收入薛绥之主编:《鲁迅生平史料汇编第二辑》,天津人民出版社 1982 年版,第 39 页。

⑮ 鲁迅:《〈劲草〉译本序(残稿)》,《鲁迅全集》第八卷,人民文学出版社 2005 年版,第 457 页。

⑯⑰ 鲁迅:《〈劲草〉译本序(残稿)》的注释①,《鲁迅全集》第八卷,人民文学出版社 2005 年版,第 457 页。

⑱ 鲁迅:《〈红星佚史〉译诗》,周逴译《红星佚史》,上海商务印书馆 1907 年版。北京鲁迅博物馆编:《鲁迅译文全集》第 8 卷,福建教育出版社 2008

年版,第7页。

⑲ 叶依群:《论林纾与周氏兄弟的翻译模式》,《浙江科技学院学报》2018年第2期。

⑳ 相关论文有:杨天石:《鲁迅早期的几篇作品和〈天义报〉上署名"独应"的文章》,《鲁迅研究资料》第3辑。陈漱渝:《再谈〈天义报〉上署名"独应"的文章》,《新文学史料》1980年第3期。孟庆澍:《彼此在场的读与写:1907年的周氏兄弟》,《中国现代文学研究丛刊》2017年第3期。

鲁迅论外国人名的音译

张义宏

鲁迅曾发表多篇有关翻译问题的文章，涉及翻译功用、翻译批评、重译复译、翻译方法、翻译与创作的关系等多个方面，而鲁迅对于外国人名的音译也有着独到的看法。具体而言，鲁迅反对将外国人名翻译附会成中国式的人名，而是倡导按照外国人名的发音进行准确翻译，体现了外国人名音译上的一种异化策略。鲁迅的这一主张随即遭到其他学者的反对，由此而引发了当时外国人名音译问题上的一场论争。

一、鲁迅人名音译问题论争的缘起与经过

1922 年 11 月 4 日，鲁迅在《晨报副刊》上发表《不懂的音译》一文，其中开门见山指出："翻外国人的姓名用音译，原是一件极正当，极平常的事，倘不是毫无常识的人们，似乎决不至于还会说费话。"[①]鲁迅文中对于某些人提倡的外国人名音译应加上中国《百家姓》的做法进行回击，认为"屠介纳夫""郭歌里""柯伯坚"一类的人名音译会给读者造成误会，因此应该尽量避免。11 月 6 日，鲁迅又在《晨报副刊》上发表该文的第二部分，对于所谓的"国学家"在人名音译问题上折射出的盲目排斥西方文化的态度进行批判，因此"要清清楚楚地讲国学，也仍然须嵌外国字，须用新式的标点的"。[②]鲁迅认为浅陋的"国学家"借外国人名音译之名，反对接受西方的先进文化，实则暴露了这些人固守旧传统的昏庸腐朽。鲁迅在外国人名音译上的主张融合了他在新文化运动中的基

本观点，因此外国人名音译问题的论争从一开始就带有鲜明的新文化运动历史烙印。

1925年1月11日，鲁迅又在《京报副刊》发表《咬文嚼字》(一)，专论外国人名音译时的用字问题，其中除了对使用《百家姓》音译外国人名的做法旧事重提外，又对加草头、女旁、丝旁等刻意标明女性身份的人名音译现象进行抨击。“以摆脱传统思想的束缚而来主张男女平等的男人，却偏喜欢用轻靓艳丽字样来译外国女人的姓氏：加些草头，女旁，丝旁。不是‘思黛儿’，就是‘雪琳娜’。西洋和我们虽然远哉遥遥，但姓氏并无男女之别，却和中国一样的，——除掉斯拉夫民族在语尾上略有区别之外。所以如果我们周家的姑娘不另姓绸，陈府上的太太也不另姓蔯，则欧文的小姐正无须改作妪纹，对于托尔斯泰夫人也不必格外费心，特别写成妥妳丝苔也。”[③]鲁迅该文随即成为外国人名音译问题论争的导火索。1925年1月15日，《京报副刊》发表廖仲潜给孙伏园写的短信《无聊的通信》，认为鲁迅《咬文嚼字》一文为“最无聊的一种，亦无登载的必要”。[④]孙伏园则明显站在鲁迅一边，他给廖仲潜的回信中提到鲁迅一文是“极重要极有意义的文字”，而鲁迅攻击的两点是“晚近翻译界堕落的征兆，不可不力求改革的”。[⑤]1月18日，《京报副刊》再度刊登廖仲潜《关于〈咬文嚼字〉》一文以及孙伏园给前者的回信。两人坚持各自观点，语气颇为强烈。[⑥]1月20日，《京报副刊》又刊发潜源的《〈咬文嚼字〉是“滥调”》一文，赞同廖仲潜的说法，认为鲁迅《咬文嚼字》一文“实在毫无意义”“未免过于吹毛求疵”。孙伏园写给潜源的回信中虽未改变立场，但是语气趋于平缓。[⑦]

鲁迅此时不再沉默，于1月22日在《京报副刊》发表《咬嚼之余》一文，作为对两人的正面回应。[⑧]1925年2月4日，潜源又在《京报副刊》上发表《咬嚼之乏味》一文，[⑨]而鲁迅也于2月10日在《京报副刊》上发表《咬嚼未始“乏味”》一文。[⑩]双方继续就人名音译问题展开激烈论辩，涉及中西人名表达的差异等一些问题。究其实质，双方论争的焦点在于廖仲潜与潜源认为外国人名的归化音译是为了照顾中国人的阅读习惯，作为一种外国人名的翻译方法无可厚非，因此认为鲁迅未免“小题大做”“声张做势”，而鲁迅眼中的人名音译已不仅仅局限于文学作品的译介层面，而是反映出译者对于传统文化与西方文化的认识问题，这也是鲁迅为何如此看重外国人名音译问题的根本原因，所以鲁迅在《咬嚼之余》中明确指出：“所以将翻译当作一种工具，或者图便利，爱折中的先生们是本来不在所讽范围之内的。”⑪

外国人名音译的论争并没有偃旗息鼓。1928 年 12 月，赵景深在杂文《拜伦与婀迦丝朵的恋爱》中谈到女主人公 Augusta Leigh 的汉语音译名，认为已有译名“奥只斯特尼”“爱果斯德”“阿加斯太”“渥盖斯泰”等都体现不出人物的性别，只有江嘉炎翻译的“阿加丝朵”最好，并指出他自己借鉴林纾翻译《迦茵小传》的译名将其改为“婀迦丝朵”。赵景深顺便提到：“记得某名人曾反对以花草的字眼来译女人名字，这在女性中心说或是男女平等说的人看来，自然有他的充分理由，但我却处处为看不惯译文的人着想，在男女译名上加一点分别，也未始不是便利读者的事。”⑫赵景深虽然没有指名道姓，但文中“某名人”显然针对鲁迅，并且流露出很大的不屑口吻。鲁迅本人对此却隐忍未发。赵景深在文中还谈到他在翻译柴霍甫（契诃夫）短篇小说全集里的人名时也使用了这种标明女性性别的音译法，而鲁迅在 1925 年恰恰对这种人名译法进行了公开的批评。鲁迅当时具体所指我们无从得知，但这足以令赵景深本人大为不悦，并对此事一直耿耿于怀。

赵景深于 1931 年 3 月又在《读书月刊》第 1 卷第 6 期发表《论翻译》一文，“我以为译书应为读者打算；换一句话说，首先我们应该注重于读者方面。译得错不错是第二个问题，最要紧的是译得顺不顺。倘若译得一点也不错，而文字格里格达，吉里吉八，拖拖拉拉一长串，要扯断人家的嗓子，其害处当甚于误译。……所以严复的‘信’‘达’‘雅’三个条件，我以为其次序应该是‘达’‘信’

'雅'。"赵景深还专门提到人名的翻译:"说到人名,我爱替他们加上一个中国的姓,所以在柴霍甫短篇杰作集里,篇名用人名的我都改成中国式,例如白菱迦,安玉黛,吴乐德,郭锡福,樊凯,辛娜,马礼德等等。并且男子和女子的译名也有分别,我们从上列各名一看就知道白菱迦,安玉黛以及辛娜是女性,吴乐德,郭锡福,以及马礼德是男性。这并不像社会问题大家的意见那样,是侮辱女性或是主张男女的根本差,只是为了使读者一目了然,容易记忆。"此外,他还编了一个《百家姓》译名对照表附在文后,以推广他的外国人名音译法。[13]

1931年12月20日,鲁迅在《北斗》上发表了《几条"顺"的翻译》和《风马牛》二文作为回击,将梁实秋、赵景深、杨晋豪划为"拼死命攻击'硬译'"的三代人,同时针对赵景深和其他几个人的看似通顺实则误译的例子进行批驳,其中就包括学界广为谈资的"牛奶路"一词的翻译。[14]此时,这场由人名音译问题所引发的论争已经演变为译界广为人知的那场有关"硬译"的大论战。

二、鲁迅人名音译论争背后的深层原因

作为新文化运动的主将与旗手,鲁迅在外国人名音译上的主张一定程度上反映出他在中西文化交流与碰撞进程中表现出的基本立场,因此鲁迅眼中的外国人名音译不仅仅是西方文学作品中人名音译的方法问题,更是针对当时上海滩一些浅陋无知的"国学家"对于西方新事物仇视心理做出的回应,它也是鲁迅向守旧与复古思潮宣战的鲜明反映,而这应该完全归因于当时特殊的历史背景与社会环境。

(一)文化上的"拿来主义"

鲁迅的翻译实践思想自始至终都带有鲜明的历史文化烙印,这一点在鲁迅有关人名音译问题的论述上同样得到了体现。晚清时一些国人的文化胸襟愈加狭隘自闭,到处弥漫着"用夏变夷"的盲目自大思想。鲁迅在《"题未定"草》中谈到希望读者通过阅读

充满异国情调的外国作品得到启发和感悟，并对于翻译中的过度归化现象提出了批评："凡是翻译，必须兼顾着两面，一当然力求其易解，一则保存着原作的丰姿，但这保存，却又常常和易懂相矛盾：看不惯了。不过它原是洋鬼子，当然谁也看不惯，为比较的顺眼起见，只能改换他的衣裳，却不该削低他的鼻子，剜掉他的眼睛。"[15]鲁迅反对用《百家姓》和"轻靓艳丽"字样来音译外国人名，因为它无疑属于鲁迅眼中削鼻剜眼的做法。

鲁迅认为当时一些"国学家"在外国人名音译上的态度恰恰反映出他们对待西方文化的心态。他在《不懂的音译》中说道："倘如他的尊意，则怎么办呢？我想，这只有三条计。上策是凡有外国的事物都不谈；中策是凡有外国人都称之为洋鬼子，例如屠介纳夫的《猎人日记》，郭歌里的《巡按使》，都题为'洋鬼子著'；下策是，只好将外国人名改为王羲之唐伯虎黄三太之类，例如进化论是唐伯虎提倡的，相对论是王羲之发明的，而发见美洲的则为黄三太。"[16]鲁迅认为这些昏庸悲惨的"国学家"对外来文化持有恐惧与排斥心理。他们以"国学家"自居，内心深处顽固地捍卫自己的国学，容不得一点西方的进步文化，因此将外国人名的准确音译斥为"不懂的音译"，这实际上是他们守旧的思想在作祟。可以说，鲁迅的主张不但对当时译界的习气有纠正积弊的功用，而且有利于国人以宽广的心态去面对和接受西方文化，从而改变国家和人民的命运。

鲁迅倡导的外国人名音译原则并不意味着鲁迅对于传统文化的排斥，而是希望能够合理地吸收西方文化的精华来促进中国社会的发展。鲁迅在《文化偏至论》中提到"外之既不后于世界之思潮，内之仍弗失固有之血脉"[17]，因此应正确处理好继承传统与吸收外来文化的关系，而鲁迅这里尤其强调了吸收外国文化对于本民族发展的重要性。可以看出，鲁迅正是借外国人名音译问题对当时一些人的盲目排外心理和妄自尊大的民族中心主义给予了有力的批判。"此外如真要研究元朝的历史，便不能不懂'屠介纳夫'的国文,因为单用些'鸳鸯''蝴蝶'这些字样,实在是不够敷衍的。所以中国的国学不发达则已,万一发达起来,则敢请恕我直言,可是断不是洋场上的自命为国学家'所能厕足其间者也'的了。"[18]国学要发展,就不能盲目排外,必须要抱着"拿来主义"的态度去接受外国文化。鲁迅当时所坚持的这一主张也贯穿于他的整个翻译实践与思想之中,它也说明了鲁迅在与廖仲潜、潜源等人的论争中始终不忘记以"以摆脱传统文化束缚的人"一语向对方进行讽刺的真正原因,反映出鲁迅以中国传统文化为本位,进而"别求新声于异邦"[19]的文化心态与立场。

鲁迅外国人名音译的实践可以更好地说明他本人在该问题上的主张。鲁迅翻译的《死魂灵》中人名有"泼留希金""梭巴开维支""且泼拉可夫""胚土赫"等,用的是保存了洋气的外国人名音译做法。再如,他将 Hugo 译为嚣俄(雨果),将 TyreHeB 译成都介涅夫(屠格涅夫),将 Frederik Van Eeden 译成拂来特力克·望·霭覃(弗雷德里克·凡·伊登),将 Gogol 译作鄂戈里(果戈理)。需要指出的是,鲁迅的人名音译并非始终如一,例如他在写于1907 的《摩罗诗力说》中将 Gogol 译作鄂戈里,而在 1934 年的《鼻子》译者附记中又将其译作果戈理。这些人名音译并非切合这些人名的外语读音,出现这种现象的原因是多方面的。鲁迅作品中有些人名是通过日语转译过来的,其原始读音会发生一定的变形,再加之他自己所知外语语种的限制以及所说方言的影响,因此在没有约定俗成的译名之前,这些人名的音译和今天习惯的发音会有所偏差,这完全是可以理解的。需要指出,鲁迅有时也会背离他自己所设立的人名音译规范。他翻译的《死魂灵》的序言中,就出现了裴伦、夏杜勃良、霍夫曼、莫里哀等带有中国姓氏的名字。这也许是已有外国人名音译在先,鲁迅不过遵循了"约定俗成"的原则,但同时也说明了鲁迅主张的缺陷,是很难照办的。[20]新华通讯社译名资料组编写的《英语姓名译名手册》(第二次修订本)中的外国人名音译就包含大量《百家姓》,以及草字头与女字旁的外国人名音译。[21]这说明了当时廖仲潜、潜源、赵景深等人的主张并非完全错误,但是考虑到中国社会当时的历史环境以及鲁迅在人名音译问题上的初衷,我们也无需对于身处特殊时期的鲁迅过于苛求。

(二)对晚清意译风尚的反拨

晚清翻译界中的意译倾向颇为流行,以林纾为代表的译者大部分是传统文化中心论者,在实践上则表现为用本国文化对外国作品进行任意阉割,翻译中的"暴力"现象随处可见,而外国人名地名翻译上的中国化现象表现得尤为突出,几乎成了当时译界的一种时尚。清末小说家吴趼人在其翻译的日本小说《电术奇谈》的篇末附记中说:"凡人名皆改为中国习见之字眼,地名皆用中国地名,俾读者可省脑力,而免艰于记忆之苦。"[22]另一位译者徐卓呆在翻译德国小说《大除夕》时也曾说过,"固有名词,恐甚难记忆,故悉改为我国风,以便妇孺易知",因此译本中到处可见"花姐""袁松""邓薇"等中国化的人名音译。[23]直至现代,这种人名翻译的方法还可在傅东华翻译的《飘》中见到,译本中的人名如郝思嘉、白瑞德、卫希礼等完全是中国化的,正如译者在译本"译序"中指出的:"因为译这样的书,与译 Classics 究竟两样,如果一定要字真字确地译,恐怕读起来反要沉闷。即如人名地名,我现在都把它们中国化了,无非要替读者省一点气力。"[24]实际上,鲁迅并非未将译文读者考虑在内,但他的顾虑在于用《百家姓》来翻译外国人名易于给读者的理解造成误导,而它产生的危害要远远大于给读者阅读时提供的一时之便。

鲁迅的早期译作《月界旅行》《地底旅行》等由于受到晚清意译风尚的影响,因此作品中的意译程度很高,存在着一定数量的随意增删现象。鲁迅本人后来意识到它的弊端,他于 1932 年 1 月 16 日在写给增田涉的信中谈到《域外小说集》的出版目的:"当时中国流行林琴南用古文翻译的外国小说,文章确实很好,但误译很多。我们对此感到不满,想加以纠正,才干起来的,但大为失败。"[25]鲁迅对于这段翻译经历一直念念不忘。从 1909 年鲁迅与周作人合作翻译《域外小说集》开始,他就始终坚持直译(硬译)的翻译方法以确保“迻译亦期弗失文情”,即使是人名地名也完全按照读音进行翻译,他在《域外小说集》“略例”中还特别谈到他本人在外国人名翻译上所采用的基本方法:“人地名悉如原音,不加省节者,缘音译本以代殊域之言,留其同响;任情删译,即为不诚。”[26]鲁迅在外国人名音译上刻意“留其同响”,不但标志着他此时翻译策略的转变,而且是对晚清流行的意译风尚的一个反拨,只可惜赵景深、廖仲潜等人始终没有领会鲁迅本人在这个问题上的真实意图。

鲁迅的人名音译主张后来得到周作人的支持。周作人于1951年发表的《名从主人的音译》一文中谈到凡人名地名都应该尽可能地依照它本国的读法忠实地用汉语对译出来,即坚持“名从主人”的翻译原则。周作人又进一步探讨了人名音译的难度和标准,虽然鲁迅强调人名音译的重要性,但两人在人名音译上的基本原则是一致的。[27]此外,“五四”时期的中国社会正处于剧烈的转型期,而汉语自身也正经历着从文言文向白话文的变革时期。鲁迅本人在语言改造问题上反对故步自封,主张向其他语言吸收有用成分以使汉语得到进一步的发展。他在《不懂的音译》中谈到丰富汉语词汇的问题:“凡有旧来音译的名目:鞋,狮子,葡萄,萝卜,佛,伊利等都毫不为奇的使用,而独独对于几个新译字来作怪;若是明知的,便可笑;倘不,更可怜。”鲁迅认为通过音译法来丰富汉语词汇的做法是切实可行的,这已经在实践中得到证明。鲁迅建议现在的翻译家不妨学习古代和尚完全按发音去翻译人名地名的方法,如“阿难陀”“实叉难陀”“鸠摩罗什婆”等,因此我们现在仍然可以依据译名推出原音来。[28]

三、结　语

鲁迅提出的外国人名音译原则是特定历史时期下的产物,反映出新文化运动时期鲁迅在中西文化交流与碰撞进程中所坚守的基本立场与态度，而这场由人名音译问题引发的论争则折射出双方在翻译功用和翻译标准上的认识差异。鲁迅眼中的翻译是当时启发民智的重要手段，因此旨在通过异化翻译保存“原作的风姿”，而外国人名的准确音译无疑是鲁迅翻译实践与翻译思想的一个重要体现。此外，鲁迅的外国人名音译原则是针对当时翻译界的流行现象而提出，是对于盲目排外心理的一种回应，因此是不能用一般的翻译标准对其进行简单化的评判。总之，鲁迅人名音译上的主张深深根植于新文化运动时期的社会语境，因此需要结合当时的具体情况进行历史意义上的解读，而这同样适用于鲁迅在其他翻译问题上的立场。

（陕西师范大学外国语学院）

注释

①《鲁迅全集》第一卷，人民文学出版社 2005 年版，第 417 页。
②《鲁迅全集》第一卷，第 420 页。
③《鲁迅全集》第三卷，人民文学出版社 2005 年版，第 9 页。
④《鲁迅全集》第七卷，人民文学出版社 2005 年版，第 63 页。
⑤《鲁迅全集》第七卷，人民文学出版社 2005 年版，第 64 页。
⑥《鲁迅全集》第七卷，第 65—67 页。
⑦《鲁迅全集》第七卷，第 67—71 页。
⑧《鲁迅全集》第七卷，第 61—63 页。
⑨《鲁迅全集》第七卷，第 73—76 页。
⑩《鲁迅全集》第七卷，第 72—73 页。
⑪《鲁迅全集》第七卷，第 62 页。
⑫ 赵景深：《文艺论集》，广益书局 1932 年版，第 12 页。
⑬ 赵景深：《文艺论集》，第 258—262 页。
⑭《鲁迅全集》第四卷，人民文学出版社 2005 年版，第 350—357 页。
⑮《鲁迅全集》第六卷，人民文学出版社 2005 年版，第 364—365 页。
⑯《鲁迅全集》第一卷，第 419 页。

⑰《鲁迅全集》第一卷,第57页。

⑱《鲁迅全集》第一卷,第419—420页。

⑲《鲁迅全集》第一卷,第68页。

⑳ 刘麟:《文学的怀旧》,北京时代华文书局2013年版,第7页。

㉑ 新华通讯社译名资料组编:《英语姓名译名手册》,商务印书馆1989年版。

㉒ 郭延礼:《中国近代翻译文学概论》,湖北教育出版社1998年版,第37页。

㉓ 施蛰存编:《中国近代文学大系·翻译文学集》第1卷,上海书店出版社1990年版,第314页。

㉔ [美]玛格丽特·米切尔著,傅东华译:《飘》,浙江文艺出版社2019年版,第3页。

㉕《鲁迅全集》第十四卷,人民文学出版社2005年版,第196页。

㉖《鲁迅全集》第十卷,人民文学出版社2005年版,第170页。

㉗ 钟叔河编:《周作人文类编》⑧,湖南文艺出版社1998年版,第776页。

㉘《鲁迅全集》第一卷,第417页。

《死魂灵百图》人物对话“图赞”

向敏艳

鲁迅《〈死魂灵百图〉小引》开头说：“果戈理开手作《死魂灵》第一部的时候，是一八三五年的下半年，离现在足有一百年了。幸而，还是不幸呢，其中的许多人物，到现在还很有生气，使我们不同国度，不同时代的读者，也觉得仿佛写着自己的周围，不得不叹服他伟大的写实的本领。”[①]而这“很有生气”的“伟大的写实”，也同样体现在这部小说中著名的阿庚（Agin）插图里，确切说，是阿庚绘画、培尔那尔特斯基操刀的那100余幅版画。

鲁迅不谙俄语，翻译外国文学作品基本以德文版转译，以日、英等其他文本作参考。所译《死魂灵》的德译本，由奥托·布克（Otto Buek）据俄文版译成，柏林普罗皮勒（Bropyläen）出版社1920年出版，现收藏于上海鲁迅纪念馆。该书并无插图；同时参考的日、英译本即使有插图也不会太多，因为当鲁迅听曹靖华说见到一种插图版，即在1935年3月23日去信要求“插画本《死灵》，如不费事，望借我看一看”[②]。后来更有孟十还“忽然在上海的旧书店里看到了这画集，便像孩子望见了糖果似的，立刻奔走呼号，总算弄到手里了，是一八九三年印的第四版，不但百图完备，还增加了收藏家蔼甫列摩夫所藏的三幅，并那时的广告画和第一版封纸上的小图各一幅，共计一百零五图”[③]。所说“这画集”就是阿庚的插图，鲁迅不但高价购下，并连同曹靖华寄来的梭可罗夫画的12幅插图一起，辑为《死魂灵百图》，亲手设计（扉页设计稿存上海鲁迅纪念馆），自费出版。鲁迅向来重视插图，而《死魂灵》恰是“很有生气”地刻画一个个一群群各色人物的文学杰作,可以想见鲁迅一边翻译一边脑海里浮现的或许就是乞乞科夫等人的吃相与嘴脸,进而渴望能有形象描绘面相的插图,以致当听说有图版现世,在没有见到原物的情况下,果断请人代购;到手鉴赏,果然不负期望,便着手编印推广:“除绍介外国的艺术之外,第一,是在献给中国的研究文学,或爱好文学者,可以和小说相辅,所谓‘左图右史’,更明白十九世纪上半的俄国中流社会的情形,第二,则想献给插画家,借此看看别国的写实的典型,知道和中国向来的‘出相’或‘绣像’有怎样的不同,或者能有可以取法之处;……对于木刻家,却恐怕并无大益,因为这虽说是木刻,但画者一人,刻者又别一人,和现在的自画自刻,刻即是画的创作木刻,是已经大有差别的了。”④可见,鲁迅编印《死魂灵百图》的意义是远超出木刻创作范围的。

《死魂灵百图》每图配一文,基本来自小说原作,鲁迅请孟十还依原图集译出,其中人物对话尤多,几乎通过对话来体现情节、刻画人物形象,而“图随文兴”,正是鲁迅想要看见的形象描绘,活灵活现,颇显“左图右史”之妙。这图边文句在中国以往插图传统中作为“图赞”存在,但本文所说“图赞”有两个意思:一是望文生义,“赞”一下这部图集,尤其是描绘刻画人物对话的入木三分;再一个是就图赞的本意,同时对比一下图文关系,从人物造型、动作、表情等方面来领会其话语之妙。

一、人物“绣像”

为人物造型中确定人物形象“脸谱”是画家第一要紧的事,虽然艺术创作中不可“脸谱化”、程式化,但肥瘦高矮,亦庄亦谐,或高贵或卑微,或轩昂或猥琐等基调还是必须具备的。犹如创作一部连环画,先要根据脚本内容为主要角色定型,使读者在阅读中一眼即可辨认,姑且套用中国古小说插图“绣像”来称呼。为讽刺小说《死魂灵》作插图,风格要写实,不能是漫画,却又要凸显嬉笑怒骂，则人物整体形象的构思颇费踌躇。小说里的人物，类别不多，也就是地主、官吏、仆人农奴等，但却富含个性。前两类人物有权有财，非富即贵，吃相各异。比如只会在绢上绣花的市长、自命不凡以哲学家自居夸夸其谈的邮政局长、随时有好酒好菜的警察局长。地主泼留希金有农奴上千，却贪婪吝啬，为防人暗算竟和子女也断绝往来；梭巴开维支擅长放高利贷，诡计多端，他一眼识破乞乞科夫购买死魂灵是桩赚钱的勾当于是高抬卖价；女地主柯罗皤契加昏庸闭塞，顽固机警；罗士特莱夫是个酒徒，还好赌斗殴，几近无赖。第一个出场的玛尼罗夫算是这批人中最斯文体面、彬彬有礼之士，实则矫揉造作、内心空虚无异于行尸走肉。主角乞乞科夫是个五等文官，处于十四等文官中第一至第五等的"高管"之末，他善于钻营，圆滑世故，本质唯利是图，不择手段……这类人物的共性是私欲膨胀，道德底线低下，如此这般不堪，且看画家为他们造像是怎样的直击内核。

故事围绕乞乞科夫展开，其行径贯穿始终，其形象占全书 103 幅画面中的大部，正面露脸并详加描绘的在 40 幅以上，这本"百图"几乎就是他的画传。乞乞科夫的造型可称表里搭配：文雅而伪善。其脸圆润白皙，体态胖瘦适中，着装正宗，举止淡定，喜怒不形于色，一副养尊处优、必有来历的派头，大有不由你不信之势；但细细观察，他告诉玛尼罗夫"我要那已经……死掉的"（第 10 图）[⑤]时，和梭巴开维支说"您一定是很愿意脱手的罢"（第 34 图）时，和罗士特莱夫打赌喝酒的那一刻（第 18 图），又流露出狡猾的神情，暴露出欲擒故纵的内心，令人感受到画家表里配合的造型功夫。泼留希金的反差巨大因而也是全书刻画最为生动的人物（或许可说没有之一），这位胜似巴尔扎克笔下高老头的金主衣衫褴褛，雌雄莫辨，乍一见面乞乞科夫把他当作老年女管家，他生气地说："您是瞎的吗？……我就是这家的主人！"（第 40 图）他的装束、家里的摆设无不老破旧，他问乞乞科夫"收钱的该是我，还是皇家呢"的急切（第 40 图），戴上老花镜询问时的老谋深算（第 43 图），其落魄管家的外表和地主守财奴的本质跃然图上。再一个形体颇具特色的人物便是梭巴开维支,特点是明粗暗细。这是个壮硕的人,居所以及摆设也很合粗壮的旨趣,乞乞科夫心里叫他"一只熊,实在完全是一只熊"。造像上自然是虎背熊腰,四方脸,配以窥测一切的自信的炯炯深目。他出场介绍自己太太时严肃板滞(第31图),向乞乞科夫打探却十分机警老练(第32图),两人讨价还价时他又直言不讳、毫不客气(第35、36图),甚至"狮子大开口",老饕般开出"每只一百卢布"的高价,其外表粗放实际狡黠的性格定位一览无余。

二、人物举止

《死魂灵百图》的又一引人之处是为形象地诠释鲜活的语言而让人物动起来,使插图符合文字描述的情节,令读者更加如临其境,也细化、突出、丰富了人物性格。比如乞乞科夫拜访玛尼罗夫,相互逊让着要对方先进客厅:

> "请呀,您不要这么客气,请呀,您先请。"乞乞科夫说。"不能的,请罢,保甫尔·伊凡诺维支,您是我的客人呀。"……"可是我请您不要这么费神,不行的,请请,您不要这么费神;请请,请您先一步。"乞乞科夫说。"那可不能,请您原谅,我是不能使我的客人,一位这样体面的,有教育的绅士,走在我的后面的。""哪里有什么教育呢!请罢请罢,还是请您先一步。""不成不成,请您赏光,请您先一步。"……[⑥]

在虚情假意、玩弄礼数的客套中,最后两人"并排走进门去了",只是"略略挤了一下。"画面上(第8图),玛尼罗夫躬身作揖般请求乞乞科夫先行,乞乞科夫西装革履,左手插在裤袋里,右手摆出"您请"的姿势,身子微微右倾,属于标准的上层社交老手,这正是上述对话的动态写照。在乞乞科夫,这是要显示自己优越的“上位”感，在玛尼罗夫，则是要摆出“小地方”绅士的大度与阅历。

最有动感的人物，应该数罗士特莱夫，此人一言不合会动手脚，完全不顾好歹也顶了个“主子”的身份。这无赖以赌输后与一面之交的乞乞科夫偶遇出场。他挥动着张开的双臂嚷道：“唷，唷，唷，什么引你到这里来的?”似乎老友重逢而满怀热情。对这类人物乞乞科夫是怀有戒心的，他微微欠身作答，与引吭高歌般的罗士特莱夫恰成对比(第17图)。接下去是与人打赌，作势诘难，对方则明确摆手拒绝(第18图)。下一幅是“撸狗图”(第19图)，罗士特莱夫拿一条“自然是偷来的”小狗炫耀说是良种猛犬，一定让乞乞科夫摸摸它的鼻子并表示赞赏。再下面他本性毕露，硬要乞乞科夫卖他的“很不像样”的老马、狗，外加手摇风琴，死魂灵则由“奉送”转而押成赌注，又在赌局上做手脚，遭拒绝后凶狠地表示用国王也不换了，最后结局令久经生意场的乞乞科夫也颇感意外：他拒绝赌博、下棋竟招来一顿殴打。第22图画罗士特莱夫一手摇着风琴、一手抓着乞乞科夫胳膊边喋喋不休：“如果你不愿意给我钱，那么，我们就这么办罢。你知道，我给你摇琴，再加上所有的死魂灵，你就留下你的篷车，还只要再付三百卢布。”第23图是罗士特莱夫手拿纸牌盯着冷漠的乞乞科夫道：“你听着，我们来玩一下彭吉式加。我押上所有的死魂灵，外加摇琴。”第26图是两人在“下棋”，罗士特莱夫边吸着烟杆边赖棋，手正在“摸子动子”，当然他完全不按常理出牌，悔棋、连动三子……都来了。第27图中罗士特莱夫被揭穿作弊后伸长了脖子作咆哮状：“什么——哪里？你胡说白道，朋友!”第28图说明文仅两字：“打他!”罗士特莱夫命令两个家奴动手，乞乞科夫双手被反剪了，吃了几下拳脚“生活”。

第54图是晚宴场景，本地各路长官都来结交乞乞科夫，为各取所需的饶有成就干杯。酒杯“碰了第三回”即酒过三巡，这帮大腹便便的家伙开始“热昏”，闹腾了个乌烟瘴气。脑满肠肥的厅长

“快活的时候,是一个极其可爱的人,屡次抱着乞乞科夫,感动之余,吃吃地说道:‘我的亲爱的心肝,我的亲爱的妈妈子!’”画面是乞乞科夫在厅长肥硕的身子裹挟下被拉到跟前与之接吻为戏,他的表情是清醒的,厅长则猥琐腌臜,丑态毕露。俄俗男子见面示好,拥抱之余还可照准嘴巴来一大吻,但当读完下文情节——乞乞科夫事发把戏败露“贬值”之后,同样也是这群“大人”,见了他张皇失措、王顾左右而言他,可见这种逢场作戏的亲密之虚伪。作为插图,已将这种虚伪描绘得栩栩如生。

三、人物表情

《死魂灵百图》再一个引人之处是通过脸部特写镜头让人物活起来,即抓住小说里人物的一眸一笑,让观赏者从其喜怒哀乐中形象地印证、领悟文字表达的要义甚至言外之意。

特写镜头中最令人印象深刻的还是那位外表穷酸的泼留希金,第45图是他和乞乞科夫成交的特写。全图就画两个人的脸部表情,乞乞科夫冷眼观察泼留希金是怎样占有那些钱。他“付给他款子,他用两只手抓住,极担心地搬到写字桌前去,仿佛手里捧着一种液体,每一瞬间都在怕它流出一样”。画家让此时的泼留希金摘去眼镜、两眼放光,嘴角微掀似笑非笑,一副贪婪到恐怖的感觉,说是穷凶极恶也不为过。泼留希金接钱后转身的动作,

图1 《死魂灵百图》第45图

鲁迅译文用了个“搬”字，惟妙惟肖。重量级物品才值得“搬”，纸钞明明轻如鸿毛，下文说他像对待液体一样而要“搬”，是因为在守财奴心里金钱永远比性命重要，必须“举轻若重”了。此处满涛译本作“捧”：“普柳什金伸出双手接过了钱，那么小心翼翼地往写字台跟前捧去……”[7]下文“捧着液体”两个译本均用“捧”，不管俄文、德文原词是什么，两个“捧”总稍嫌重复，前一个改为“搬”，包含了“捧着移动之”的意思但显然更深刻。

十等官夫人柯罗皤契加年老昏聩，守着个庄园；虽然昏聩，但她有小心机警的个性和贪欲得以自保。乞乞科夫遇着这样的人也算颇具特色。他费去不少口舌软硬兼施，连哄带吓，才打掉她的“妇人之见”，谈成这笔交易。第14图是乞乞科夫正在做说服工作：他背对着读者，面向柯罗皤契加，这样设计是要突出这位乡间富婆的面相，只见她一脸懵懂，嘴角下挂，倾听在心里骂她是“一匹糊涂虫”的乞乞科夫耐心解释。对话令人喷饭：

> “您肯把他们让给我吗？……”“让什么呀，先生？”“唔，就是所有的那些人，那已经死掉了的。”“我怎么能把他们让给您呢？”“唔，那很容易。或者我问您买也可以。我付给您钱。”“但是，怎么办呢？我实在还不懂您。您想把他们从土里刨出来吗？”

这婆子虽说不是装傻，可也不是真傻，她提防着陷阱，揣摩着买死魂灵的用途与好处，又抬高价格，小心驶得万年船。最后没有琢磨出啥道道，但价格令她可以接受。愚而不傻是勾画她面相的要点。

梭巴开维支的“定型照”是斜眼看人，作沉思状。从表面看，他的左眼似乎出了什么问题，使他只能或多数时候用右眼瞄人看物。小说里文字上的理由是这张脸“只要简单的劈几斧就成……再用大锥子在眼睛的地方钻两个洞，这家伙就完全成功。……他的姿势,直比曲少,不过间或转一下他的头,为了这不动,他就当然不很来看和他谈天的对手,却只看着炉角或房门了。”原来这“直比曲少”的问题,并不出在眼睛上,但似乎也未必出在脖子上,而多半是个人习惯,从心理学角度讲既可能是无意识的,也可能是过于自尊目中无人,或相反内心自卑可外表硬要充强等,总之在梭巴开维支身上是个特点,插图把这个特点刻画得很仔细。他向乞乞科夫介绍自己太太(第31图),裁判似地居中站定,表情:“这个是……贱内。”(图下说明是“这是我的菲杜略,伊凡诺夫娜!”)这时画面上看去他的一双眼睛明明是直视的,可给人的感觉却是一目斜视,细细观察,原来是他右眼大左眼小,画家对原文的贯彻实在到位。这“瞟一眼”的动态还出现在第32图,特别是出现在第52图——梭巴开维支“食鱼图”。即是在那场群贤毕至的盛宴上,“真如谚语所说,谁都现出真的性格和嗜好来了”。大有主人“请!”声未落,已呈风卷残云之势。对鱼子、鲑鱼、干酪“这些小东西”,我们的梭巴开维支先生“一眼也不看”,他“一径就跑向邻近的鲟鱼那里去,在别人都在吃,喝,谈天之间,只消短短的一刻钟,就吃得干干净净……”画面上他正抓着餐巾,照例用右眼窥视周边动静,面前盆子里是一条肥壮的鱼,看来乞乞科夫对他的评价没错:一头熊。

《死魂灵百图》的特写里也有佳丽玉照,在各路英豪们的群像中真是不可多得。比如第70图,两位女士,一个叫作“通体漂亮的太太”(满涛译本作“一切方面都令人喜爱的太太”),另一位被称为“也还漂亮的太太”(满涛译本作“令人喜爱的太太”),一个正在另一个耳边悄悄传递着惊人的消息和据此情报的研究成果,虽然现场没有旁人,可两张类似中国唐代仕女般丰腴华贵的脸还是贴得很近,可知二人完全是闺蜜的关系,要知道一个为了告诉另一个这天大新闻和最新发现,已经急得出门时连去哪家也想不起来了。图下文字即两人悄悄话说的是:

“死魂灵是……”“怎样？什么？”“死魂灵是……”“啊唷，您说呀，看在上帝面上！”“不过一种虚构，也无非是一个假托。其实是为了这件事：他想诱拐知事的女儿。”

这样的结果，对乞乞科夫来说有点冤，但在舞会上他忽然被知事（市长）的女儿所吸引而向她大肆自吹自擂引起其他佳丽不满，进而被罗士特莱夫当众揭发，又有柯罗皤契加因为买卖死魂灵的事前来求证，“数罪并罚”可称咎由自取。

总之，《死魂灵百图》写实而夸张，忠实传递、诠释了小说文字的内涵，并发挥绘画艺术的特长，富含艺术中的“弦外之音”，让读者领会其中的美妙和奥秘。从某种程度上说，这部插图与陀莱（多雷）的画，比如《巨人传》插图写实夸张的讽刺风格有些意合，都是受到鲁迅赞赏的精品，但其功劳应该还不止于此。纳博科夫认为，《死魂灵》“确乎为一个用心的读者提供了一组死魂灵的集合，属于 poshlyaki（‘男庸人’）和 poshlyachki（‘女庸人’）的肿大的灵魂。果戈理对他们的描述带着他独有的热情，以及丰富的诡异细节，从而将整个故事提升到了宏大的史诗境界；而‘诗’实际上正是果戈理给《死魂灵》附加的副标题。Poshlust（庸俗）自有其圆滑和丰满的一面，这道光泽，这些平滑的曲线，吸引着作为艺术家的果戈理”。同时，《死魂灵》全书还“可以被看作一个奇伟的梦，在这个梦里俄罗斯的整体形象若隐若现，那是果戈理眼中的俄罗斯（一道特殊的风景，一种特殊的气氛，一个象征，一条漫长的路），有着一种奇特的可爱，这才是这本书主要的抒情之处”[⑧]。这种史诗的境界和抒情之处，在《死魂灵百图》的图与文关系上，令人意会不止，回味不已。

注释

① 鲁迅：《〈死魂灵百图〉小引》，《鲁迅全集》第六卷，人民文学出版社 2005 年版，第 460 页。

② 1935年3月23日鲁迅致曹靖华信,《鲁迅全集》第十三卷,人民文学出版社2005年版,第419页。

③ 鲁迅:《〈死魂灵百图〉小引》,《鲁迅全集》第六卷,人民文学出版社2005年版,第460—461页。

④ 鲁迅:《〈死魂灵百图〉小引》,《鲁迅全集》第六卷,人民文学出版社2005年版,第461页。

⑤ 北京鲁迅博物馆编:《鲁迅编印美术书刊辑存十三种9死魂灵百图》,中央编印出版社2014年版。本文有关《死魂灵百图》编号及图文描述均依此版。

⑥ 北京鲁迅博物馆编:《鲁迅译文全集》第七卷,福州教育出版社,第38—39页。本文引用《死魂灵》鲁迅译本原文,均依据此版。

⑦ 果戈理著,满涛、许庆道译:《死魂灵》,《果戈理文集》IV,人民文学出版社2019年版,第172页。本文引用《死魂灵》满涛译本原文,均依据此版。

⑧ 弗拉基米尔·纳博科夫著,丁骏、王建开译:《俄罗斯文学讲稿》,上海译文出版社2018年版,第20、46页。

《毁灭》的鲁迅译本与何谷天编本对读札记

李春林

一

法捷耶夫的长篇小说《毁灭》是苏联早期文学代表作之一，写于1925—1926年。早在1931年，鲁迅就译为中文，在当时及以后产生了很大影响。毛泽东《在延安文艺座谈会上的讲话》也曾提及此书。

几乎与鲁迅翻译此书之同时，"左联"正在倡导"文艺大众化"运动。而像《毁灭》这样的外国文学名著，文化水准较低的工农大众，恐怕还难以完全接受。于是，在许多作家努力创作大众化的文艺作品之际，作为"左联"重要成员的周文（何谷天）尝试将某些苏联文学名著改编成通俗本，向大众普及。法捷耶夫的《毁灭》及绥拉菲摩维支的《铁流》就是借此走向工农大众的。

改编者给自己规定了这样几条操作原则。

> 内容方面：
>
> 1. 在原著的每章里面最重要的描写，我是尽可能的把它编下来，保存着它原有的意义；
>
> 2. 因为在开始编的时候，原就打算只写两三万字，所以有许多在原著中不很重要的人物和事件只好删掉，如……
>
> 3. 关于每个人个性的分析方面，我只是把那最明显的几处编了下来，其他可省的就省，如……

形式方面:

1. 为了适合一般大众的趣味和习惯,我是竭力的避免那些欧化的句子,大半采用了一般旧小说的叙述方法;

2. 要使得文章弄成有头有尾的东西,所以我在开头加上了一小段关于游击队的起源,使读者一望而知这是怎么一回事,并且我还把第三章掉到[按:应为"调",原文如此]第七章去;

3. 外国的人名地名总是六七字的多,对于中国的读者比较不很顺眼,所以我就把原著里的人名地名,照原著缩短成中国式的人名地名,如……[①]

应当说,改编者给自己所提出的要求基本上都做到了,改编本也确实较易为大众读者所接受,起到了向底层大众普及推介苏联文学名著的作用。

至于改编中每一具体操作的成败得失,则不尽相同。——通过两个不同文本的对读考校,可以看出。

从形式上看,原作是三部十八章(第一部九章,第二部五章,第三部四章)——其实原本在"部"下,仅有序号,并无"章"的称谓,但序号后均有小标题,揭示了这一部分的主要内容或意义,如第一部之一标题为《木罗式加》,是在表明其主要内容是写木罗式加,之三的《用嗅觉》则在揭示莱奋生作为游击队指挥员的高度警觉性。而改编本则明确将每部均分成若干"章",却将原有标题一律去掉,这不利于读者把握该章内容。同时与中国传统小说章回形式亦不符。改编本其实无须采用章回形式,保留原标题即可,硬加上了"章"的称谓,每一"章"的文字又很少,撑不起一章的内容,有点名实不符。称之为"节"可能更为恰当。当然,形式最好是与原书一致。

改编本将原译本的人名地名压缩,并中国化,固然是要适应或迎合大众读者的习惯,但势必影响读者将来阅读原书对不上人名地名。鲁迅一直对于某些译者将外国人的姓名刻意中国化不以为然。何况有的名字的压缩改动并不妥当,例如将"木罗式加"改为"穆骡子":木罗式加虽然有犟脾气,但其性格是多元的,懂得自尊和忏悔,甚至有着自我牺牲的风范。用"骡子"一词,事实上构成了对人物的歪曲和对读者的误导。名著通俗本不仅是为了普及,最终目的还是为了让读者以后真正进入原著。

改编本还有一点缺憾:与原本相应各章之间有时存在着错位现象。

如原作第一部第五章《农民》主要内容是写当时农民的思想和精神状态,改编本却变成了讨论如何处分木罗式加偷瓜的问题,而这在原作中乃是第六章的内容。原作第一部第六章《矿山的人们》,主要是写在讨论处分木罗式加时,矿工们所表现出的与农民不同的性格。但改编本该章主要内容变成了莱奋生在危险即将到来之际研究如何备战。原作第一部第七章《莱奋生》是叙写莱奋生的专章。其实第三章《用嗅觉》如前所言主要也是写莱奋生,改编本将第三章调至此处与第七章合并,从叙述的完整性和紧凑性来看,改编者如是为之,应予首肯。

二

此改编本与原译本相较,最重要的区别就是文字的多寡。将原作 15 万字(未计标点)压缩成 2.5 万字,谈何容易。改编者是通过以下几种手段达成既定目标的。

1. 编者对原译本进行了高强度的压缩。

《毁灭》有一个重要特点,就是存有大量心理描写和风景描写。编者在对故事情节和人物形象不造成重大影响的前提下,做了大量压缩,基本上是成功的。此外,还有许多段落进行了大量缩编工作。

如第一部第二章《美谛克》改编本伊始即以作者视角交代了美谛克(改编本为"梅蒂客"。凡提及人名者,括弧外为原译本,括弧内为改编本。下同)的社会革命党急进派的身份和来历,较之原本的以美迪克本人的回忆中道出简洁明快得多,更适应大众读者的接受习惯。第一部第四章《孤独》主要写美谛克的孤独心理,医生、病号、华理亚(华梨芽)之间的对话较多。改编本做了很好的压缩。但本章前半部分文字有脱落,全章以"下谈天"(改编本[以下略为编]第12—13页)起首,根本不通,前文肯定有话。另,改编本本章主要内容是写游击队员的不安心理和莱奋生的不祥预感,与原本第四章不相关。第三部第四章《十九人》主要内容是写部队走出沼泽后又遭敌人伏击,最后只剩下19人的惨状。对于莱奋生在遭如此重创后的心理描写明显带有意识流色彩,十分出色。但这难以被当时中国大众读者所接受,改编本对此不易传达,做了大幅度删节,可以理解。第一部第九章《第一步》中将莱奋生对图皤夫(屠皤夫)与遏菲谟加(何菲谟)的回话合二为一也处理得很好,未改主旨,却减少了文字。

部分处理不仅出于文艺目的,还出于政治考量。第一部第五章《农民》,主要内容是写农民对生活与革命的态度。农民们对商品与工具缺乏,农时紧张之际还开会表示不满。他们对日本人感到恐惧,认为,"什么都是百姓受损,什么都是百姓当灾!""往前走是棺材,向后走是坟墓"。这些牢骚已经不只是对外敌和白军所发,而且在某种程度上也是对苏维埃政权的。作品中这些描写内容体现出当时无产阶级文学对农民的轻慢,而这又是与"同路人"文学的立场相对立而存在的,"同路人"文学高度重视俄国广大农民阶层的存在,甚至叶赛宁被称为"农民诗人",左琴科自称所爱乃是"农民的俄国"。改编本全部删去,这恐怕是基于当时中国革命状况:我们与俄国革命不同,他们是城市革命,初期未将农民视为自己的联盟("工兵代表苏维埃",没有"农"),而我们当时正在共产党的领导下进行激烈的土地革命战争(建立了工农兵政权和工农红军),农民是我们革命战争的主力军。《毁灭》的这些描写,显然不利于为我们的革命服务,也可能为某些读者所抵拒,故而全部删去。这也昭示,改编本不仅是要向大众普及文学,也确实充分考虑了适应革命斗争的需要。第二部第五章《重负》中出身矿工的刚卡连珂(江卡)明确提出“农民的重负”问题。改编本删去此句。农民出身的苦勃拉克(古卜拉)作为一个小队长对莱奋生的命令的抵拒(表明农民乃是部队的“重负”),在改编本中亦被删去。原作第三部第二章《三个死》描写农家的孩子们时曾这样写道:“放纵而粗暴得象小恶鬼一样。”(原561)也被删去。所有这些都是出于维护农民形象的政治目的。编者出于在当时社会的语境如此处理,我以为是正确的。

但有些压缩尚可斟酌。有时对故事背景的描写删削过多,缩窄和减弱了原作时空的宽度与丰度。第一部第二章《美谛克》中美谛克听老头子毕加(毕嘉)讲述自己的养蜂场及其被高尔察克所毁、儿子参加红军等事,改编本只提及养蜂场,将其被毁和儿子参军事略去,不妥。其实半句即可带出,却可以昭示出当时斗争的广阔和激烈。

某些地方的删削影响了人物性格的完整充沛的表现。第一部第八章《对头》主要是写美谛克与木罗式加的矛盾。两人的“对头”关系不是仅仅因为美谛克与木罗式加的妻子华理亚的恋情所引发,更主要者乃是两人的不同出身、不同的思想感情所酿就。但美谛克还是有所觉醒,想要做出改变。改编本只是着力于三者的三角关系的叙述,对于美谛克的自省未着一字。这样就强化了人物的否定性方面。第二部第二章《开始》的中心人物仍是美谛克,表现他在战斗即将开始之际的恐惧与希望、懦弱与勇敢等种种甚至是互相对立的多样心理并存的精神状态。这些经过压缩后多有保留。但昭示美谛克在部队中是“不会完结的约束和未曾实现的希望”这一厌恶与希冀并存的心理状态的句子,被删。美谛克时感“害怕”与“空虚”,编本保留前者而舍弃后者。其实这种空虚感才更与美谛克的出身和性格相关联。第二部第一章《在部队里的美谛克》书写了美谛克对木罗式加的复杂感情:由于他对木罗式加又怕又怀有对他的感恩之情(木罗式加救过他的命),因之不敢对华理亚大胆的爱。表现出知识分子出身的美谛克的畏怯与良知并存的心理状态。改编本将此全部删除。同时,美谛克又时时觉得游击队员们对他含有敌意,他打枪时盼着他的失败,分给他的马匹不好是轻贱他,又将自己打扮成自我牺牲者,喜欢淫秽故事,又以此为耻,凡此种种,亦几乎全部删除。这些地方的删削,不利于展现人物性格的复杂与多元,将美谛克这个全书最复杂多元的人物的表现力度减弱了。

第三部第三章《泥沼》有以叙述人(作者)视角对莱奋生"他的选定了这方向,不过因为对于部队,总得给一个什么方向罢了"(原译本[以下略为原]578页,《毁灭》,鲁迅译,《鲁迅全集》第18卷,人民文学出版社1973年版。以下仅注明页码。为方便对读,引用两个文本的页码采用随文注,不用尾注)的评说,揭示出陷入困境中的莱奋生已经不能明确指出正确的前进方向,只不过为了不使部队原地停滞被歼,随意指向了。这是他和部队限于困境的无奈之举,表现出任何一个指挥员都有的局限性,都不可能"料事如神"。然而,改编本也将此处删削了:担心有损莱奋生人物形象。原作第二部第一章《美迭里札的侦察》有莱奋生讲淫秽故事的描写,编本予以删除:可能出于维护游击队领导人的形象之故。但损害了人物的完整性。

第二部第三章《苦恼》写的"苦恼"有几个层次。重点应是莱奋生的苦恼,而其中最大的苦恼则是他下令毒死已经无法医治的弗洛罗夫(福禄)的苦恼。原作对于莱奋生在此事上的苦恼写得既简洁又充沛。写他"沉重地坐在野草上"(原461),写他"无法可想的表情"(原462),写他"好象有他所不能说出的那么苦痛"(原462),写他与医生"不相互视地,在极苦痛的艰难中,抖着,停顿着,谈起两人已经明白,然而不能用一句话来说明的事情来了,虽然这并不将一切说明,并且结束他们的苦恼。"(原462)也写了他以弗洛罗夫根本没有医好的希望来自欺自慰,且又以此为愧,

“然而他实在觉得轻松起来了”（原 463）的复杂心态。改编本却只剩下了莱奋生“粗暴得咬着牙齿，非常痛苦”（编 51）“莱奋生叹口气道：‘总之，他不死也痛苦。这样，他也好，我们也好。’”（编 52）显得莱奋生过于冷酷和理性。至于医生的苦恼，当事人弗洛罗夫的苦恼，旁观者美谛克的苦恼（得知—阻碍—癫狂）改编本都写得过于简略。华理亚得知此事后的惊叫，也全部删去。当然，这也情有可原：受字数限制，不得不惜墨如金。本章是全书重要的一章，表现出革命战争的残酷、人性的复杂、理性与感情的冲突、革命领导者和知识分子的不同性格特点等。但改编本的大量删削而不是高度压缩，弱化了原本的深刻和有力。

第一部第三章《用嗅觉》中木罗式加表达自己对美谛克的不满，认为美谛克是在“成功了的当儿”跑来了的，下面还有这样的话：“但在实际上，前面却横着艰难的十字架的道路。”（原 319）不应全删，将“十字架”删去即可。此处昭示的是木罗式加有一定的思想水平，对革命的艰难性有所认识（其实本章主线是写莱奋生的警觉性。但改编本对于主线的文字保留得较少。按编者所说，是调到第七章去了）。

有时影响了原作的情感氛围和真实表达。第二部之四《路径》原本有掩埋弗洛罗夫的简要叙述，编本没有提及，试图淡化这一悲哀的桥段。第三部第一章《美迭里札的侦察》叙及了营地的游击队员们夜间的状态：“谁也没有醒：人们在做混沌的，绝望底的梦，正如明日一无所冀，饥饿的，损伤的人们的所做的一般。”（原 530）第三部第三章《泥沼》主要内容是写游击队陷入了沼泽中的困境，和付出巨大代价从沼泽中走出。原作中描写有些游击队员“一向就只在庆幸自己的活了出来的运气。”（原 563），还有“部队遗弃了死伤的人们，混乱了。”（原 576）的描写。原作第三部第四章《十九人》描写部队遇袭后的惨状：“莱奋生记起了部队，回过头去看，——并没有什么部队在那里：满路都躺着人和马的尸骸，”（原 596），活着的人“丧家之狗一般”（原 597）。以上种种悲惨悲情描写,改编本中都不见了:在改编者看来,这些均不利于表现游击队的组织性纪律性和革命气概。殊不知,如此为之,既削弱了原作的情感基调,也疏离了原作的真实品格。

2. 对原本进行改写。这既压缩了文字,又实现了通俗化、中国化,亦是改编者常用的手法。原作第二部第四章《路径》中有木罗式加对于莱奋生的欣羡的心理活动描写:"'……自己捏着权力,大家都尊敬他——而且要做的事,什么都做得……这是值得活的。'"(原473—474)紧接此句,是作者的评说:"他不想到莱奋生冒了风寒,胁肋在作痛,莱奋生对于弗洛罗夫之死,负有责任在身上,……"(原474)意在揭示莱奋生的生存状态并非像木罗式加想得那样值得羡慕,而是相当沉重乃至痛苦的。改编本则将"莱奋生对于弗洛罗夫之死,负有责任在身上"改成"对福禄(弗洛罗夫)之死,正替大家负着责任"(编55),强化了他决定毒死弗洛罗夫乃是为了整个游击队的利益,是替大家担责的评判,使得他有了肩扛十字架的意味,从而较之原作更提升了莱奋生形象。

第三部第三章《泥沼》中,当部队走入泥沼后,游击队员们被绝望和愤怒所支配。"他们搜寻着自己们的不幸的责任者,——不消说,是这莱奋生!……倘若他们立刻能够看见他,恐怕就要用了自己的恐怖的全力,向他扑去的罢,——"(原579)改编本则改为:"大家都显着绝望和愤怒,好像都在埋怨着莱奋生,也许会吃他的肉都不饶吧?"(编85)此处较原本简洁,用"吃他的肉"一语显示人们的愤怒,比用"恐怖的全力,向他扑去"更为恐怖。这也许是中国化的改写:"吃人肉"在我国有着悠久的传统。

第三部第四章《十九人》原作写美谛克做斥候突然遭遇敌人,"做了一些卑下的举动"(原588)后逃跑。改编本改成"顿时骇得魂不附体,屁滚尿流,爬下鞍来,做着可怜的样子"(编88)逃跑。套语的运用符合大众读者的审美习惯,用"可怜"代"卑下"也同样为了大众读者的更为明晓,尽管这样冲淡了批评的力度。

第一部之第九章《第一步》对于莱奋生的描写比较着力：借木罗式加的视角，说他是一个“无论什么，都‘要掩饰的汉子’”，但又指出他具有“从头到底，无不看透的能力”，写出了他的多元性格。在描写莱奋生的绝望感时，说他“几乎要用弹子打进自己的额角去”（原404）改编本改为“要自杀”（编34），显得精练和通俗，但由具象变成了抽象。

第二部第三章《苦恼》开首第一句是“恰如在不容情的强有力的机械之下的苦恼的布一样，日子是如飞的过去了，……”（原449。肖洛霍夫《静静的顿河》亦有类似写法》）；改编本改为“光阴如箭，日月如梭”（编48）这是彻底中国化了。

改写委实亦有得有失。有些改写是否适宜似可琢磨。第二部第一章《在部队里的美谛克》对华理亚有这样的描写：“在她那结识了许多男人，多到在记忆里，他们的眼睛的颜色，头发的颜色，或者连姓名也分不清了的辛苦而很难忍受的一生中，华理亚对谁也从来不能说出‘可念的，可爱的人’的话。”（原412—413）改编本改为“本来华理亚姘过的汉子，多得连姓名也记不清了，……”（编37）这样改动较大程度地精练了文字，亦通俗了，但也变得粗俗了，同时也破坏了原作所蕴含的对华理亚同情的意绪。

第三部第一章《美迭里札的侦察》主要叙说美迭里札（梅迭里）的侦察活动及被敌人发现、被捕。可谓美迭里札的专章。一个牧童向美迭里札这样讲述自己的苦难：“父亲是给哥萨克兵杀死了，母亲遭过凌辱，还被杀死，他们又枪毙了我的哥哥……”（原521）改编本略有更动，将“母亲遭过凌辱，还被杀死”改成“母亲也给奸死”（编68），倒是更加简明了，但显得粗俗，不如原著文雅。且原著的意思固然含有编本所说的内容，可是如果认真考校，也未必一定是那样：“杀死”和“奸死”并非完全同义。

第二部第四章《路径》原本中当企什（改编本也是此名，很例外地未予改动）向木罗式加说美谛克和华理亚的坏话时，木罗式加骂他道：“滚你的蛋！”（原476）编本改为“滚你妈的蛋！”（编

56)使之带有国骂色彩。尽管符合大众语风,却绝非什么光荣传统。原本写美谛克沉浸于“关于孤独和死亡的辽远而严峻的思想”(原487),改编本改成美谛克“感着非常的孤独,非常的害怕”。(编58)不独将思想变成了感觉是一种下降,以“害怕”取代“死亡”也是刻意对国人的忌谈死亡的迎合。

第三部第三章有木罗式加在对话中称人们为“诸位”(原570)的描写,改编本改为“诸君”(编82),倒是中国化了,但有点“文”,不符合木罗式加的身份与性格。

全书的结尾是这样的:“莱奋生用了沉默的,还是润湿的眼,看着这高远的天空,这约给面包与平和的大地,这在打麦场上的远远的人们,——他应该很快地使他们都变成和自己一气,正如跟在他后面的十八人一样。于是他不哭了:他必须活着,而且来尽自己的义务。”(原600—601)改编本则是:“莱奋生也竭力镇静着,但是一想到巴克,就又哭起来。他们走出森林的时候,看见太阳照着黄黄的田亩,农民们正忙着打麦。他想他为什么要哭呢?[按:这几句是从前文移来合并而成]那些强壮的农民,不是都还在帝国主义与白军铁蹄下吗?他于是觉得他应该很快的把那些农民组织起来,和自己一气,像跟在他后面的十八人一样。他于是不哭了:他必须活着,必须打倒科尔却[按:高尔察克]的白军和帝国主义。”(编92)这就过于直白、口号化了。原文还是比较含蓄,意境也较高远,甚至蕴有诗情。改编本的写法增大了宣传意味,将莱奋生的人生目标仅定位于为打倒眼前的白军和帝国主义干涉军而斗争;原本的意涵却可以引申至更为广大的内容——为人类的幸福和解放而斗争。其实,这结尾的描写,乃是与第二部第五章《重负》中所写的莱奋生“对于新的,美的,强的,善的人类的渴望”(原510)相呼应的。

3. 改编本亦并未一味做减法,有时亦做加法,不独有压缩,也有极个别的增写。如第一部第一章《木罗式加》起首增加关于游击队的来历的文字很有必要,有利于大众读者对作品的理解和把握。

第一部第九章《第一步》中莱奋生询问木罗式加，式泰信斯基（史泰信）是否回信时，他说“没……有……”（原397）其实式泰信斯基写了回信，是木罗式加没有拿回。改编本是这样处理的：“他痛苦的答着没有。”（编31）“痛苦的”三字加得很好，将拖长声的尴尬心理表现得更加直白，易于为大众读者所接受。此处深化了人物。原作中莱奋生对木罗式加的撒谎的反应是“将地图推开，站了起来”。（原397）改编本则是“莱奋生闪着绿眼睛望他一望以后又看着地图了”。（编31）这就更形象地昭示出莱奋生对木罗式加的怀疑，并在此处画龙点睛地描画出莱奋生的形象特征。

第三部第四章《十九人》在写美谛克决定离开部队回到城市去时，展开了他内心的斗争，改编本对此给予了极简要的描写，但增写了这样一句内心独白：“这是无耻吗？他妈的，无耻就无耻……”（编91），增大了批判力度，使得这个人物更令人厌恶。

但有些处所的增写尚可商榷。第二部第五章《重负》仍以较多的篇幅表现美谛克的孤独，他对游击队的不满乃至攻讦。莱奋生在听了美谛克的牢骚后，“他想，美谛克是多么孱弱，多么懒惰而且无志气呢，太多地生了这样的人们——这样可怜而且无用的东西的国度，是多么晦气呵。”（原509）改编本则是这样的：“梅蒂客是多么的软弱，懒惰，而无志气！可是这种小资产阶级正多得很呢。”（编65）“小资产阶级”这一词语的凭空增添，一方面体现出编者的强烈的阶级意识，非要给美谛克贴上阶级标签不可；另一方面也没有理解莱奋生（或曰作家本人）并非将美谛克仅仅作为某一个阶级典型看待，而是以其为国民性典型视之的。接着前文，原作进一步展开了莱奋生的思考：“莱奋生放开脚步，还是大吸着烟，一面想：‘几万万人众从太古以来，活在宽缓的怠惰的太阳下，住在污秽和穷困中，用着洪水以前的木犁耕田，信着恶意而昏愚的上帝，只在这样的地面上，这穷愚的部分中，也才能生长这种懒惰的，没志气的人物，这不结子的空花……’”（原509）此句清楚地昭示出,在莱奋生看来,美谛克具有民族典型的意义。于是,"重负"一语的意涵也就更加扩大开来,具有了民族重负的意义。诚然,倘若说虑及这后一段工农大众可能不易理解,编本中删去亦无不可;但将美谛克明确地派为小资产阶级则无必要。

第三部第一章《美迭里札的侦察》中美迭里札偷听敌人谈话,"他明知道即使窃听了点灯的屋子里的这些人们的言语,于谁也没有用处,然而他心里又知道倘不听取,他将决不从这里离开。"(原524)编本改为"梅迭里札也明知道即使偷听他们的话,一点也没有用处,但是他又觉得不听一点,如何回报?"(编69)在原作中,梅迭里札的举止乃是出于一种战斗的激情与惯性或曰战士的本能,并无明确的利害关系的考虑;编本增添的"如何回报"就将此举变成了交差而如此为之,客观上矮化了人物形象。

4. 改编本中,删节、增写、改写往往同时存在,这在第三部第二章《三个死》中表现得最为突出。本章主要内容是写美迭里札的牺牲、木罗式加坐骑的死亡、向白军指认美迭里札的农民被处死这"三个死"。当两个哥萨克兵来提美迭里札受审时,"美迭里札跨开两腿,站着,并且皱起眉头来向他们凝视"。(原537)改编本在此处增加一句:"那两个倒怔着了。"(编72)借以反衬美迭里札的勇武逼人。而原书中写一个士兵对美迭里札的态度"倒有些抱歉似的"(原537)则被编本删掉,可能担心这将敌人人性化了吧。其实这也是说明美迭里札对敌人的震慑力。受审伊始,白军军官对美迭里札说"不要糊涂了"(原538),接着是这样的描写:"'讲什么空话呢?'小队长谦虚地微笑道。"美迭里札作为游击队的小队长表现得如此平和淡然,这事实上是一种对敌人的蔑视;改编本改为美迭里札对敌人愤怒地说道:"要杀开刀,要吃开口,老子不懂什么!"(编73)这是觉得只有如此描写才符合英雄性格,也是担心中国大众读者对原作描写接受不了。在对美迭里札行刑时,原作写"村民挤得成堆"(原540),改编本改为"村民拥挤着成千的头"(编73)太具体了,也有些夸张。可能想以围观者之众烘托英雄的气概。原作中以电影摇镜头的手法扫描美迭里札眼里的众生相,折射他的镇定与勇敢;改编本却只用"他心里并不感着害怕"(编73),过于简化了,这句话用来表现身经数战,多次立功的美迭里札显得苍白无力。原本写此刻的美迭里札"凝视那凝结在灰色的朝雾中的壮大的山岭"(原542),编本改为"钉[按:应为"盯",原文如此]着远处"(编73),格局与意境均降低了。其实压缩为"凝视远山"即可。游击队逮捕出卖美迭里札的牧童的主人及与敌人合作的牧师时,原作有这样的描写:"别一个是瘦弱的牧师,从他撕裂了的法衣下面,那稀皱的裤子和垂下的睾丸,都分明可见。美谛克看见苦勃拉克的腰带上有一条银索子,——明明是十字架的索子。"(原557)此处传达出两个意思:一是游击队的残暴,尤其是对牧师的人格侮辱;另一个是农民出身的小队长苦勃拉克私自将被捕者的财产占为己有。编本将这段描写全部删去,可能觉得这有损游击队的形象。原作中对两个被捕者的处理有所不同,莱奋生下令只枪毙牧童的主人这个直接指认出卖美迭里札的人,而放掉牧师。美谛克听到"一齐射击"的声音,说道:"他们将他打死了,将这穿着背心的人。"(原559)"这穿着背心的人"即是牧童的主人一个人。改编本将"一齐射击"改为"两下枪声",暗示两人都被枪毙了("一齐射击"其实是多人对牧童主人的同时射击)。倘如此,游击队就是公然违反莱奋生的命令而滥杀了。此种改写或许在于宣传革命队伍对任何敌人的毫不留情。其实此处的区别对待,表现出莱奋生的政策水平。牧师对于美迭里札的死,并无直接关联。

三

通过以上两种文本的对读,可以发现:

首先,何谷天的改编本从总体上看基本上忠实于鲁迅的原译本,从主题思想到人物形象并无大的差池;其次,改编本较之原译本委实做到了通俗化、中国化,大众读者可以读懂,从而达成了改编的既定目的。考虑到原作的情节故事性并不强,事实上近于心理小说,那么改编到此种程度,是相当不易的,也是成功的;再次,改编本较之原译本增加了阶级性色彩,人物性格的复杂和多元的程度不如原译本那样丰盈。这虽然有着适合大众读者接受的初衷,也有着当时中国左翼文学范式的一定影响;最后,由前者所决定,改编本对于原作的无产阶级文学属性有所发挥,而对于其“同路人”文学色彩有所疏离。但同时又将原本对农民的攻击大大减弱,有些桥段全部删去。这又弱化了当时苏联无产阶级文学的属性的不良方面,可谓对原作的“创造性背叛”,同时使得作品更加适应中国读者乃至中国革命的需要。此举是值得肯定的。

基于上述,有必要对《毁灭》的文学特质略作说明。

十月革命后,苏联文学形成了两种流向,两个派别:无产阶级文学和“同路人”文学。鲁迅认为,这两派的根本区别在于,“对于阶级文艺,一派偏重文艺,如瓦浪斯基等,一派偏重阶级,是《那巴斯图》[按:《在岗位上》]的人们”[②]。偏重文艺那一派,就是“同路人”文学,偏重阶级那一派就是无产阶级文学。鲁迅对于两派均给予了大量译介评论,但从整体上而言,他更倾心于“同路人”文学。[③]法捷耶夫无疑是属于无产阶级文学派的。他曾长期担任苏联作协负责人,并参与了对“同路人”文学的猛烈批判。但历史的吊诡之处在于,他所创作的《毁灭》却被“同路人”文学理论家沃隆斯基(瓦浪斯基)所看重,无产阶级文学理论家烈烈维奇对此书似乎兴趣不大,而是看重他的另一成绩平平的作品《泛滥》。原因就在于《毁灭》高度重视艺术性和真实性,使之具有了“同路人”文学的色彩。事实上,无产阶级文学派有成就者大抵有此特点,如里别进斯基最重要的作品《一周间》(鲁迅推介过此书),恰恰是他不为派性所囿,虚心向“同路人”文学学习的结果。《毁灭》的成就更远超过了《一周间》,被认为是继承了列夫·托尔斯泰的心理现实主义传统。而无产阶级文学派是否认这一传统的,诚如沃隆斯基所批评的那样:“无产阶级作家在创作过程中跟托尔斯泰、普希金、高尔基(按:某些无产阶级文学理论家和作家将高尔基视为‘同路人’)之流有着原则的区别。”[④]所以鲁迅不惜辛劳和财力,亲自翻译和自费出版这一被他视为“亲生的儿子”[⑤]一样的作品。

法捷耶夫虽然是无产阶级文学的代表人物,但《毁灭》在艺术上却是成功的,人物个性鲜明,心理描写细腻(甚至用了意识流手法),景物描写内蕴着浓烈的诗意。更主要的是作品没有刻意美化现实,而是比较真实地反映了当时国内战争的曲折与残酷,莱奋生领导的这个游击队几乎没打过像样的胜仗,而是在白军的追剿下不断逃跑求生,同时误入沼泽地,造成大量伤亡。“一百五十人只剩了十九人,可以说,是全部毁灭了。……这和现在世间通行的主角无不超绝,事业无不圆满的小说一比较,实在是一部令人扫兴的书。”[⑥]就其主旨与风格来看,更像是“同路人”文学。鲁迅对此书不吝赞美之词:说其“描写战争的激烈,大森林的风景,得未曾有。”[⑦]“不但所写的农民矿工以及知识阶级,皆栩栩如生,且多格言,汲之不尽,实在是新文学中的一个大炬火。”[⑧]

鲁迅还写道:“革命有血,有污秽,但有婴孩。……所以只要有新生的婴孩。‘溃灭’便是‘新生’的一部分。”[⑨]以此视角观之,《毁灭》仍属无产阶级文学,但却是禀赋了“同路人”文学特点的作品:能够较为深广地反映现实生活,客观而真实,对革命不足方面往往有所触及,不是一味讴歌,真实地写出了革命中的“血和污秽”,写出了或时或地革命的悲剧性。这部作品既是无产阶级文学的奇葩,又是“同路人”文学的嫁接。

而上述现象之所以发生,与法捷耶夫的思想乃至人格的复杂性亦有关联。

鲁迅与法捷耶夫的文字之交除翻译了《毁灭》外,还翻译过他在1931年2月拉普(俄罗斯无产阶级作家协会)第五次大会上的讲话。这篇讲话系日本上田进《苏联文学理论及文学批评的现状》(上田进作于1932年3月19日,鲁迅译完1932年8月27日)的一个组成部分。会议一个突出的特点是强调文艺的阶级性,文艺必须从属于政治,集中火力攻击普列汉诺夫(他的思想是“同路人”文学的理论源头)和托洛茨基(“同路人”文学的大力支持者和推进者)。法捷耶夫在会上的表现却耐人寻味。一方面,他积极参与了对“同路人”文学的批判;但同时他强调只是一味斗争还不行,“要使我们的文学前进,我们应该确保一种什么独自的,新的东西才是。”[⑩]他还劝诫“我们不要做得太过火。不要将实际的敌人和错误的同志,不分清楚。”[⑪]因之他在会上也遭到了批评,说他和普列汉诺夫的“‘功利由判断而知,美因冥想而起’这康德主义命题有了关联,而且由此表示着‘普力汗诺夫的正统’的标语的影响。”[⑫]挖掘了其与普列汉诺夫的思想关联。这些对于我们了解法捷耶夫全人以及鲁迅对其作的评价有所裨益。

事实上,作为苏联作协长时间领导人之一,法捷耶夫的创作生涯却是很曲折、坎坷的。他的长篇小说仅最早的《毁灭》未遭到批判和被迫修改,其余均命途多舛:《青年近卫军》因未能充分表现党的领导作用而重新改写;《最后一个乌兑格人》(鲁迅知道此书)被严厉批评没有写完;《黑色冶金》亦如是。他的最后自杀与其作品的厄运不能说全无关联。要之,他的文学理论主张与创作实践存在着悖论,正是由于此种悖论才诞生了兼容两种形态的为鲁迅所激赏的《毁灭》。

周文《毁灭》《铁流》改编本2022年由中国左翼作家联盟会址纪念馆重新影印,这是一件很有意义的事。这使得我们扩展了研究苏联文学在中国的传播及接受的视野,了解了文学名著文本的变迁,体会了当年左翼文学作家和文学工作者力求使中国普通大众接触世界革命文学、提高对于先进文化的认知,并且从中加强对于社会革命和自身社会地位及历史使命的自觉,从而参加革命的良苦用心。以今日眼光审视,当年的改编本尽管有些不足,这是由于不可避免的历史局限性所造成。我们应该理解前辈的勇气和苦心,他们高度的使命感,永不忘怀他们走过的艰辛的历史足印。同时,我们也可借此进一步了解当时中国左翼文学的大众化运动及样态,乃至作品范式。因而,这套丛书的重印,又有着研究左翼文学的史料方面的意义,既有收藏价值,更有学术价值。

注释

① 法捷耶夫著,何谷天编:《毁灭》,上海光华书局 1933 年版,第 4—5 页。

② 鲁迅:《“奔流”编校后记(一)》,《鲁迅全集》第七卷,人民文学出版社 2005 年版(不另注),第 167 页。

③ 参见拙作:《理智审视同感情拥抱的合与离——对鲁迅与苏联文学关系的理解》,《跋涉于文学高地》,社会科学文献出版社 2013 年版。

④ 沃隆斯基著,刁绍华译:《论作家的艺术》,《在山口》,东方出版社 2000 年版,第 279 页。

⑤ 鲁迅:《关于翻译的通信》,《鲁迅全集》第四卷,人民文学出版社 2005 年版,第 394 页。

⑥ 鲁迅:《毁灭〈后记〉》,《鲁迅全集》第十卷,人民文学出版社 2005 年版,第 366 页。

⑦ 鲁迅:《三闲书屋印行文艺书籍》,《鲁迅全集》第八卷,人民文学出版社 2005 年版,第 505 页。

⑧ 鲁迅:《三闲书屋校印书籍》,《鲁迅全集》第八卷,第 503 页。

⑨ 鲁迅:《〈溃灭〉第二部一至三章译者附记》,《鲁迅全集》第十卷,人民文学出版社 2005 年版,第 372 页。

⑩⑪ 上田进:《苏联文学理论及文学批评的现状》,鲁迅译,王世家、止庵编:《鲁迅著译编年全集》第 14 卷,人民出版社 2009 年版,第 146 页。

⑫ 上田进:《苏联文学理论及文学批评的现状》,鲁迅译,王世家、止庵编:《鲁迅著译编年全集》第 14 卷,第 155 页。

《小约翰》译文手稿及其他

李　浩

鲁迅在《〈小约翰〉引言》（下文简称为《引言》）中说，《小约翰》的翻译开始于1926年7月6日，是与齐寿山在北京中央公园共同翻译的。1927年5月2日开始"稍加修正，并且誊清，月底才完，费时又一个月"，[①]据鲁迅1927年5月26日日记："下午整理《小约翰》本文讫"；[②]6月14日日记："《小约翰》全书具成"。[③]那时，鲁迅已经移居广州白云楼，之前共同翻译的"老同事齐君现不知漫游何方，自去年分别以来，迄今未通消息，虽有疑难，也无从商酌或争论了。倘有误译，负责自然由我"。[④]稿子搁置了一个月后（其间，鲁迅是否修改过该稿，有待考证），鲁迅于7月15日写到"上午寄霁野、静农信并《〈朝华夕拾〉后记》一篇，《小约翰》译稿一本。"[⑤]1928年2月2日，鲁迅收到未名社所寄样书20本。[⑥]

现存于中国国家图书馆的《小约翰》译文手稿，应是鲁迅于1927年5月2日开始誊写的手稿，由《引言》、《原序》、正文、《拂来特力克·望·蔼覃》、《动植物译名小记》等部分组成。虽说是最后誊写定稿，但其中也存在一些修正。最有趣的修正应是他在《引言》里所提到的，小说末尾的那句："上了走向那大而黑暗的都市即人性和他们的悲痛之所在的艰难的路"[⑦]，这句译文，鲁迅说"原译是极清楚"："上了艰难的路，这路是走向大而黑暗的都市去的，而这都市是人性和他们的悲痛之所在。"[⑧]之所以没有用原译而用"冗长而且费解"的现译文，鲁迅解释："因为倘一解散，精神和力量就很不同"[⑨]——语言的精神和力量，单从这来看，至少在此句的翻译方面,鲁迅在注重语义的转换的同时,也很注重原文语感的转换。然而要同时完成这两项,实在是不轻松的工作。在此篇译稿手稿中,我们可以看到鲁迅所最终确定的这句译文,是经过修改而成的。

修改前为:

上了走向最□大□着人性和他们的悲痛的为向黑暗的都市人□的艰难的路。[10]

修改后为:

上了走向那大而黑暗的都市,即人性和他们的悲痛之所在的艰难的路。

被涂改的“最□大□着”只是笔者勉强地辨认所得,并不能完全确定是这几个字。从手稿修改的痕迹来看,定稿的那句译文,是在原译文完整誊写后经过二次修改而得的,修改后的句子有层次感,其中“走”被涂抹后依旧定为“走”。可以这样说,鲁迅这句译文是经过至少两次择选的结果,即便如此鲁迅还是不满意他所确定了的译文。他在《引言》中特别指出,并特别抄录了原文——这意味着鲁迅期望读者中有擅长者给予更好的译文——这与创作不同,鲁迅多次提及他自己的翻译工作只是文化传播中的一环:“自然,世间总会有较好的翻译者,能够译成既不曲,也不‘硬’或‘死’的文章的,那时我的译本当然就被淘汰,我就只要来填这从‘无有’到‘较好’的空间罢了。”[11]

其实,总体上来说,鲁迅对于他的创作,对于他所从事的文学工作都是这样看的,即他所做的只是中国现代文学发展过程中的一环(中间物)。在这个意义上,李欧梵在《晚清跨文化翻译与帝制末文化心态——以林纾为例》中所提出的观点就十分有意义:

“翻译作品应该构成中国现代文学的一部分。中国现代文学不止是包括创作,应该也包括翻译,因为没有翻译的话,至少有一半中国现代文学创作不起来,这个并不表示说中国现代文学的很多作品有点洋味十足,不见得,有时候你根本看不出来。”[12]参与其中的鲁迅是最有文化自觉的一位,从创作上、翻译上、中国现代文学的发展上都是如此。

鲁迅致力于翻译工作,除了向国人介绍国外的文艺思想之外,也是向国人介绍弱小民族的抗争以为借鉴,更是要通过翻译来丰富国人的思考以及语感,并将之化为己有:“我但以为文法繁复的国语,较易于翻译外国文,语系相近的,也较易于翻译,而且也是一种工作。荷兰翻德国,俄国翻波兰,能说这和并不工作没有什么区别么?日本语和欧美很‘不同’,但他们逐渐添加了新句法,比起古文来,更宜于翻译而不失原来的精悍的语气,开初自然是须‘找寻句法的线索位置’,很给了一些人不‘愉快’的,但经找寻和习惯,现在已经同化,成为己有了。”[13]

具体到文艺作品的翻译,句法词语以及与创作的相关性,鲁迅以为:“说到翻译文艺,倘以甲类读者为对象,我是也主张直译的。我自己的译法,是譬如‘山背后太阳落下去了’,虽然不顺,也决不改作‘日落山阴’,因为原意以山为主,改了就变成太阳为主了。虽然创作,我以为作者也得加以这样的区别。一面尽量的输入,一面尽量的消化,吸收,可用的传下去了,渣滓就听他剩落在过去里。”[14]

鲁迅在这篇小说的引言中,谈到了他翻译此篇作品的想法和现实:“务欲直译,文句也反成蹇涩;欧文清晰,我的力量实不足以达之。《小约翰》虽如波勒兑蒙德说,所用的是‘近于儿童的简单的语言’,但翻译起来,却已够感困难,而仍得不如意的结果。”[15]

通观这部小说译稿手稿,鲁迅所说的问题并非虚言。这主要是语言转换的问题,不仅仅是两种语种之间的文字语义转换,更重要的是将原文所天然带有的“欧文”语感,即所蕴含的词语用法、思维习惯、文化信息等更好地转化为中文——白话中文。例如:

1.“他又觉得,仿佛从雾中亮出两个漆黑的眼睛,”(151)[16]改定为“而且慢慢地觉得吧,仿佛从雾中亮出两个漆黑的眼睛来,”这应是恢复原文的语感和语境。

2.“在道沟岸边草上……”(169)译稿手稿显示,在誊写这句的时候进行了修改,改定为“在寂寞的潮湿的草上,在沟的岸边。”将原意图省略的心理状态恢复过来。

3.“什么时候我才能撇下这空虚的生活,飞到那诱引着招致我的她那里去呢?”(171)改定为“什么时候我才能蓦地离开这空虚的生活,飞到那诱引着招致我的她那里去呢?”将中文所惯常的使用的“撇下”改为“蓦地离开”。

4.“到一所华美的屋□中。那家是放着朗□的光,一切金虫都幸福地聚会在里面”(185)改定为“到一所华美的屋子里。那屋子是放着清朗的光,一切金虫都在那里幸福地团聚着的”。其中“屋□”一度改为“家”,最终改为“屋子里”,将原先较为简练的语句改为富有情绪色彩的“一切金虫都在那里幸福地团聚着的”。

5.“看见他的父亲坐在卧室的窗边”(192)改定为“看见他父亲坐在住房的畅开的窗边”。改后的句子将位置进行了改变,由“卧室”变为了“住房”。

6.“为了不远的□事,大家正在强大的激动里。”(195)改定为“为了就要发生的军事,大家正在强大的激动里。”手稿显示“□事”在改了一次后,最后改定为“军事”。句中的“就要发生的军事”以及“强大的激动里”并不符合中文的语感,这种不符合也许是鲁迅在“够感困难”后的选择吧,当然也不排除试图改造白话文的可能性——这需要更深入的考察。

7.“如一幅华美的画上水的污点。”(199)改定为“正如一个大而且丑的墨污,在一幅华美的图画上。”将简单句子改为复杂的分句,充分展现了小说人物看到这墨污时的心情。

8.“你必须将你所记得的所前先前的人间生活”(207)手稿显示先是将“你所记得的所前”改为“在你记忆上的”,然后,将“在你记忆上的"划去,又插入"你记忆上的"。这个修改过程显示了鲁迅想寻找更为恰当的表达方式的过程,即将原文的语义和语感都恰当地用中文表达出来。同样的情形也出现在下一例句。

9. "'你须这样地祷告啊!'其时旋儿说。"(210)手稿显示,在插入"啊"之后,鲁迅划掉了整句,接着另起一行又誊写了:"'你须这样地祷告!'其时旋儿说。"

10. "他绿的芦干上挂着的窠里睡眠"(212)鲁迅将原先的简单句,改为分句:"他安静地在挂在碧绿的芦干之间的,苇雀的摇动的窠巢里睡眠"。人物心态、空间感和色彩感得到了充分地表现。下一例句也如此。

11. "也总□□得到一个圆满分明的回答。"(223)据手稿的修改状态来推测,鲁迅在誊写这句后,试图修改得到前面两个字,最终他把整句划去,改定为:"即使提出一个,他所日夜操心的问题来,他也永是得不到圆满分明的答案。"这应该是恢复了原文的语义和语感。

12. "他的声音如平和的"(226)手稿呈现了两次修改,第一次修改为:"他的声音如超出于暴风雨声之上的平和的颂圣的合唱"。最终改定为"他的声音如超出于暴风雨声之上的平和的歌颂"。这种修改,不仅丰富了语义和语感,而且最后的改定句,将第一次修改中出现的宗教色彩也抹去了。

13. "约翰还觉到一种混合,是不惯的刺鼻的气味□地窖的湿气作成底子的混合。"(284)鲁迅先将"不惯"改为"陌生",最后他将全句改定为:"约翰还觉到一种不熟悉的刺鼻的气味夹着钝浊的地窖气作为底子的混合。"在1926年前,鲁迅似乎在日常写作中没有用过"不惯"这个词。

14. "那大笑和欢声"(293)修改为"那大声的喧笑和欢喜的声音",这种修改显然更丰富了"笑"和"声"的语感。

15. "这的高兴的声音,典礼的歌唱,在沉静的睡眠和黑暗的悲戚中的他听得很不惯。"(297)这句话是誊写后,用对调符号调整句子顺序,同时将“不惯”改定为“生疏”:“这在沉静的睡眠和黑暗的悲戚中间的高兴的声音,典礼的歌唱,他听得很生疏。”其中,“典礼的歌唱”并非是中文惯用的句法。

还有一类修改是改变了语句的中心,如:

1. “旋儿只微笑,并且示意他沉默着。”(169)改定为“旋儿只微笑,并且示意他,教他不开口。”手稿修改显示,起初意图修改为“教他沉默”,在写下“沉”时,改为“不开口”。这里将一句拆分成两句,强调了“他”同时,“不开口”相对于“沉默”轻松些。

2. “至使冈妖们□靠她们饲养的。”(188)改定为“至使冈妖们的食养,就只靠着她们。”改定后的句子强调了“她们”。

3. “一只吵闹的白颊鸟,唧唧足足”(197)改定为“一只吵闹的白颊鸟,高声地唧唧足足着”。手稿显示,鲁迅在誊抄过程中添加“高声地”,如此更为强调了“吵闹”。

4. “而且,一大堆人们来到了。”(198)改定为“而且,来了一大堆人们。”修改后的语句中心变化了,由“来到”,变为“人们”。

5. “‘呸,’一个从高树上下来看热闹的,白头鸟说:”(201)改定为“‘呸,’一只白头鸟,是从高树上下来看看热闹的,说:”修改强调了“一只白头鸟”之先声夺人的情状。

6. “但他仍然是一个胡涂的饶舌者,永不能”(225)改定为“但他仍然是一个永不能沉默他的秘密的胡涂的饶舌者。”这句的修改情形与上一句相似,修改前强调“永不能”,改定之后这强调“饶舌者”。

7. “因为比起人类来,它们更爱我”(257)改定为“因为它们比人类更爱我”。强调“它们”改定为强调比较“它们比人类”。

8. “你须少管些人类,你不必多介意一点。”(261)改定为“对于人类,你须少介意一点”。修改删去了“少管”这一词语,如此强调了“少介意”。

9.“而且忽然用脚站了,使约翰很安心,是”(268)改定为“而使约翰很安心的,是忽然又用两脚来站立了。”修改后的句子,显然在强调“用两脚来站立了”。

10.“紧紧地抓住了一枝柔软的管子一般的长梗”(302)改定为“紧紧地抓住了一枝长的梗,像是柔软的管子”。修改强调了“软的管子”。

11.“他观察人类,似乎他自己和他们绝不相同的别□的东西”(319)改定为:“他观察人类,似乎他自己是别的东西,和他们全不一样。”将原来比较顺畅的长句,改为双重强调的分句,这应该是在试图体现原文的语感。

从译文手稿中,我们可以看出鲁迅试图保留原文语感的努力,但也可以发现,鲁迅在译文修改中,采用更顺畅的中文词语、语句并使之口语化的情形。如:

1.“如果你不信我,”(154)改定为“你倘若不信我,”相对于“如果”,“倘若”是更具中国传统色彩在词语。唐牛僧孺《玄怪录·顾总》中有“倘若念平生,览此同怆然”句。

2.“一个大的,舒适的蟋蟀是教员,监视着课业。”(157)改定为“一个大的,肥胖的蟋蟀是教员,监视着学课。”“舒适的蟋蟀”显然不太符合中文习惯。

3.“在这沙冈上也完全得不到踪迹”(173)改定为“在这沙冈上也完全失掉了踪迹”。现在很少用“失掉”这个词,而至少在20世纪前期是常用词语。其中影响至今最大者,就是鲁迅的文题《中国人失掉自信力了吗》。

4.“他静静地,融会着一切”(176)改定为“他静静地,被诸事羁绊着”。显然“融会着一切”的语义实在是比较含混的,并不符合中文习惯。羁绊一词出于《汉书·叙传上》。

5.“待到他的邻人在课本上读着下面的话”(178)手稿修改显示,鲁迅先涂抹“课本”,后涂抹“人在课本”四字,最终改定为“待到他的邻座者在课本上读着下面的话”。“邻座者”更为明确一些。

6. “有一句句子,这句子能够还给它原先的华美的衣衫,并且使它再回天堂去”(193)改定为“有一句话,这句话能够还给它原先的华美的衣衫,并且使它再回天堂去”。“一句句子”改为“一句话”,是口语化了。

7. “□□(最初?)派遣来为着细细的蚜虫”(194)改定为“那差使是,为着看守细小的蚜虫的”。增加“看守”一词,使语义更为明确。

8. “它已经可以顾及外人了”(194)鲁迅先将“外人”改为“生客”最终改定为“外人”,是为在语义和语感之间寻求平衡。

9. “并且就因这缘故”(196)和“他又觉得静得许多”(197)两句的修改有点相似,改定后的句子分别是“并且就因为这原因”和“他便觉得安静得许多了”,在语感上略有差异,改后的句子比较直白一些。

10. “柔软的褐色的莓苔上”(263)改定为“柔软的苍苔上”。“莓苔”和“苍苔”都可溯源至古代中文。晋孙绰《游天台山赋》有“践莓苔之滑石,搏壁立之翠屏”句。鲁迅在这篇译稿中,用了9次“莓苔”。此外,鲁迅在《在酒楼上》《忽然想到》《默》《小彼得·火柴盒子的故事》中皆使用过“莓苔”。晋潘岳《河阳庭前安石榴赋》有“壁衣苍苔,瓦被驳鲜,处悴而荣,在幽弥显”句,在本篇译文中,“苍苔”仅用于此处,也未见鲁迅在其他文章中使用过。

鲁迅在《引言》中提及“动植物的名字也使我感到不少的困难”[17]。这在译稿的修改中也有体现:

1. “还用他捏在手里的菖蒲花来打约翰,”(152)改定为“还用他捏在手里的燕子花来打约翰”。

2. “经过了在月光下发亮的水玫瑰的叶子”(156)改定为“经过了在月光下发亮的水蔷薇的叶子”。

3. 在手稿中“钟花”一词加了页脚注“Gköckcheri,旧名莲馨草”(198)最后改定为“铃兰”,并删除了注文。鲁迅在《动植物译名小记》云:“旋儿手里总爱拿一朵花。他先前拿过燕子花(Iris);在第三章上,却换了 Maigl ckchen(五月钟儿)了,也就是 Maiblume(五月花)。中国近来有两个译名:君影草,铃兰。都是日本名。现用后一名,因为比较地可解。”[18]此段文字所引原文,无一与“Gköckcheri”对应,整篇小说中也再没有出现这个词。

关于本篇小说的动植物名的翻译,鲁迅似乎遭遇了困境:

> 但那大辞典上的名目,虽然都是中国字,有许多其实乃是日本名。日本的书上确也常用中国的旧名,而大多数还是他们的话,无非写成了汉字。倘若照样搬来,结果即等于没有。我以为是不大妥当的。
>
> 只是中国的旧名也太难。有许多字我就不认识,连字音也读不清;要知道它的形状,去查书,又往往不得要领。经学家对于《毛诗》上的鸟兽草木虫鱼,小学家对于《尔雅》上的释草释木之类,医学家对于《本草》上的许多动植,一向就终于注释不明白,虽然大家也七手八脚写下了许多书。我想,将来如果有专心的生物学家,单是对于名目,除采取可用的旧名之外,还须博访各处的俗名,择其较通行而合用者,定为正名,不足,又益以新制,则别的且不说,单是译书就便当得远了。[19]

鲁迅对于动植物名的翻译优先采用“较通行而合用”俗名,这是可以确认的。绍兴鲁迅纪念馆藏有一本浙江两级师范学校学生蒋谦的课堂笔记,是1909年鲁迅任该校教员时,所翻译的该校博物科日籍教员本铃木珪寿的《植物学教材》(上册)的课堂笔记。通过这册课堂笔记可推测,鲁迅当年在翻译教材中植物名时,大部分翻译成杭州地区通行的名称,如灯心草、仙人掌、含羞草、油菜等,当然也有少量不甚通行的如古雅的莱菔,直接使用日文汉名如寒忌竹(即竹节蓼),也有音译的罗斯克斯(Ruscus,假叶树属)等。[20]

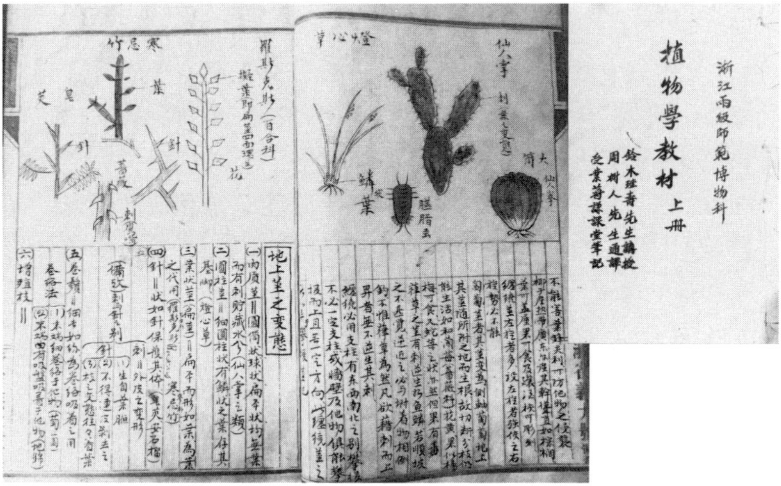

图 1　蒋谦《植物学教材》(上册)课堂笔记内页及封面,绍兴鲁迅纪念馆藏

此外,鲁迅在《引言》中谈及人物名的翻译:“和文字的务欲近于直译相反,人物名却意译,因为它是象征。”[21]从手稿来看,并不是一开始就如此设定的,而是在誊抄了相当部分之后,才作出对人物名统一地意译的决定的。如荣儿,最初译作“罗比芮多”,最后全部改为荣儿。其中的“小荣”(255),开始写做“罗啤”,接着改成“洛啤”,最后改定为“小荣”——仅从此例可见,意译名字更符合中文的习惯。同时,《引言》中提到的“将知”也是在誊抄了相当部分后改的。

在译稿中鲁迅还有一些翻译,涉及但字词选择的,如:

1. “但侥幸的是见”(158)改定为“但幸而还少见”。誊写时显然是漏了“少”,除了补上“少”之外,还将“侥幸”改为“幸而”。

2. “慢慢地他小心着将眼睛睁开了一条缝。”(174)改定为“慢慢地他小心着将眼睛睁开了一线。”现在的读者更适应于“眼睛睁开了一条缝”。

3.“他还在带着那宝贵的匙儿在走。”(181)改定为“他还在带着那宝贵的匙儿往来。”“往来”的语义强调的是反复，与“走”不同。

4.“待到它拔到嘴中，便飞向约翰”(192)改定为“待到它拔到嘴里的时候，它便飞向约翰”。“嘴中”简约，而“嘴里的时候”比较口语化。

5.“那是，似乎他看了太阳，又似乎日轮总是和他的眼光一同迁移着似的。”(244)改定为“那是，仿佛他看了太阳，又仿佛日轮总是和他的眼光一同迁徙似的。”译稿显示，先将“总是”划去，之后又改回为“总是”。改定后的“又仿佛日轮总是和他的眼光一同迁徙似的”，语感比较书面化一些。

6.“他便觉察出，怎样地有一个黑影追蹑着可闻的鼓翼，并且将它们捉住了。转瞬间，它们便消失了。”(264)改定为“他便觉察出，怎样地有一个黑影追蹑着有声的鼓翼，并且将它们擒拿。一转瞬间，它们便消失了。”这句改动将“可闻”变“有声”，“捉住”变“擒拿”，文白互换，可体味语感上的差异。

7.“约翰先曾看见，像是一个黑色的大蝙蝠来到他这里”(265)改定为“约翰先曾看见，像是一只大的黑蝙蝠奔向他”。“奔向”所体现的动量十足。

8.“于是响来了穿凿的声音，就如□自远方一般。”(339)改定为“于是响来了穿凿的声音，仿佛出自远方似的。”译稿显示，“远方”先改为“远处”，最后定为“远方”。“响来了穿凿的声音”虽未作修改，但并非现代白话所通行的表达方式。

9.“日光斜照进来，且有一道红焰”(343)改定为“日光斜照进来，且有通红的光焰”。“一道红焰”改为“通红的光焰”，均非白话中文所惯常的表述方法。

从译稿的修改来看，虽然数量不多，但所涉及的情形并非本文分析所能概括的。译稿本身以及修改中所体现的具体的语义语感转换、中文译文的词句构成等，笔者“力量实不足以达之”，还有待于方家的真知灼见。

1936年2月19日，鲁迅在给夏传经的信中如此说：“我所译著的书，别纸录上，凡编译的，惟《引玉集》，《小约翰》，《死魂灵》三种尚佳，别的皆较旧，失了时效，或不足观，其实是不必看的。”[22]鲁迅对《小约翰》的宝爱昭然，许多学者也因此对《小约翰》青睐有加，并以为它对鲁迅的《野草》和小说的创作乃至翻译理论的形成有着重要的影响。确实如此。

1909年，鲁迅翻译外国文学的第一个成果《域外小说集》第一、二册出版，在沉寂10余年后，于1921年增订再版。其间，鲁迅的文章也从古奥的文辞章句变为流畅的白话文，其译文文辞章句也是如此。1921年增订再版《域外小说集》或是鲁迅对其翻译工作的一个总结，虽然如此，他翻译的观念却未有改变：“外之既不后于世界之思潮，内之仍弗失固有之血脉，取今复古，别立新宗。”[23]仅从文辞章句上说“五四”所推崇的白话文属于新宗否？当时及以后知识阶层对于白话文是有探讨的，有以为白话文比较文言之有物，能够更好地表达人的情感作用，也有以为白话文其削减了中文的文化传承性及其几千年的文化积淀，这种讨论一直是存在的，伴随着白话文愈来愈广的被应用。[24]鲁迅对于中国白话文的见解一向是希望它能为全体国民所用，并助益中国文化的现代化，这也是鲁迅持续进行翻译工作的一个重要原因。鲁迅引进翻译在文辞章句方面，固然是增加了“词汇的多样性、概念的科学性与系统性，提高了小说语言的精密度，启发了小说语言的灵活性”[25]，但最终目的是在于将白话文现代化，白话文虽然不同于文言文，但其中依然存在固有的传统思维结构（逻辑和方式），且有使几千年汉语积淀贫乏。鲁迅试图通过持续的不间断的翻译实践，将现代思维结构融合进白话文之中，同时更好地将汉字中的优秀文化积淀激发出来，以这两方面以使由来已久的白话文能够成为中国现代文化“新宗”的根基。实际上,呈现于鲁迅译文中的并非全然的“晦涩难懂”,是部分读者有碍于现代思维结构和对古典汉语的理解不足或拒绝所致。鲁迅这种文化实践并非要使白话文成为替代文言文的庙堂之语,而是最终要将之交给大众的,以使助力中国现代文化走向坦途。

注释

① 鲁迅:《〈小约翰〉引言》,《鲁迅全集》第十卷,人民文学出版社2005年版,第284页。
②《鲁迅全集》第十六卷,人民文学出版社2005年版,第23页。
③《鲁迅全集》第十六卷,人民文学出版社2005年版,第25页。
④ 鲁迅:《〈小约翰〉引言》,《鲁迅全集》第十卷,人民文学出版社2005年版,第284页。
⑤《鲁迅全集》第十六卷,人民文学出版社2005年版,第30页。
⑥《鲁迅全集》第十六卷,人民文学出版社2005年版,第68页。
⑦⑧⑨ 鲁迅:《〈小约翰〉引言》,《鲁迅全集》第十卷,人民文学出版社2005年版,第285页。
⑩《鲁迅手稿全集》第6卷,国家图书馆出版社、文物出版社2021年版,第351页。
⑪ 鲁迅:《“硬译”与“文学的阶级性”》,《鲁迅全集》第四卷,人民文学出版社2005年版,第215页。在该文发表一个月后,鲁迅在撰写《〈文艺政策〉后记》时引用了这段话。
⑫《现代中文学刊》2022年第2期。
⑬ 鲁迅:《“硬译”与“文学的阶级性”》,《鲁迅全集》第四卷,人民文学出版社2005年版,第203—204页。
⑭ 鲁迅:《关于翻译的通信》,《鲁迅全集》第四卷,人民文学出版社2005年版,第392页。
⑮ 鲁迅:《〈小约翰〉引言》,《鲁迅全集》第十卷,人民文学出版社2005年版,第284页。
⑯《鲁迅手稿全集》第6卷,第151页。下文直接标页码于“( )”中,不另注。
⑰ 鲁迅:《〈小约翰〉引言》,《鲁迅全集》第十卷,人民文学出版社2005年版,

第285页。

⑱ 鲁迅:《动植物译名小记》,《鲁迅全集》第十卷,人民文学出版社2005年版,第293页。

⑲ 鲁迅:《动植物译名小记》,《鲁迅全集》第十卷,人民文学出版社2005年版,第291—292页。

⑳ 此据绍兴鲁迅纪念馆藏《植物学教材》(上册)的课堂笔记,感谢徐晓光同志的大力协助。该笔记有一说明:“本册内上面画有红线者均系周先生所口译,惟记者边听边录,间有遗漏或错误在所难免。此系上册,尚有下册,由另一先生通译。”此说明与笔记本封面“周树人先生通译”有矛盾。

㉑ 鲁迅:《〈小约翰〉引言》,《鲁迅全集》第十卷,人民文学出版社2005年版,第285页。

㉒《鲁迅全集》第十四卷,人民文学出版社2005年版,第33页。

㉓《鲁迅全集》第一卷,人民文学出版社2005年版,第57页。

㉔ 孙郁:《民国文学十五讲·新文学的起点》,山西人民出版社2015年版。

㉕ 陈静:《“欧化”与鲁迅白话文小说的现代性言说》,《作家》2015年第8期。

声音与物

——组诗《怒吼吧，中国！》的中国形象塑造

王兆玮

赛义德在《东方学》一书中引用了卡尔·马克思的一句话："他们无法表述自己，他们必须被别人表述"，"东方"是在西方的凝视中建构起来的地域概念，中国无疑是西方之外的他者。"凝视"必然带有权力的压迫，主体在他者的"凝视"中塑造自我。自17世纪中国正式进入俄国视野以来，中国的形象就不断被"塑造"着，多数俄罗斯作家与学者都是站在西方的角度上，以俯视的姿态"赏玩"中国。与他们迥然不同的是，特列季亚科夫是以一种平视的眼光细致入微地观察着中国，《怒吼吧，中国！》就是在他的视域内为动荡年代的中国所进行的最真实的表述和注解。本文以特列季亚科夫与中国的渊源，尤其是与文豪鲁迅的交往历史开篇铺垫，而后对组诗《怒吼吧，中国！》进行评议赏析，以期对特列季亚科夫其人、其诗歌思想与艺术进行精简的概括。

一、谢·特列季亚科夫与鲁迅

谢尔盖·米哈伊洛维奇·特列季亚科夫（1892—1937，以下简称"特列季亚科夫"），俄罗斯评论家、剧作家、未来主义诗人，中文名为铁捷克。1916年毕业于莫斯科大学法律系，1913年他就已经加入自我未来派，后又加入立体未来派，继而成为苏联文学团体"列夫"（即"左翼艺术战线联盟"，这一组织其实是未来主义在1920年代的继续）的主要成员。自1919年起发表多部诗集如《断

铁》(*Железная пауза*, 1919),剧本《你听到了吗,莫斯科?!》(*Слышишь, Москва?!*, 1924),以及关于中国的散文集《中国》(*Чжунго*, 1927),中篇小说《邓世华》(*Дэн Ши-хуа*, 1930)等。

组诗《怒吼吧,中国!》刊登于1924年4月第一期《列夫》杂志上[①]。作家在后记中对诗歌的素材来源作了简要说明:"这首史诗的核心内容是建立在北京街头流浪手艺人和商人的'叫卖声'之上的——这些声音要么是哭声,要么是各种响器发出的声音。"他对中国底层人民生活的细致观察是建立在亲身经历基础上的。1921年初,命运第一次把特列季亚科夫带到了中国。从符拉迪沃斯托克到赤塔,他绕道数千千米,途经天津、北京、哈尔滨,方返回莫斯科。在抵达莫斯科后不久,特列季亚科夫就向人民委员部美术学院做了一个关于中国印象的报告。此时,在中国土地上游历的经历触发了他的最初创作构思——写一个名为《蓝色快车》的话剧,场景都发生在中国,围绕着中国人与欧洲人于火车途中发生的事件而展开。两年后,他再次启程前来中国,到北京大学俄语学部讲授俄罗斯及苏联文学。著名文学评论家曹靖华就曾是特列季亚科夫的学生之一,他在给友人的信中回忆道:"特列季亚科夫十分同情中国人民的反帝运动,反对法西斯的黑暗统治。"后来,特列季亚科夫在莫斯科写下了诗歌《怒吼吧,中国!》——该组诗被评为"伟大人民报仇雪恨的诗意誓言"[②]。正如在其他献给中国的作品中一样,他在这首诗中清晰地展现了中国人民反抗帝国主义的思想。这个组诗后来成为他1926年出版的同名诗集中的最初篇章。

此外,特列季亚科夫以1924年6月四川万县事件为背景创作了同名话剧《怒吼吧,中国!》,经革命戏剧倡导者梅耶荷德导演亲自指导,在1926年1月23日于莫斯科进行的首演中获得了空前成功。后来该剧登上了许多俄罗斯城市的舞台,更被翻译成多种语言在中亚、欧洲、日本等多国上演,引起巨大反响。1929年该话剧被译为中文出版。1930年6月,正值沙基惨案五周年之际,欧阳予倩在广州把戏剧《怒吼吧,中国!》搬上舞台,以此抗议帝国主义侵略者杀害中国民众、制造“沙基惨案”的罪行。这也是在中国舞台上演的第一个苏联剧目。1933年上海戏剧界为纪念“九一八事变”两周年再次将此话剧搬上舞台。16年后的1949年9月,在解放了的上海,第三次上演了《怒吼吧,中国!》,此时的中国已经成为真正意义上的“怒吼的中国”,开始发出属于自己的“怒吼之声”。最后一次演出则是在中华人民共和国成立之日——1949年10月1日。鲁迅也曾评价该剧为当时中国迫切需要的战争作品之一,他曾专门购买过日本东京世界动态出版社1930年出版的《怒吼吧,中国!》剧本的日文版。

除了《怒吼吧,中国!》的诗歌和话剧作品以外,在北京大学讲课期间,特列季亚科夫曾协助任国桢翻译《苏俄的文艺论战》。长诗《十二个》的中文译本的翻译校对工作也有特列季亚科夫的参与,这两项工作在《奔流》杂志的编校后记中都得到了鲁迅的肯定,他写道:“先前的北京大学里,教授俄、法文学的伊发尔(Ivanov)和铁捷克(Tretiakov)两位先生,我觉得却是善于诱掖的人,我们之有《苏俄的文艺论战》和《十二个》的直接译本而且是译得可靠的,就出于他们的指点之赐。”③后来,鲁迅在给吴渤(白危)的信(1933年11月16日)中说:“《怒吼罢,中国!》能印单行本,是很好的,但恐怕要被压迫,难以公然发卖,近来对于文学界的压迫,是很厉害的。这个剧本的作者,曾在北京大学做过教员,那时他的中文名字,叫铁捷克。”④1934年,版画家刘岘刻作同名连环画《怒吼吧中国之图》,创作该系列的22幅木刻的过程中,他曾多次写信给鲁迅先生,希望鲁迅先生帮忙寻找特列季亚科夫的照片。木刻完成后,鲁迅先生对“前言”“后记”进行了详细审阅,不仅改正了错句和别字,而且还增加了一些重要词句。⑤

而鲁迅对苏联文艺现状的关注不仅仅停留于特列季亚科夫本身,他在《苏俄文艺论战》中就提到了“未来派”以及左翼艺术阵线(即“列夫派”),后来又转译了日本文学评论家冈泽秀虎的文章《以理论为中心的俄国无产阶级文学发达史》,其中对《列夫》杂志中所刊载的“列夫派”的创作宗旨和原则进行了详细介绍。

特列季亚科夫返回苏联后，曾称赞鲁迅为“中国最杰出的作家之一”。他们的最后一次“交集”就是鲁迅逝世后在莫斯科召开的纪念大会。1936年12月13日晚上，在莫斯科“文学家之家”召开了追悼鲁迅先生大会，主席台上悬挂着鲁迅先生遗像，主席团有苏联知名作家法捷耶夫、特列季亚科夫、列昂诺夫、李锦及中国诗人萧三。会上除法捷耶夫等人进行了讲演外，莫斯科剧场男女演员朗诵了《阿Q正传》及《孔乙己》的俄文本。会场展出多部鲁迅著作及所印版画。1937年9月10日，特列季亚科夫被枪决，两位互相欣赏、短暂共事过的文学家至此都长眠于世。但毫无疑问的是，他们高尚的思想、不朽的作品将同这段中苏两国文学家之间同心同德、互帮互助的历史一起永载史册。

二、声音与物
——组诗《怒吼吧，中国！》的中国形象塑造

> 这是我在舒适的地方/代表中国人歌咏。/这是我在防空洞中/代表中国人高唱。/羽毛笔如贪婪的牙齿咯吱作响/换取报复深重。

这是苏联诗人特列季亚科夫的组诗《怒吼吧，中国！》中的一首短诗，在苏联人民已经建立了自己的社会主义国家，而中国人民还处在内忧外患之中时，他将目光投向了水深火热的华夏大地。怀着对中国劳动人民深深的钦佩与同情，通过自己旅居北京期间的真实感受，特列季亚科夫以老北京胡同中走街串巷的叫卖吆喝声为线索，写下了磨刀匠、脚夫、掏粪工、水夫、商贩、理发匠等底层人民的艰苦生活与对列强压迫的愤恨。诗歌以声音作线索，以“物象”写“人像”，塑造出一个哀痛、坚强、不屈的中国形象。

特列季亚科夫一生的创作与未来派和“列夫派”密切相关，他的创作理念和创作风格自然也深受其影响。加斯帕罗夫就曾指

出,特列季亚科夫诗歌的主要特征是实验性、物质性、图式化、简洁性,其中“实验性”主要体现在诗人在诗歌句法方面的创新性移行、拟声词和近似韵的大胆引入,“物质性”则与特列季亚科夫的“事实美学”观点紧密相关。他认为:“诗人只是文字工作者和文字构造者,是生活工厂里的语言大师。诗歌只是一个将单词的金属弯曲、切割、铆接,或焊接和拧在一起的加工厂。”在《事实》一文中,他对纪实文学十分推崇,认为“纪实文学不仅仅是对第一现实的客观再现,同时也是积极参与生活本身……它可以抹去现实与再现之间的界限。”“纪实文学是在积极组织、转化现实,从而消除读者与作者之间的鸿沟。”[⑥]而苏联的纪实文学与西方纪实文学的主要区别在于作家本人积极参与生活的实践性,为此,特列季亚科夫身体力行地实践了自己的美学思想。“图式化”与“简洁性”则是指诗人在塑造形象的过程中表现出来的特点:尤其善于以“物象”描摹“人像”,通过“截取”生活片段来“定格”某个具有深刻含义的场景,达到了一种语言简洁质朴却不失其锋利与深意的效果。

《怒吼吧,中国!》刊发于《列夫》杂志时,特烈季亚科夫曾附加了创作说明,他写道:“这首史诗的核心内容是建立在北京街头流浪手艺人和商人的‘叫卖声’之上的——这些声音要么是哭声,要么是各种响器发出的声音。”毫无疑问,与声音有关的拟声词、韵律、节奏是挖掘诗歌内涵的一个重要切入点,而创作说明中也对其中几个极具代表性的吆喝叫卖声作了简要解释:“磨刀师傅手里拿着一根细长的喇叭,边走边吹,声音仿佛是战斗的信号。运水的独轮车发出一种独特的尖叫,它有着其他独轮车所没有的穿透力,人们在远处依旧能听到。理发匠手里拿着一个形似巨大音叉的东西,但其末端是闭合的,用一根小棒敲击‘音叉’的时候,它就会发出‘嗞嗞’声。商人敲着梆子——木棒上面有一个鼓筒,侧面挂着一个小木棒。旋转手柄的时候,悬挂的木棒便会碰到鼓面,发出声音。水果贩用小木槌敲击出特定的节奏♬ ♩♩ | ♩♩ ♬ | ♬ ♩♩ ♩♩ ♩♩ 80—100次,以♩♩ ♩♩♩结尾,这段节奏便戛然而止(♩ =

100)。”

磨刀师傅的叫卖以喇叭声为标志,全诗主要压“у”韵。最重要的表义动词“точу”(意为“磨”)和发出声音的喇叭“трубу”通过这个韵律选择形成了一种句法和语义上的平行对照,诚如洛特曼所说:韵脚的本质就是将不同者拉近和于相同中揭示差异……韵脚只是利用声音的拉近使这种意思表现得更为明显……通过声音的反复回环,韵脚使押韵的词得到了强调。⑦全诗不断重复以上两个单词,同时辅之以“кричу”(意为“叫喊”)“точку”(意为“磨石”)将喇叭声和磨刀声紧密结合,形成一种声音与物体之间的联想,从而完成对“磨刀师傅”这一底层劳动者辛劳、坚韧之形象的塑造。特列季亚科夫的这种以“物象”写“人像”的手法贯穿于组诗始终,比如在第九首诗歌中“вжи-ззи; вжи-ззи”的声音就被用来模仿运水车所发出的独特声音,一遍遍重复的“嘎吱嘎吱”声表现了运水工的忙碌和酷热中工作的苦痛。小商贩“туп-туп-ка, ус-туп-ка”敲击梆子的声音,理发师傅“Дззззый, Дззззый”的声音都是一种对职业工具的描写,同时也是对从事这种劳动的普通底层百姓生活场景的一种灵动复现。这种创作风格与特列季亚科夫所坚持的纪实文学和“物的自传”理论密不可分。

他提出的“物的自传”理论是指通过事物本身而非小说中的心理描写去理解世纪(和社会),通过讲述物的历史去讲述人的历史。因为事物的活动贯穿于每个环节之中;物不仅在其自身的本体论上具有意义,也是文化机制区域中的一个时间阶段,其中包含着自然资源与技术进步。特列季亚科夫试图在自己的创作中让物讲述自己,再以此去讲述“人”。比如,《水果商贩》一诗中诗人对商贩所卖的水果进行了罗列:李子/梨子/柿子/樱桃/橘子/香蕉……这些排列看似毫无意义,但本质上作者想要强调的是利用水果毒杀列强侵略者的场景:“李子中需得/滴下毒药。/让食用的人被折磨/痉挛,肿胀/让他们步履蹒跚/一头栽倒……”此时前文所列出的每一种水果都可以变成报复侵略者的匕首,诗人罗列出来的是水果(物),实则勾勒出的是一个水果商贩的形象(人),诗歌中甚至都没有出现水果商贩本人的外貌、神态和行为,仅通过以“物”写“人”便表现出中国底层劳动人民对外国侵略者深深的仇恨与愤懑之情。

与此同时,特列季亚科夫的这一思想与当今文学叙事研究中的“物转向”不谋而合,物叙事的研究者认为,“物”在叙事汇中可能成为一种符号,被用作文化、历史、社会的隐喻。强调物的社会属性,即物如何影射或象征人物的社会地位,进而影响其行动。[⑧]组诗中描写的正是老北京胡同中走街串巷的吆喝叫卖之声以及这些工匠们所用的响器,如磨刀师傅吹奏的细长喇叭、发出独特声响的运水车、商贩敲打的梆子、理发匠手里拿着的唤头等。这些曾经回响在老北京街头的响器本身就是胡同文化的一个重要符号,在诗歌中更是被赋予了丰富的含义,首先他们代表的是一种职业类型,其次他们共同形成了一个社会阶层,最后他们象征着那个时代和社会的环境。最重要的是,那个时代环境中的底层人民无论手持哪一种响器,对帝国主义列强和殖民者的恨意都在诗歌中被具象化,他们都希望可以通过自己的方式为国家和民族报仇,将列强赶出华夏土地。

另外,文学离不开隐喻,叙事中的物作为一种携带意义的具体符号,常被故事讲述人用来影射人物的身份……人能从物中读出意义,更明白地说,这种意义是被人赋予甚至是被“设计”出来的。[⑨]组诗中极具隐喻意义的一个符号便是“墙”,在开篇第一首诗《墙》中特列季亚科夫写道:“中国的土地上沉痛的墙/犬牙撕破天穹。/中国疲倦时。/高墙间的沙漠/便是躺卧的床。”这里的“墙”可以有很多所指,比如万里长城,或者是皇城的高墙,抑或是诗人在第三首诗歌中所写的“使馆区”的墙,“在这堵墙上——/飘扬着‘棕红色恶魔’的旗帜。/在这堵墙后——/紧握着的拳头……这堵墙的后面是雅致光洁的漆器。/这堵墙的上面——是军人的枪托。/穿过这堵墙的——是画着狮子的混蛋/传教士。”因而,“墙”

这个符号便具有了不同的隐喻意义，它可以是中国的防御（万里长城），也可以是古老中国的文明象征（紫禁城），更可以是中国人民被压迫时的抵抗（使馆之墙）。诗人赋予了“墙”多种含义，其根本目的就在于塑造一个他心目中的历史悠久、文化厚重、威严而悲痛的中国形象，同时也勾勒出了平凡、坚韧、自强的中国人形象。

那么特列季亚科夫笔下的中国形象又与以往俄罗斯文学作品中的中国形象有何不同？

俄国公使从17世纪开始正式出访中国，他们对中国概况进行了简要介绍，为俄国国内树立的是一个制度完善、地产丰富、人民安居乐业的君主制国家的形象，但总体上来说，中国仍然是以“戴着面纱的遥远的东方”的形象出现在普通俄国人眼中。18世纪中俄交往日益频繁，虽因启蒙运动的影响孔子等知名中国哲学家为俄国所知晓，俄罗斯文学作品中也开始出现具有中国文化符号意义的形象（如瓷器、中国皇帝等等），但中国仍然是一个具有“异域风情”的遥远国度，俄国人对中国的理解仍是片面的和单向度的。19世纪，中国形象在俄国文学中所占的笔墨逐渐增多，不再是一笔带过的异国他乡，出现了很多以中国为主题的文学作品，俄国作家对中国的看法也不尽相同：一些人受到欧洲中心论的影响，将中国和俄国所向往的西欧完全对立，认为中国是停滞、封闭的东方王国，夸大中国社会的腐败和落后；而一些汉学家、作家则对中国的古老文明和文化给予充分肯定。19世纪的中国形象逐渐具备了多面性的特征，虽然负面形象居多。[10]进入20世纪以来，俄国作家对中国的理解更具个性化意味，在古米廖夫眼中，中国是一个带有东方神秘主义色彩的古老国度，与非洲草原对他的吸引力相似，他对中国的推崇来自个人探险精神和对异域的憧憬与向往。而在曼德尔施塔姆看来，“中国人习气”代表一种高傲、虚伪的官方语言，当然，这与他本人的政治立场密切相关，他自称“中国人”也意在表示自己和官方语言格格不入。在十月革命之前，中俄两国外交关系上的剑拔弩张使得与中国相关的词根表达的意义多暗指阴险奸诈,谄媚逢迎,见风使舵,中国人也是一种粗鄙不堪、奸诈狡猾的形象,中国则是一个落后、无知、孱弱的国家。

然而就在十月革命之后,中国的内忧外患——列强侵略和军阀混战——使得刚刚进行完革命的苏联十分关注中国的社会状况,将中国看作反对帝国主义的"战友",预见了中国即将到来的社会主义革命。此外,苏维埃文学认为自己是世界文学,它应该具有揭示不同国家社会矛盾的基本品格,苏联官方认为中国已然参与到世界历史进程中,因而中国的命运与俄罗斯息息相关。对革命全力支持的"未来派"以及后来的"列夫派"成员们自然也是对中国青眼有加。马雅可夫斯基在诗歌中就称中华民族为"战友"和"兄弟民族",对中国人民报以深深的怜悯和同情,比如在长诗《列宁》中,他写道:"仿佛是中国人/含着无尽的哀痛/哀悼着自己的希望,/伤心地低着头/走了过去",同时他也为中国人大声疾呼、同中国人一起表达对侵略者的愤懑,在诗歌《滚出中国》中他义愤填膺地写道:"四万万人——/不是一群牛马。/怒吼吧,中国人:/'滚出中国!'/是时候了/赶走这批坏蛋,/把他们/摔下/中国的城墙。"而特列季亚科夫组诗的题目《怒吼吧,中国!》正是化用了此诗中的"怒吼吧,中国人"一句。

相比于以上几位诗人对中国相对主观化的理解,特列季亚科夫笔下的中国和中国人的形象刻画更为客观、平实、细节。他笔下的中国人既是勤劳、坚韧、温良的普通人,又是一群热心报国、心甘情愿抛头颅洒热血的仁人志士。在诗歌中,他用中国人所穿的蓝布衫的颜色借代中国的劳动人民,他们"埋头在红土间","摇桨,围栏。/刨削,挖掘。/……搬运,播种。/繁重的劳动。/走南,闯北,/从西,到东。"就是这样辛勤劳作的底层人民,"手中也只能握着一两钱,还有铜板"。但也正是这样一群身无分文的底层劳工,他们从事着各种营生的同时仍然深爱着国家,想要通过自己的力量为被欺辱压迫的祖国报仇雪恨,诗歌中描写的每一个磨刀师傅、脚夫、水夫、掏粪工、商贩、理发匠都怀有同一个梦想:杀死中国土地上的"红魔"。正是这些人实实在在地表现出中国人自强不息的反抗精神和坚韧不拔的民族品格，重塑了高高在上的西方人给中国人固定下来的落后、颓废、软弱的形象。毫无疑问，这种从"小人物"和细节着手进行描写的独特角度与他在北京度过的"惊人的岁月"密不可分。他看到了中国学生的示威游行，看到北京工人和学生的鲜血洒满了街道。他还见证了震撼整个中国的"五卅"惨案。因而特列季亚科夫在《监狱笔记》中写道："即使在中国神话中也找不到像这些恶魔一样邪恶和可怕的撒旦或恶魔。"作为中国无产阶级革命起义的目击者，特列季亚科夫见证了封建经济和封建制度是如何在中国的躯体上破灭的。正是依靠这些在苏联作家中绝无仅有的亲身经历，他才写下了声援中国人民反帝反封建斗争的组诗《怒吼吧，中国！》。除了独特的创作角度和注重细节与真实的写作手法之外，特列季亚科夫关于中国的作品的一个更重要的意义在于——他是第一个睁开眼睛看到真实中国的人，他在中国看到：无情的剥削、对民族尊严的践踏、"优等种族"代表的虐待狂和劳动人民对他们的仇恨。尤其是他在这之后创作的同名戏剧作品《怒吼吧，中国！》以及长篇小说《邓世华》都为当时的俄国社会打开了看待中华民族的一个新视角。

结　语

俄罗斯对中国的一个别称为"Поднебесная"，该词由"под"（意为"在……之下"）与"небо"（意为"天"）两词组合而成，来源于汉语中的"天下"。俄语中引入此词汇时即含有对中国人视华夏大地为世界中心的一种鄙夷和嘲讽。然而，在西方的凝视下被建构起来的俄罗斯和中国的形象本质上都是威胁性的力量。在此背景下，中俄两国如何建立自己的形象以及如何看待对方的国际形象显得尤为重要。特列季亚科夫用自己的脚步丈量了 20 世纪 20 年代的中国，用自己的双眼亲观劳动人民与侵略者之间斗智斗勇，用自己的笔耕不辍帮我们"重塑"中国。鲁迅先生有言"愈艰难,就愈要做”。特列季亚科夫已为中俄两国作家学者作出重要表率,如我等一般的后继者,必得“上下而求索”,方不辜负前辈先贤的艰苦探索。

(北京外国语大学俄语学院)

注释

① 该杂志自1923年创办起每两个月出版一次(1923年以这种频率出版了4期),后来不定期发行:1924年出版了两期,1925年仅出版了一期就停刊了。因而1924年第一期杂志的出版时间为译者推测:根据1923年刊物出版日期推断该刊物应为月末出刊,1924年第一期中卡缅斯基的诗歌《40岁青年的赞歌》(Гимн 40-летним юношам)是写给年满40岁的自己,而他的出生日期为1884年4月17日,所以诗歌写作日期应在该日期之后。1924年第二期中则出现了对逝世于5月20日的一位文学家的吊唁词,据此推测1924年第一期出刊时间应该是5月之前,故而确定为4月末。

② Рычи, Китай!. Сергея Третьякова. Педагогика Школьная. 27 января 2011. №1296131495.

③《〈奔流〉编校后记》,《鲁迅全集》第七卷,人民文学出版社2005年版,第186页。

④《致吴渤》,《鲁迅全集》第十二卷,人民文学出版社2005年版,第498页。

⑤ 刘岘:《难忘的记忆——纪念鲁迅逝世五十周年》,《高山仰止——鲁迅逝世五十周年纪念集》,上海文艺出版社1986年版,第160页。

⑥ Девин Фор. Сергей Третьяков: *Факт*, pp.185—187.

⑦ 转引自黄玫:《韵律与意义:20世纪俄罗斯诗学理论研究》,人民出版社2005年版,第75、200页。

⑧ 尹晓霞、唐伟胜:《文化符号、主体性、实在性:论“物”的三种叙事功能》,《山东外语教学》2019年第2期。

⑨ 傅修延:《文学是“人学”也是“物学”——物叙事与意义世界的形成》,《天津社会科学》2021年第5期。

⑩ 贾晓琪:《20世纪上半叶俄罗斯文学中的中国形象》,哈尔滨工业大学,2018年学位论文。

纪念《阿 Q 正传》发表 100 周年

谈阿 Q 的“革命”

——纪念《阿 Q 正传》发表 100 周年

管冠生

1921 年 12 月 4 日—1922 年 2 月 12 日，《阿 Q 正传》陆续发表于北京《晨报副刊》。自此至今百年间，对它的解读与评论一直在进行，难以结束。本文将以文本细读的方式，重点考察第七章（“革命”）和第八章（“不准革命”），重新思考阿 Q“革命”的问题。

一

第一个问题：阿 Q 早就听说过“革命党”，并以为“革命党便是造反，造反便是与他为难，所以一向是‘深恶而痛绝之’的”[①]，为什么后来却要“投降革命党”了呢？

第七章说得明白：阿 Q 没想到革命党“使百里闻名的举人老爷有这样怕，于是他未免也有些‘神往’了，况且未庄的一群鸟男女的慌张的神情，也使阿 Q 更快意”。“这样怕”指的是“宣统三年九月十四日——即阿 Q 将搭连卖给赵白眼的这一天——三更四点”，举人老爷用船将财物运到赵府寄存；“鸟男女的慌张”指“那船便将大不安载给了未庄，不到正午，全村的人心就很摇动”，“谣言很旺盛”。

需要继续追问：为什么举人老爷“这样怕”会令阿 Q 神往“革命党”呢？

答案在第六章("从中兴到末路")。阿Q于春季进城后,先在举人老爷家帮忙,后来却"不高兴再帮忙了,因为这举人老爷实在太'妈妈的'了",这是什么意思呢?阿Q最先使用"妈妈的"是在第五章("生计问题"):他向吴妈求爱被秀才和地保定性为"造反",被迫签了5项不平等条约,连工钱和布衫都被夺占了去,此事焉能不"妈妈的"?更进一步,"没有人来叫他做短工,却使阿Q肚子饿:这委实是一件非常'妈妈的'事情",原来是小D占了他的饭碗,于是二人便来了一场"龙虎斗",结束时,阿Q就说"记着罢,妈妈的……";第二次使用在第七章(见本节最后一段);第三次出现在第八章:阿Q到钱府投假洋鬼子,被赶了出来,后目睹赵家遭抢,想:"搬了许多好东西,又没有自己的份……不准我造反,只准你造反?妈妈的假洋鬼子"。

由这三次"妈妈的"使用情况来看,它们皆对阿Q的现实生存产生了直接而重大的影响,要么使原先的生活无法继续,要么造成了无法挽回的物质与精神损失。由此可推知,"太'妈妈的'"应是阿Q骂人的极致,一生中只在举人老爷身上用了一次,阿Q从来不曾这样恼恨过一个人!可见,举人老爷比小D和假洋鬼子更甚,阿Q在他手里实在没法活下去[②]。由此推知:未庄的假洋鬼子只是"妈妈的",城里的举人老爷便升级为"太'妈妈的'",那么,省里的官绅们岂不应是"太'太妈妈的'"?如此构建的一幅图景便是:越是上面的官绅,剥削人欺负人压迫人越甚(换言之,随着权势与地位的增高,造的孽作的恶越大越严重),人们造反与颠覆现状的欲望越强烈,越不可遏制。

还要继续追问:为什么"鸟男女的慌张"会令阿Q"更快意"呢?

答案亦在第六章。阿Q刚回未庄时,穿着新夹袄,腰间挂着一个沉甸甸的大搭连,得到了未庄人的"新敬畏";又纵论城乡风俗,尤其是叙说杀革命党的动人场面,使得阿Q的地位"虽不敢说超过赵太爷,但谓之差不多,大约也就没有什么语病的了"。更有意思的是,“调戏”吴妈本使得阿 Q 成了未庄女人心目中避之唯恐不及的色情狂,但现在“伊们都眼巴巴的想见阿 Q”,贪图他那里的物美价廉的绸裙或洋纱衫;连赵府也不顾此前所签订的五项条约之第三项(“阿 Q 从此不准踏进赵府的门槛”),叫阿 Q 上门买他的东西,赵太太并且预定了“一件皮背心”!——“阿 Q 虽然答应着,却懒洋洋的出去了,也不知道他是否放在心上”,这让赵氏父子气愤且失望,他们的怀疑与猜测遂传扬了出去,等一班闲人从阿 Q 口中确证了阿 Q“不过是一个不敢再偷的偷儿”,人们对阿 Q 的敬畏就“变相”了,“颇混着‘敬而远之’的分子”,颇有些瞧不起了。

未庄人如此势利世故,难怪阿 Q 呼之曰“鸟男女”,能令这些“鸟男女”慌张不安,阿 Q 能不快意吗? 他于是想:“革这伙妈妈的的命,太可恶! 太可恨! ……便是我,也要投降革命党了”,这喊出了任何一个感到不公不平的中国人的心声! 冠以“妈妈的”意味着人事之可恶可恨;只要“妈妈的”的人事存在,造反的冲动也就天然存在着[③]。有研究者说:“具体而言,是所谓的‘生计问题’逼得他走投无路了:阿 Q 因为向吴妈求爱不成,反而再次遭到赵太爷们的驱逐,以至于马上陷入赤贫的状态,所有年轻和年老的女人见了他马上避开,所有原来请他帮工的乡民都拒绝再请他干活……阿 Q 前所未有的孤立,‘饿’的感觉几乎把他压垮,‘冷’的感觉迫使他面对现实,只有在这些‘物质条件’甚至可以说是‘无物质条件’具备了的情况下,阿 Q 才有可能发生真实的转向”[④],在本文看来,这个“具体而言”还是相当粗糙而简单的,因为它没有建立在文本的细读之基础上。

二

“宣统三年九月十四日”是杭州府为民军占领、绍兴府宣布光复的重要日子。第七章把这些重要事件撇去不顾,单单强调并标记“阿 Q 将搭连卖给赵白眼”一事。本文要这样解读:在阿 Q 的人生历程中，宣统三年九月十四日将搭连卖给赵白眼这件事比绍兴府光复之类重大历史事件要紧迫和重要得多[5]。刚回未庄时，“大搭连”是特意显露的发财证据，如今被迫把它卖掉，显然意味着阿Q已经失去了钱袋子与经济来源，即“用度窘”了——比照第七章记载的一次对话：阿Q“造反了”之后，赵白眼惴惴地说：“阿……Q哥，像我们这样穷朋友是不要紧的……”阿Q道：“穷朋友？你总比我有钱”。赵白眼买了阿Q的搭连还哭穷，真是“太可恶！太可恨！”不革这伙妈妈的的命，天理难容！——“用度窘”，便生不平之心；有不平之心，便要“造反”。由此观之，阿Q的“造反”根源于自身艰难而尖锐的人生体验，而城里革命党的“传说”恰好激动且调动了这种心理诉求。宜乎标记搭连之得失。

当天中午，阿Q没有吃饭，只喝了酒，醉得飘飘然，“忽而似乎革命党便是自己，未庄人却都是他的俘虏了”，遂嚷道“造反了！造反了！”这一方面陈述客观事实(革命党进城了)，另一方面表达自己的精神情绪(我不满，我要反抗)，比“我和你困觉”的语用效果强烈一些——“我和你困觉”扰动了赵府并吓坏了未庄女人，“造反了”则使未庄人都生了惊惧而可怜的眼光，这让阿Q“舒服得如六月里喝了雪水”，他就更兴奋地喊道：

“好，……我要什么就是什么，我欢喜谁就是谁。”

有研究者认为，这是“典型的中国式帝王思想”；或曰，这揭示了中国农民革命“专制性暴虐性”的一面[6]。本文认为这些看法有些简单化了，因为需要考虑说“我要什么就是什么，我欢喜谁就是谁”的“我”是个什么样的人。“我”有成为帝王的潜质或领导一场革命的能力吗？没有，因为“我”最根本的心理定势或思维方式是“精神上的胜利法”。第二章(“优胜记略”)记载清楚：被闲人打了，就想“我总算被儿子打了，现在的世界真不像样……”，因之而心满意足地得胜；打人者说：“阿Q，这不是儿子打老子，是人打畜生。自己说:人打畜生!”“打虫豸,好不好?我是虫豸——还不放么?”这样又以自己是“第一个能够自轻自贱的人”而得胜。由此观之,“我要什么就是什么,我欢喜谁就是谁”听上去霸气霸道,实际上又是阿 Q 的一次“精神上的胜利”——这次现实中的困窘与失败比以往更甚,所以“精神上的胜利”来得更“辉煌”一些。阿 Q 此前此后从未取得任何现实上的成功,从未具备创造伟大实践的能力与意志;亦因此,《阿 Q 正传》从未让阿 Q 做出什么像样的造反行动来。

上述看法或许叫人一时难以接受,因为接下来阿 Q 睡觉前的四个思想断片似乎明显表现了阿 Q 的暴君本性。那么,本文接下来就要对之做一番重点解读。

在“我要什么就是什么,我欢喜谁就是谁”的快意之际,阿 Q 也得到未庄人前所未有的尊敬:赵太爷叫他“老 Q”,赵白眼叫他“Q 哥”,管土谷祠的老头子也意外的和气,并提供了两个饼和蜡烛。酒足饭饱、睡眼蒙眬的阿 Q“说不出的新鲜而且高兴”,遂有了下面四段被广泛征引和解释的思想断片:

> “造反?有趣,……来了一阵白盔白甲的革命党,都拿着板刀,钢鞭,炸弹,洋炮,三尖两刃刀,钩镰枪,走过土谷祠,叫道,‘阿 Q!同去同去!’于是一同去。……
>
> 这时未庄的一伙鸟男女才好笑哩,跪下叫道,‘阿 Q,饶命!’谁听他!第一个该死的是小 D 和赵太爷,还有秀才,还有假洋鬼子,……留几条么?王胡本来还可留,但也不要了。……
>
> 东西,……直走进去打开箱子来:元宝,洋钱,洋纱衫,……秀才娘子的一张宁式床先搬到土谷祠,此外便摆了钱家的桌椅,——或者也就用赵家的罢。自己是不动手的了,叫小 D 来搬,要搬得快,搬得不快打嘴巴。……
>
> 赵司晨的妹子真丑。邹七嫂的女儿过几年再说。假洋鬼

子的老婆会和没有辫子的男人睡觉,吓,不是好东西!秀才的老婆是眼胞上有疤的。……吴妈长久不见了,不知道在那里,——可惜脚太大。"

本文所查阅到的解释皆大同小异。可举三例:①引文展现了阿Q本身具备的"暴君"潜质,革命被解读为"有趣"的杀人游戏,又可以随意获得和使用"未庄人的下跪"(威福)、"东西"(财富)、"吴妈"(女人);②无论以中国文学的眼光来看还是以中国历史的眼光来看,引文皆具有经典的意义,它呈现了农民造反的三大目的:造反就是随意杀人;造反就是占领物质资源;造反就是占领性资源;③"阿Q似的革命党"在所谓未庄革命中要做、会做的事情无非是:满足权欲,滥杀无辜;攫取钱物,发革命财;占有女人,放纵无度⑦。

虽然解释③自称"从文本出发",前两个应亦自觉是"从文本出发",但本文认为它们"出发"得太远而"从"得不够。按阿Q的理解,造反确也有趣。他第一次"造反"也就是"调戏"吴妈的时候,搞得赵府很热闹,阿Q不就这样想过"哼,有趣,这小孤孀不知道闹着什么玩意儿了"吗?这一次"造反"人更多,服饰异样,武器混杂,岂不更加热热闹闹?革命党又呼朋引伴地招呼自己,引自己为同志,自己得到了莫大尊重,岂不比第一次"造反"的结果更美妙?——阿Q并没有把杀人游戏视为"有趣",也没有把革命视为"杀人游戏"。

本文认为阿Q造反的最大问题在这里:他为什么只是静等革命党的到来?除了那一刹那"忽然似乎革命党便是自己"之外,他一直说的是"投降革命党"——例如,等他知道尼姑庵已被秀才和洋鬼子革过命之后,他想:"难道他们还没有知道我已经投降了革命党么?"——如果说赵府钱府曾是他的旧主顾或旧主子,那么,他所谓造反只不过是要把革命党作为自己的新主顾或新主子。没有新主子,我们的阿Q将永远无所适从;就此而言,阿Q要"造反”，首先就要造自己的反；阿Q要革命，首先要完成的是自我心理革命，像《伤逝》中的子君那样认识到“我是我自己的，他们谁也没有干涉我的权利！”，没有这个革命性的自我转变，他就不会踏出新的实质性的一步。

接下来，阿Q似乎要杀人了。有意思的是，他“投降革命党”最初源于对举人老爷的痛恨，可是他要杀的人当中却没了举人老爷——我们只能说在未庄的境遇中，阿Q把举人老爷遗忘了。这个遗忘才显示了阿Q造反的简单、粗糙与狭隘。按阿Q所想，该死的人依次是小D、赵太爷、秀才、假洋鬼子、王胡。小D排第一，是因为阿Q认为他的饭碗被小D抢去了[⑧]；赵太爷父子俩都曾打过阿Q，并迫他签下五项不平等条约，让他第一次感到“妈妈的”；假洋鬼子本是阿Q“最厌恶的一个人”，但未妨碍他的生活，故排第四；王胡本来位置在阿Q之下，但有一次打斗时竟然占了便宜，“这大约要算是生平第一件的屈辱”，借造反之际当然也要报复。

或曰如此公报私仇以及无差别的打击充分暴露了阿Q式革命的暴力性质，但这事要看怎么解释，如果阿Q是个懂事的心思绕弯的文化人，把心理动机包装升华一下（小D抢我的饭碗是只顾个人利益、不顾阶级兄弟的感情与感受），照样可以把小D教训一顿，若真如此，反而不如那个直接杀小D的阿Q诚实而爽快；或者，如果阿Q声称要为未庄人的福祉与美好未来而革命而奋斗，岂不让人感觉太虚假？反而不如那个直接杀小D的阿Q真实而可理解。

更重要的是，我们的阿Q其实并不想杀人，他要的只是未庄“鸟男女”跪地求饶、磕头认罪，要的是自己被承认、被尊敬；把“鸟男女”都杀了，自己一个人活着还有什么意思？所以，在第三段中小D又出现了[⑨]。在阿Q看来，最“有趣”的不是杀了小D，而是叫他搬东西，“搬得不快打嘴巴”。——《阿Q正传》一开始，阿Q就挨了赵太爷的嘴巴，不敢抗辩，“只用手摸着左颊”。由此观之，阿Q的这些思想断片皆有此前人生遭遇与体验的来源，不过形式颠倒了而已,轮到他打别人嘴巴了。但,还是不敢打或没有想到打赵太爷的嘴巴。

对搬东西的思想片段,学界似乎没有意识到一个问题:既然别人的性命都攥在自己手里了,床或桌椅之类还需要搬到土谷祠吗?直接占了赵府或钱府,不是更好、更快意么?然而,阿Q终于舍不得"土谷祠"。这表明,虽然似乎能随意处置东西了,但阿Q内心深处还是惧怕赵太爷之类高等人物,不敢也不能真正"造反"。换言之,虽然赵太爷之类是"该死的",但这些思想片段表明阿Q潜意识深处并未越雷池一步,"赵太爷"仍然是他不敢触碰与撼动的存在,只有欺负小D是不用商量的。

至于说阿Q在女人身上放纵无度,则简直是侮辱了,因为我们的阿Q是有"底线"、有"品味"的——太丑的、太小的、道德品质不好的、外貌有缺陷的都不能要;想来想去,整个未庄,只有吴妈能看得入眼,虽然她脚大。"长久不见了",这个用语表明"吴妈"一直藏在阿Q心底。阿Q不是一个花心乱搞的男人,他比要娶小老婆的赵太爷好得多!如果他成了一个君主,能有"邹七嫂的女儿过几年再说"的想法,显然就不能算是一个"暴君"!

综上所述,阿Q"飘进土谷祠,照例应该躺下便打鼾",但"宣统三年九月十四日"午后及晚上,阿Q因"造反了"而得到物质与精神上的双重满足,故而破了例,未能躺下便打鼾,先来一阵胡思乱想以延长并深化午后以来的"飘飘然"。它是"投降革命党"的新意念与"精神胜利法"的旧思维结合生产的有趣想象,是现实处境的无能与失败在精神世界的一次奇妙颠倒。因而,这些思想断片不能视为明确的革命意识,更不能视之为可以现实化的造反行为。一方面,它们所流露的潜意识欲望不只是像阿Q这样的农民或贫雇农或底层群众或"愚庸的众数"才有,而是每一个中国人皆可能存有!鲁迅原也说得明白,他要借阿Q表现"现代的我们国人的灵魂"。如果可以推广一步,那就可以说,阿Q更表现了"我们世人的灵魂",因为世界上的每一次颠倒革命都伴随着阿Q这般人性欲望的潮涌与表演；另一方面，它们表明阿Q并不具备成为真正革命主体的心理素质，他在革别人的命之前需要一番自我革命，革“精神上的胜利法”的命。否则，阿Q式的革命只会成为精神上“飘飘然”的想象！

三

那个“新鲜而且高兴”的夜晚过后，第二天阿Q“起得很迟，走出街上看时，样样都照旧。他也仍然肚饿，他想着，想不起什么来；但他忽而似乎有了主意了，慢慢的跨开步，有意无意的走到静修庵”。有研究者以为阿Q是来革命[⑩]，应该不是的，他更可能是来找吃的，因为春天他吃不上饭的时候曾在尼姑庵里找到了萝卜，这次又来“求食”，很有些害羞和不好意思——与上次“偷”不同，这次首先对老尼姑作“温馨提示”：“革命了……你知道？……”[⑪]，想以“革命”的招牌顺利弄点吃食填饱肚子，然而却吃了老尼姑的闭门羹。阿Q才知道假洋鬼子和秀才已经来革过命，“颇悔自己睡着，但也深怪他们不来招呼他”，“造反了”带来的快意享受仅仅存在了一个下午和一个晚上。

算起来，阿Q若有造反行动，那就只能算是将辫子盘在头顶，学赵司晨的样。但，赵司晨被人们赠予了“革命党”的徽号，而阿Q学样却无人喝彩、一无所得。“阿Q当初很不快，后来便很不平。他近来很容易闹脾气；其实他的生活，倒也并不比造反之前反艰难，人见他也客气，店铺也不说要现钱。而阿Q总觉得自己太失意；既然革了命，不应该只是这样的”。同样是“革命”，为什么赵司晨博得了关注而自己备受冷落呢？自己至少也应该得到赵司晨那样被承认的待遇啊。革命在“精神上”是越革越好，然而眼下的现实却是自己越混越差，尤其是小D居然也和他一样盘起了辫子！

其实，盘辫子并非赵司晨的创造，而是学了秀才的样。曾几何时，阿Q也姓赵，和赵太爷是本家，细推起来还比秀才长三辈。可是,未庄出了"秀才盘辫的大新闻"之后,阿Q"总没有想到自己可以照样做"。这是为什么呢?前者(姓赵)是"精神上的胜利",后者(盘辫子)属于革命行动(和秀才一样)。情况正是这样:他在"精神上的胜利"的世界里沉溺得越深越久,就越不可能采取颠覆现实秩序的革命行动。因为"精神上的胜利"离不开现实的失败与无能;唯有现实的失败与无能才是催生"精神上的胜利"的土壤。

阿Q终于明白:"要革命,单说投降,是不行的;盘上辫子,也不行的;第一着仍然要和革命党去结识",而"他生平所知道的革命党只有两个,城里的一个早已'嚓'的杀掉了,现在只剩了一个假洋鬼子",为什么不是赵秀才呢?原来,革命后的未庄进城的人只有一个假洋鬼子(不怕剪辫子),他回来后卖给赵秀才一个"银桃子","未庄人都惊服,说这是柿油党的顶子",比中秀才还要阔。如此一来,在未庄范围内,革命党的源头便在假洋鬼子那里了。

阿Q怯怯地进了钱府,假洋鬼子正在演讲,赵白眼和三个闲人在恭敬聆听。阿Q终于趁机会插话了:

> "唔,……这个……"阿Q候他略停,终于用十二分的勇气开口了,但不知道因为什么,又并不叫他洋先生。
>
> 听着说话的四个人都吃惊的回顾他。洋先生也才看见:
>
> "什么?"
>
> "我……"
>
> "出去!"
>
> "我要投……"
>
> "滚出去!"洋先生扬起哭丧棒来了。
>
> 赵白眼和闲人们便都吆喝道:"先生叫你滚出去,你还不听么!"

有学者认为,上述情节"被传统的鲁迅研究演绎成革命党不准阿 Q 革命,并进而得出辛亥革命脱离群众的结论。其实这一经典的演绎是一次典型的对鲁迅作品细节的过度阐释。因为在文本中,阿 Q 只是怯怯地说出了'我要投','革命'二字尚未出口,就被假洋鬼子轰了出去。难道假洋鬼子未卜先知,知道阿 Q 是要来投奔革命的所以轰他出去?显然不是,鲁迅在这里特意不让阿 Q 说出'革命'二字,其实就是不想让阿 Q 和假洋鬼子在'革命'这一事件上关联起来,或者说是想继续让阿 Q 存在于一种游离恍惚的精神状态中,以便深入地挖掘'精神胜利法'这一国民劣根性在应对国家民族重大事件方面的负面作用"[12]。本文认为,如果说从上述情节得出辛亥革命脱离群众的结论是过度阐释(这确是过度阐释,但原因不在于阿 Q 未说出"革命"二字,而是因为假洋鬼子根本不算真正的革命党。别的不说,他只是把"已经留到一尺多长的辫子都拆开了披在肩背上",一个标准的投机分子),那么,得出鲁迅"就是不想让阿 Q 和假洋鬼子在'革命'这一事件上关联起来"的看法同样是用成见遮盖了对文本的仔细阐释。

还是多设想一下当时的情境吧:假洋鬼子本是阿 Q 最厌恶的人,先前叫人家"秃儿。驴……",遭了一顿痛打,彼此印象皆坏;这次未开口前想好了叫"洋先生",因为对假洋鬼子的厌恶心理终究无法完全抹干净,所以说话时未带任何称呼,这就是大不敬了,连赵白眼等人都感到"吃惊"——对比他们开口便说"先生"。况且,"唔,……这个……"这种说话方式与口气有商量的意思——小说写道:"他除却赶紧去和假洋鬼子商量之外,再没有别的道路了"——假洋鬼子"先生"能和你商量吗?"先生"第二句话就是让阿 Q"出去!",后者还要说,便添他一个字"滚"。总而言之,因为阿 Q 没赔笑脸、没叫"先生",并且打断自己演讲的兴头,所以假洋鬼子从看见阿 Q 开始就不想听他说话,就要把他撵出去。——鲁迅首先是精通人性心理的文学大师,不是他让人物如何,而是人物在自己活着,不得不如此。

纵观阿 Q 一生,这应该是阿 Q 的必然结局,既然他认为结识革命党是“第一着”。正如盘辫子,他学的是二手货;结识革命党,他找的也是个投机的二手货。真正的革命党已经被砍头了。阿Q在结识重要人物这件事上从来就没有成功过。阿Q这一生是同名号斗争的一生,但在现实中一直失败,只有用精神胜利法来颠覆、获得虚假的自我承认。一开始想姓赵却被赵太爷打得不能姓赵,这就是他悲剧性命运的象征;当革命党取代了赵太爷而成为时髦人物与既得利益者,阿Q“结识”之失败亦是命中注定之事:

> 他似乎从来没有经验过这样的无聊……赊了两碗酒,喝下肚去,渐渐的高兴起来了,思想里才又出现白盔白甲的碎片。

最终,阿Q的“革命”只有通过“精神上的胜利法”才能取得伟大的胜利!

(写于泰山学院文学与传媒学院)

注释

① 鲁迅:《阿Q正传》,《鲁迅全集》第一卷,人民文学出版社2005年,第538页。

② 据第九章,阿Q被抓进监狱,一个狱友说“举人老爷要追他祖父欠下来的陈租”,可见这举人老爷实在混账得没谱、贪婪得没底线!

③ 鲁迅在《论“他妈的!”》中写道:“中国人至今还有无数‘等’,还是依赖门第;还是倚仗祖宗。倘不改造,即永远有无声的或有声的‘国骂’”(《鲁迅全集》第一卷,人民文学出版社2005年版,第248页)。国骂虽然“卑劣”,却是反抗心声的表达。

④ 罗岗:《阿Q的“解放”与启蒙的“颠倒”》,《华东师范大学学报》2013年第1期。

⑤ 或者这样解读:宣统三年九月十四日,在未庄,阿Q将搭连卖给了赵白眼,同时绍兴府和杭州府“转让”给了革命政府。两件事具有很强的可比性:

搭连由阿Q的手到了赵白眼的手，本来赵白眼就比阿Q富，结果富的越来越富，穷的越来越穷；绍兴和杭州虽由清政府的手到了革命政府的手，结果换汤不换药，“没有什么大异样”，而就阿Q被抓不过三天就枪毙来看，革命政府革无辜人命的“效率”是大大提高了。

⑥ 谭桂林：《如何评价“阿Q式的革命”并与汪晖先生商榷》，《鲁迅研究月刊》2011年第10期；王福湘《也谈阿Q革命与阿Q性格》，《鲁迅研究月刊》2016年第9期。

⑦ 丰杰：《“阿Q革命”与“二重思维”》，《中国文学研究》2018年第1期。毕飞宇：《沿着圆圈的内侧，从胜利走向胜利——读〈阿Q正传〉》，《文学评论》2017年第4期。俞正平：《越界的庸众与阿Q的悲剧》，《文艺研究》2009年第8期，该文还说阿Q“投靠不成，即生悖心”，这也是站不住脚的。

⑧ 许子东认为，“为什么复仇名单上第一个该死的竟是小D？小D与阶级敌人赵太爷并列，甚至排名在前，也在秀才、假洋鬼子前面？最简单的理由，就是小D跟阿Q不久前有直接肢体冲突，是在眼前晃的讨厌的人？或者明明比我弱，还不肯服从（潜台词是弱势就该服从）？稍微讲深一点，翻天覆地中，镇压同类是当务之急（潜意识里也是排斥同一阵营的竞争对象，条件越相似越要先提防或铲除）”（见《“奴隶”、“奴才”和“奴隶性”——重读〈阿Q正传〉》，《现代中文学刊》2019年第5期）。这个解读首先忽略了二人发生肢体冲突的原因是饭碗问题；其次，如果“镇压同类是当务之急”，那为什么不把王胡排在第二位？

⑨ 毕飞宇在前引论文中写道：“他为什么要杀小D和王胡呢？鲁迅在小说里头并没有交代”，这还要鲁迅怎么交代呢？如果鲁迅在此说上几句，那将完全是赘笔。俞正平在前引论文中则认为，“如果说杀赵太爷和假洋鬼子在情理上或革命的信条还有点必然性，那么杀小D、王胡，完全是阿Q公报私仇了，因为他们的生存状况和政治地位和阿Q一模一样，都是贫雇农，按理应成为革命的力量，却将断送在阿Q的刀下”。这没有看到在阿Q的想象里小D并没有死。胡尹强说：“阿Q意识里，以为‘第一个该死的是小D和赵太爷’，后来因为想到要把秀才娘子的宁式床搬到土谷祠，才决定留着小D搬床”（《破毁铁屋子的希望——〈呐喊〉〈彷徨〉新论》，人民文学出版社2001年版，第245页），这为小D没死提供了理由，可是，我们一点也看不到阿Q做“决定”的心理过程。事实上，在将睡未睡的恍惚状态下，阿Q是不可能做出什么“决定”的。

⑩ 谭桂林在《如何评价“阿Q式的革命”并与汪晖先生商榷》中写道:“他唯一一次差点就成为革命行为的事件是去尼姑庵革尼姑的命,他倒是真的本能地感觉到只有到尼姑庵去‘革命’是没有危险的,但是当他赶到的时候,尼姑庵已经被‘革’过命了”。饿着肚子去革尼姑的命,我们的阿Q大概没有这种闲心情。只有秀才和假洋鬼子这样吃饱了撑的没事干或者说饱暖思淫欲的人才“义愤填膺”地去革尼姑的命吧。

⑪ 这与秀才和假洋鬼子来革命时的气势汹汹明显不同:“老尼姑来阻挡,说了三句话,他们便将伊当作满政府”胖揍了一顿。竟将一个女人当作清政府来打,可见他们就是“懂事的心思绕弯的文化人”,“太可恶!太可恨!”

⑫ 谭桂林:《如何评价“阿Q式的革命”并与汪晖先生商榷》,《鲁迅研究月刊》2011年第10期。

给中国社会的“苦药”
——论周作人对《阿 Q 正传》的解读

张铁荣

《阿 Q 正传》发表至今，已经过去 100 年了。这部作品自问世以后，就影响巨大，意义深远。一时间评论铺天盖地，那么对于身为作者鲁迅弟弟的周作人，他是怎么看待这部作品的呢？

一、初评就认定经典的价值

鲁迅的《阿 Q 正传》是 1921 年 12 月—1922 年 2 月连载于北京《晨报副刊》。1922 年 3 月 19 日，时年 38 岁的周作人发表了一篇评论文章，题为《〈阿 Q 正传〉》。那个时候很奇怪，很多的评论文章都是直接写上被评论的作品名称，作为评论文章的题目；比如周作人还写过关于郁达夫小说《沉沦》的评论，题目也是叫《〈沉沦〉》，也是发表在《晨报副刊》上，署名是仲密，当时圈内的一般人都知道这个“仲密”就是周作人。他写这篇文章距离鲁迅连载完《阿 Q 正传》还不到一个月。这篇文章是在中国对于《阿 Q 正传》全面评论的重要论文，最早认定了这部小说的经典价值。

虽然茅盾在《小说月报》第 13 卷第 2 号回答读者问的《通信》中，初评鲁迅小说《阿 Q 正传》时说：“虽只登到第四章，但以我看来实是一部杰作”，阿 Q“是中国人品性的结晶”。周作人认为茅盾的话“说得很对”，他写道：“沈雁冰先生在《小说月报》上说，‘阿 Q 这人要在现社会中去实指出来，是办不到的；但是我读这篇小说的时候，总觉得阿 Q 这人很是面熟，是啊，他是中国人品性的结晶呀’这话说得很对。果戈理的小说《死魂灵》里的主人公乞乞科夫也是如此。”[①]他更进一步说:“阿Q却是一个民族的类型,他像神话里的‘众赐’(Pandora)一样,承受了噩梦似的四千年来的经验所造成的‘谱’上的规则,包含对于生命幸福名誉道德各种意见,提炼精粹,凝为个体,所以实在是一幅中国人品性的‘混合照相’,其中写中国人的缺乏求生意志,还不知尊重生命,尤为痛切,因为我相信这是中国人的最大病根。”这是对茅盾论述的补充和延伸,我们说这是第一篇全面评价的文章,是因为直到第二年10月,茅盾的《读〈呐喊〉》评论才在《时事新报》副刊上发表,在谈及《阿Q正传》的主人公形象时,他特别指出:“刻画出隐伏在中华民族骨髓里的不长进的性质,——‘阿Q相’,我以为这就是《阿Q正传》之所以可贵,恐怕也就是《阿Q正传》流行极广的主要原因。”[②]由于茅盾的这篇文章是对《呐喊》的全面评论,对于《阿Q正传》专门论及的文字并不多。所以周作人写的这篇专论,在当时可谓独占鳌头。

周作人的这篇评论一开头他就这样写道:“我同《阿Q正传》的著作者是相识的,要想客观的公平的批评这篇小说似乎很不容易,但是因为约略知道这著作的主旨,或者能够加上一点说明,帮助读者去了解他的真相,——无论好坏——也未可知。”[③]

那个时候他们兄弟住在一起,八道湾前院的偏房就是鲁迅写《阿Q正传》的地方,他们经常就教育、文学及翻译问题,相互切磋,相互帮忙。这个时候的周作人在文学上可能是最了解鲁迅的一个人,鲁迅的这篇《阿Q正传》连载发表以后,促进了周作人再燃小说创作的热情。又因为鲁迅创作《阿Q正传》前后的读书情况,以及关于这部作品的构思及谈话,周作人了如指掌,他早年曾经有过翻译和改写外国小说的实践经验。他见其兄在小说上的成绩如此之大,应该是羡慕至极的,在《狂人日记》发表后,特别是眼前这篇《阿Q正传》连载引起的轰动,对于周作人更是触动极大。他本来就心有戚戚焉,情绪高昂跃跃欲试,也想写出一篇轰动性的小说来。这篇评论文章正是在周作人思想波动,欲写小说进行尝试的时候完成的,这一点应该引起我们的足够重视。

因为他在评论文章中还这样说:“多理性而少热情,多憎而少爱”,“这个倾向在《狂人日记》里,——我在这里不得不顺便声明,著者巴人与鲁迅本来是一个人,——也很明显,不过现在更为浓密罢了。这样的冷空气或者于许多人的蔷薇色的心上给予一种不愉快的接触,但我的私见以为也是不可少的,至少在中国现代社会里。”《阿Q正传》的发表是继《狂人日记》以后,在现代文坛引起的第二次轰动,作为鲁迅身边同样是文学家弟弟的周作人,对于这两篇小说的理解应该超过所有人,他在心灵深处所产生的震撼与刺激是可以想象的。

两个月后,周作人就试作了一篇《真的疯人日记》,小说由上下两部组成,在1922年5月17日至5月23日的《晨报副刊》上连载。但是他的小说虽然标题醒目,发表后却毫无反响,这应该使他非常失望。因此我们可以知道,周作人对于鲁迅的小说有着怎样的羡慕和推崇与痴迷。首先是他懂得鲁迅,知道绍兴的风土人情,懂得鲁迅创作时期的真实想法和写作目的;再就是他懂小说创作的一些基本元素,而且外国小说及创作理论他读得也多。他具备了文学家的一切条件,但是他过于冷静,缺少热情,使他成不了小说家。有鉴于此,所以他成了《阿Q正传》最具权威的解读者。

在这篇文章中周作人继续写道:“《阿Q正传》是一篇讽刺小说。讽刺小说是理智的文学里的一支,是古典的写实的作品。他的主旨是‘憎’,他的精神是负的。然而这憎并不变成厌世,负的也不尽是破坏。”他还引用了美国福勒忒在《近代小说史论》中的话,对在讽刺里的“憎”也可以说是“爱的一种姿态”进行说明;又说:“《阿Q正传》里的讽刺在中国历代文学中最为少见,因为他多是反语(Lrony),便是所谓冷的讽刺——‘冷嘲’。”他还说在中国近代小说中,这样的作品仅有一小部分能够做得到。

关于这部作品对外国小说的借鉴,他也是知道得清清楚楚。

周作人说:"《阿Q正传》的笔法的来源,据我所知道是从外国短篇小说而来的,其中以俄国的果戈理与波兰的显克微支最为显著,日本的夏目漱石森鸥外两人的著作也留下不少的影响。"因为这期间他与鲁迅在读书上是基本一致的,所以他的理解当然是近水楼台、得天独厚。

他认为,"阿Q这人是中国一切的'谱'——新名词称作'传统'——的结晶,没有自己的意志而以社会的因袭的惯例为其意志的人,所以在实社会里是不存在而又到处存在的"[④]。这个评价是非常到位而又中肯的。他明确指出《阿Q正传》是一篇讽刺小说,指明"阿Q这人是中国一切的'谱'——新名词称作'传统'——的结晶",并且说阿Q这个人"在实社会里是不存在而又到处存在的"。

当社会上到处寻找阿Q讽刺了谁、这个人物影射的是谁的时候,周作人就开明宗义、一针见血地告诉人们,阿Q是一切中国人的谱,这个人物的塑造是传统中国人的"结晶";这个阿Q在现实生活中并不存在,却又无时无刻到处存在。鲁迅的《阿Q正传》"对于中国社会也不失为一服苦药",这种对作品的理解深度,立即就站到了文学评论的制高点,一时间无人可以望其项背。他毕竟是作者的弟弟,不能像一般评论家那样说话,虽然念及兄弟之情在评价上有所节制,但是举贤不避亲,他不能不实事求是。这篇文章无论在当时还是在今天,都可以说是一篇对《阿Q正传》理解最到位的评论。

二、从各种角度维护经典价值

在鲁迅和周作人生活的年代,由于他们兄弟绝口不谈,外界对于周氏兄弟的失和,历来不甚关心或者知之甚少。1930年10月3日,王乔南致信周作人,希望能将《阿Q正传》改编成为电影剧本,并且请周作人找鲁迅帮助联系。他以为这样是一个捷径,大约可以万无一失的,弟弟找哥哥能有什么问题,其实他根本不知道其中的因由。王在信中这样说:“我想以鲁迅先生的《阿Q正传》改编电影剧本,自然须征求著作者同意而后着手,但连问多人,都不知道鲁迅先生的住址,您能代他答应我么?或您肯替我转求一下么?无论如何,请赐我一封回信才好!”“有人说现在已是‘阿Q死去了’的时代,但我睁眼一看,各处仍然充满了这个灰色可怜的阿Q,我总想另给他一点生命,驱他到银幕上去。先生您允许我吗?”说来也奇虽然那个时候周作人与鲁迅已经失和,他们之间的联系基本都是通过其三弟周建人。鲁迅对王乔南的信是10月13日回复的,由此可知,周作人应该是很快把王乔南的来信通过周建人转交给了鲁迅,帮助王乔南完成了这个请托。至于王改编的《阿Q正传》到底怎样,那就是另外一个问题了。

1931年10月19日,周作人发表了《老生常谈》一文,不知为何这篇文章没有收录自编文集。针对当时中国面临的国际形势,他在文中这样说:“咒骂别国的欺侮,盼望别国的帮助,都靠不住,还只有自己悔悟,自己振作,改革政治,兴学,征兵,十年之后,可以一战。但是大家阿Q式的脾气如不能改,则这些老生常谈也无所用,只好永远咒骂盼望而已。”这意思是告诫国人,扎扎实实做实事,抛弃阿Q式的脾气,不要重犯老生常谈的毛病。

过了将近4年的1935年2月2日,周作人在《华北日报·每日文艺》上发表了《阿Q的旧账》一文,这篇文章后来收入在《苦茶随笔》一书中。他在文中对上海的文坛进行了不大不小的讥讽,他认为:左翼作家兴起后,“对于阿Q开始攻击,以为这是嘲笑农民的,把正传作者骂得个‘该死十三元’”。“不久听说《阿Q正传》的作家也转变了,《阿Q正传》等都被承认为新兴正统的文学了”,“似乎文坛上的阿Q问题也就可以结束了”。他说,然而“《阿Q正传》究竟是否嘲笑农民,阿Q究竟是否已死,这些问题仍未解决,这都是新兴枇评家们的责任,任何人都应负责来清算一下”。“这案的结论不外两种,一是新兴批评家之无眼识,一是新兴批评家之不诚实。看错,无眼识也。歪曲,不诚实也。”这篇文章是他看了上海传来的有限消息后写成的,虽然此文对于左翼文学颇为不敬,对鲁迅也是小有微词,但是对于《阿Q正传》的重视和关注度,也还是应该肯定的。

1936年10月19日因鲁迅逝世,周作人接待了《大晚报》记者的采访。[⑤]周作人向记者表示了自己对于兄长的看法,其中也谈到了经典作品《阿Q正传》,他说:

> 关于家兄最近在上海的情形,我是不大清楚的,因为我们平常没有事,是很少通信的。虽然他在上海患着肺病,可是前些天,他曾来过一封信,说是现在已经好了,大家便都放下心去。不料今天早晨接到舍弟建人的电报,才知道已经逝世。说起他这肺病来,本来在十年前,就已经隐伏着了,医生劝他少生气,多静养,可是他的个性偏偏很强,往往因为一点小事,就和人家冲突起来,动不动就生气,静养更是没有那回事,所以病就一天一天的加重起来,不料到了今天,已经不能挽救。
>
> 说到他的思想方面,最起初可以说是受了尼采的影响很深,就是树立个人主义,希望超人的实现。可是最近又有点转到虚无主义上去了,因此,他对一切事,仿佛都很悲观,譬如我们看他的《阿Q正传》,里面对于各种人物的描写,固是深刻极了,可是对于中国人的前途,却看得一点希望都没有。实在说起来,他在观察事物上,是非常透彻的,所以描写起来也就格外深刻。
>
> 在文学方面,他对于旧的东西,很用过一番功夫,例如:古代各种碎文的搜集,古代小说的考证等,都做得相当可观,可惜,后来都没有出版,恐怕那些材料,现在也都散失了,有人批评他说:他的长处是在整理这一方面,我以为这话是不错的。
>
> 他的个性不但很强,而且多疑,旁人说一句话,他总要想一想这话对于他是不是有利的地方。这次在上海住的地方也

很秘密，除去舍弟建人和内山书店的人知道以外，其余的人都很难找到。家母几次让他到北平来，但他总不肯，他认为上海的环境是很适宜的，不愿意再到旁的地方去。

1936 年 10 月 20 日《世界日报》发表记者访谈录，题目是《周作人谈往事》。文中写道："记者首访周作人于苦雨斋，经述来意后，周即戚然谓：诚然先兄逝世消息，余于今晨八时许已接三弟建人电告矣。电中并嘱老母年事已高，最好不使之闻悉，余接电后，因往商同乡宋琳君（宋现任北平图书馆会计），以凶信终难隐瞒，遂托宋持电往告，老母闻此噩耗私衷之悲痛可知也。嗣周即述鲁迅之身世及其传略。""周氏述至此，用极感喟之语调续称：先兄对我国社会民族之观察，皆较深刻，故对一切事物易陷悲观，且一切批评恐较吾人为苛刻，彼所作之《阿 Q 正传》等多篇即充满此情调，此种处世态度对大家均无好感。""最后记者询周是否拟赴沪料理一切，据答现沪上已有建人料理后事，本人不再南下云云。"

鲁迅去世以后，周作人写了《关于鲁迅》和《关于鲁迅之二》等文章，他谈及鲁迅的笔名，并且补叙 1906—1909 年，鲁迅在东京提倡文艺、办杂志、搞翻译的情况，又说："豫才那时的思想我想差不多可以民族主义包括之，如所介绍的文学亦以被压迫的民族为主，俄则取其反抗压制也。"并说他始终不曾加入同盟会，"也没有入光复会"；谈到鲁迅小说时，周作人这样写道："用幽默的笔法写阴惨的事迹，这是果戈里与显克微支二人得意的事。《阿 Q 正传》的成功其原因亦在于此，此盖为不懂幽默而乱骂乱捧的人，所不及不知者也。"文章中除了对于鲁迅的评价可以商榷以外，对于《阿 Q 正传》的评价还是非常正面的。

1940 年 3 月 1 日，周作人还在《中国文艺》第 2 卷第 1 期以"知堂"的笔名，发表了《关于阿 Q》一文，文中记述了 30 年前曾认识的阿 Q 的原型之一阿桂的数则轶事。

三、提供资料帮助理解经典

1948年以来,因汉奸罪出狱不久的周作人只能靠卖文生活,其中解读鲁迅作品是其文章的重要部分。他多次谈及《阿Q正传》,并提供一些资料,以增加读者对于这部经典作品的理解。

8月31日在《子曰丛刊》第3辑,发表了《〈呐喊〉索隐》,署名为"王寿遐"(这是周作人最初使用此笔名)的文章,文中记述了《阿Q正传》《狂人日记》《在酒楼上》《孤独者》《弟兄》《白光》《药》等鲁迅小说所写的一些情节的事实背景,为后来《鲁迅小说里的人物》奠定了基础。在此文中他写道:"我的亲戚里边有一位方女士,她是鲁氏老太太的一个内侄女,又是义女,常在老太太那里居住,她知书识字,和老太太很谈得来,所以知道的事情很不少。有一回我们偶然谈到《呐喊》,她把里边有事实作背景的有些事情告诉我听,后来又说到《彷徨》里的故事,我都摘要记录在日记里,这些大概已是十年以前的事了。关于她的话只说到这里为止,别的个人生活与此无关,便一切不提了。"这是一种假托的写法,也有时他用自己的一个笔名与另外一个笔名对话,在周作人以前的散文里常有这样的写作方式。

1948年9月15日,在《聚星月刊》复刊第2卷第3期上,周作人用东郭生的笔名,发表《历史的压力》一文。他指出:"我平时对于中国问题有些意见大抵不很乐观,有几个朋友说这是一种宿命论,好意的加以非难我自己省察过,那真是宿命论么?我不相信定命或定数之说,那怎么会得发生出什么宿命论来呢,但来却也可以算是事出有因,因为原来我也是不大相信自由意志的。这回看了贝女士的书,忽然想到这几句话正好拿来说明我的意思,现在可以明白我对于中国的不敢乐观之理由,不是在于相信遗传的民族性,所忧惧的乃是环境传统力之重大,换句话说也可以说是历史的压迫。""中国可诅的士大夫文化之特殊的一点,是那通过了很长久的历史,很广大影响的,表现于文字语言的'卑劣阿谀'。这可以简括的称之曰八股精神。卑劣阿谀的言行，当然是古已有之，这是专制时代廷臣惯用的手段，没有什么特别，若其特别发达成为一种艺术，则是只是在中国总有，我们不及详细统计调查，大概可以说是兴起于唐代，至宋而成熟，经历明清，乃益进于精微，以至今日，发达尚未有已。”“一样样的新事情，到了中国都歪曲了，似是而非的变了样了，换句话说，这便是都八股化了。”“主要的特点是没有宗旨，不负责任，不讲实际，只唱高调，揣摩风气，投机取巧，迎合权威的意旨，正合秀才迎合试官一样，或者还过之无不及。”“最好的例是《阿 Q 正传》里的主人公。”[6]谈中国当时的现状能够想到《阿 Q 正传》，也应该是借助于文学经典的力量，可见《阿 Q 正传》的典型性在他那里是有着一定的地位。

全国解放以后，周作人迎来了散文创作的又一个高峰期。他在上海《亦报》发表了很多的短小精悍散文，除了介绍鲁迅的旧事以外，有很多篇谈及《阿 Q 正传》。

1950 年 4 月 27 日，周作人发表《谁写秃子外传》，文中说：“蒋二秃子（蒋介石），生长自深山之中，混迹于洋场之上，集山寨大王与租界流氓的本领于一身，而手执大权，独裁中国历二十年之久”，“如谁写他的外传，内容的奇妙一定不下于阿 Q 吧”。

1951 年 1 月，周作人发表《鲁迅与英文》，对侯外庐的一篇论《阿 Q 正传》文章提出质疑：“侯先生说，阿 Q 这名字取意之所在，由他猜测，以为鲁迅先生大概是取英文‘问题’的头一个字母，但他没有直接地用‘？’而已。”周作人认为并没有那么复杂，他指出鲁迅“不用阿 K 而偏要用 Q 字，这似乎是一个问题。不过据他自己说，便只为那 Q 字有个小辫子，觉得好玩罢了”[7]。

自 1952 年以后，他开始系统地帮助读者理解《阿 Q 正传》。在《亦报》连载的《呐喊衍义》中，从第 30 篇至 91 篇的一组短文中，就集中介绍了《阿 Q 正传》。其中有《阿 Q 正传》《正传》《阿 Q》《为什么姓赵》《优胜记略》《胜利一》《胜利二》《牌宝》《赌摊》《失败一》《失败二》《胜利三》《恋爱的悲剧》《旧女性观》《悲剧的主人公》《地保》《讨饶》《关于舂米》《龙虎斗》《静修庵求食》《园里的东西》《中兴与末路》《掮客》《小偷》《阿 Q 的革命》《逃难》《不准革命》《新贵》《黄伞格》《剪辫与盘辫》《民团捕盗》《审问》《游街示众》《刑场》等。这些署名周遐寿的文章,详细介绍了《阿 Q 正传》的背景材料,特别是对绍兴的一些地域风俗、生活习惯、方言词语、时代特征等,都进行了细致的讲解和说明,及时帮助喜欢鲁迅作品的青年人阅读和理解。这些文章后来均收入在《鲁迅小说里的人物》一书中。

对于这些他似乎还觉得意犹未尽,于是乎便事无巨细于 1956 年 11 月补作了《〈阿 Q 正传〉里的萝卜》《关于〈阿 Q 正传〉》。这两篇文章后来也都收在《鲁迅的青年时代》里。

1957 年 3 月,《鲁迅的青年时代》由中国青年出版社出版,署名"周启明著",收录《鲁迅的青年时代》1 组 12 篇文章,《鲁迅的国学与西学》等 12 篇文章、周静子的《回忆伯父鲁迅》并附关于鲁迅及《阿 Q 正传》的 3 篇旧稿。本书是鲁迅研究的资料性著作。它和《鲁迅的故家》《鲁迅小说里的人物》合在一起,是周作人对于鲁迅研究的重要贡献。

1963 年 10 月 9 日,周作人在香港《文汇报》上,发表了一篇题为《阿 Q 的弟兄》的长文,文中除了解读《阿 Q 正传》以外,还专门介绍了阿桂的弟兄,行文中颇有小说意味,说此人是一个老实的工人及他的一些逸事。特别是在男女用人一起吃饭的时候,他对女仆下跪,说"你给我做了老婆吧",结果事情闹开了,他就不能再回到这厨房里吃饭。周作人说,这件事"给鲁迅拾了去写进《阿 Q 正传》里去,但这可笑的单是在于那方式"。他强调说:"但《阿 Q 正传》乃是小说,单有这些当然不够,结果只能来把别人的事补凑上去了。许多精彩的描写和论叙,都不是一个人的事情,乃是众人集体的创作,譬如那在处世上最没有用处的所谓精神胜利法,实在是知识阶级的发明,不过它有普遍的根底存在,所以不是士大夫所能独占了吧。"他还指出阿 Q"之所以能够永久自高自大的混过去,实在还是因为他是压根儿自轻自贱惯了的缘故，这样子矛盾的生活法是适宜于专制独裁的时代的，所以它就源远流长的生存着。”⑧这篇文章看似扯得有点远了，但是从另外一个角度说来，还是可以看出阿 Q 典型性的覆盖面之深广。

周作人对于《阿 Q 正传》的解读，确实是别开生面又与众不同的。从这部经典作品本身的角度说，他对鲁迅小说的阅读和理解，既是实事求是，又是透彻非凡。

（作者为南开大学文学院教授）

注释

①③④ 仲密：《阿 Q 正传》，1922 年 3 月 19 日《晨报副刊》。

② 沈雁冰：《读〈呐喊〉》原载 1923 年 10 月 9 日《时事新报》副刊《学灯》及《文学旬刊》第 91 期。

⑤ 这篇访问记以《鲁迅先生噩耗到平，周作人谈鲁迅》为题，刊载于 1936 年 10 月 22 日《大晚报》。

⑥ 见萧雯佳辑录：《周作人集外文辑录》，《现代中文学刊》2018 年第 6 期。

⑦《鲁迅与英文》，1951 年 1 月 30 日《亦报》。

⑧《阿 Q 的弟兄》，1963 年 10 月 9 日《文汇报》（香港）。

词语的“多质性”与鲁迅的修辞选择
——以“黑夜”“暗夜”“黑暗”为考察中心

张　炎

夜作为中西文学共同观照的意象，它所形成的呓语、昏沉、迷寐的空间成为中西具有“鬼气”作家的寄身之地。“夜”隐藏着死亡、恐怖、孤独与神秘、创生、慰藉的双重意义，函套住文学中难以传达与理解的话语。而“不断发展的，对昼与夜、光明与黑暗之区别的见解，是一切人类文化发展的最深层的活力”[①]，在鲁迅的作品中，“夜”出现的频率高达千次，从“夜”的角度进入鲁迅作品成为研究者的共识。鲁迅的“夜”不仅仅是一个简单的文学概念，还出现了众多的分层现象，即“夜”“黑”“暗”等3个层面。可以说，“夜”与“黑”“暗”等字互相缠绕所形成的互文空间，形成了进入鲁迅作品的“闸门”。

一、修辞与意指

在“黑”“暗”“夜”三者相互缠绕中，鲁迅并没有完全隐蔽自己对于词汇的偏好，利用独特的修辞表达，“鲁迅正是这样的‘爱夜的人’……以及他所领受到的‘夜所给予的光明’”[②]。在《夜颂》中，他称“虽然是夜，但也有明暗。有微明，有昏暗，有伸手不见掌，有漆黑一团糟。爱夜的人要有听夜的耳朵和看夜的眼睛，自在暗中，看一切暗”[③]。鲁迅爱夜，因为昼时不能言语的言语，能够在夜间被传达且可能变得更加深邃。夜中的呓语与幻想、沉睡与失眠都能得白昼所不得,夜梦下书写的《野草》与灯下的杂文成为鲁迅“夜”世界中最为曲折的文学路径。可鲁迅在处理“夜”时,并没有只称颂夜,他还指出警惕“夜”中的“暗”。“黑”“暗”“夜”三种状态相互区隔,组成词汇后,形成三个相似却含义大不相同的词,即“黑夜”“暗夜”“黑暗”。

鲁迅在词语选择上显然将“夜”多质化了,所以在解构鲁迅“夜”多质性的同时,才能够进入从“多”解构到“一”的过程,思考鲁迅的“夜”如何统筹生发出来的多质性含义。在《呐喊》《彷徨》《野草》《朝花夕拾》《故事新编》等中,“黑夜”共出现两次,涉及两篇文章——《彷徨·肥皂》《野草·影的告别》。“暗夜”共出现 10 次,涉及 4 篇文章——《呐喊·明天》《呐喊·阿 Q 正传》《彷徨·祝福》《野草·希望》。“黑暗”共出现 15 次,涉及 6 篇文章——《呐喊·阿 Q 正传》《呐喊·社戏》《彷徨·伤逝》《野草·影的告别》《野草·复仇(其二)》《朝花夕拾·阿长与〈山海经〉》。鲁迅对于“黑夜”“暗夜”“黑暗”的使用有自己的取舍与意图。有学者称“无论在《秋夜》《影的告别》,还是《过客》《这样的战士》之中,都无一例外地充满着黑暗的夜色”[④],可“黑暗的夜色”这样的表述已经不能准确地表达鲁迅作品中的思想了。如鲁迅的作品:

> 黑夜就从此开头。四铭当这时候,便也不由的感奋起来,仿佛就要大有所为,与周围的坏学生以及恶社会宣战。[⑤]
>
> 其实是我虽然也许是“黑夜”,但并没有吞没这“月儿”。[⑥]
>
> 这时的鲁镇,便完全落在寂静里。只有那暗夜为想变成明天,却仍在这寂静里奔波;另有几条狗,也躲在暗地里呜呜的叫。[⑦]
>
> 而且很胆怯,不独怕暗夜,怕黑影,即使看见人,虽是自己的主人,也总惴惴的,有如在白天出穴游行的小鼠……[⑧]

鲁迅在词语的选择上极其严谨,在基本有相同步调创作的小说中,“黑夜”与“暗夜”出现了区隔。在《肥皂》《致韦素园》《明天》《阿Q正传》《祝福》中,“黑夜”和“暗夜”的作者情感倾向明显出现了差别。如《肥皂》中,黑夜里,四铭居然“感奋”起来,黑夜并没有潜藏作者的孤独与颓唐。在《致韦素园》中,鲁迅将误解等不当的行为比喻为“黑夜”,鲁迅很有自信,丝毫没有惧怕黑夜的吞没,投枪似的月亮还存在于昼夜之间。而“暗夜”则不同,寂静、死亡和惧怕同时出现在“暗夜”之中。在最后一章“大团圆”中,阿Q于暗夜被捕获,他觉醒的可能迷失在暗夜之前。阿Q、单四嫂、祥林嫂这些小人物,“暗夜”成了他们死亡前兆的象征。在上述四段中,可以看出鲁迅对于“黑暗”的情感态度与“暗夜”不同。在以下段落里,

> 然而黑暗又会吞并我,然而光明又会使我消失。
>
> 然而我不愿彷徨于明暗之间,我不如在黑暗里沉没。
>
> 呜呼呜呼,倘若黄昏,黑夜自然会来沉没我,否则我要被白天消失,如果现是黎明。
>
> 你还想我的赠品。我能献你什么呢?无已,则仍是黑暗和虚空而已。
>
> 我将向黑暗里彷徨于无地。……只有我被黑暗沉没,那世界全属于我自己。[9]

鲁迅在此处用了两个词,“吞并”和“沉没”。从上述《肥皂》《致韦素园》中鲁迅对于“黑夜”的情感态度可知,鲁迅自信它不会吞没“月儿”。所以在《影的告别》中他指出黑夜“消失”于白天与黎明中。对于黑夜,鲁迅选用了“沉没”这一词;对于黑暗,用了“沉没”和“吞并”。由鲁迅的修辞来看,黑夜和黑暗对于“影”的威慑力,两者的程度是不相同的。“影”因为不乐意跟随“我”而陷入彷徨的境地,与此同时,“影”的怀疑触发了两次彷徨。第一次彷徨于

明暗之间,即“影”出现的状态,“影”却不愿彷徨于明暗之间,它愿意沉没于黑暗,这是不同于黑夜沉没的主动过程。当“影”不知道黄昏还是黎明的时候,“影”第二次彷徨,彷徨于黑暗里的无地,即黑暗的背后“无地”的状态,也就是鲁迅所言的“无物之阵”,一种比黑暗更甚的“无”的状态。在“人睡到不知到时候的时候”这个前提下,影不知道黄昏还是黎明的时候,它称自己沉没在黑暗中且彷徨于无地。鲁迅对黑夜也同样用了“沉没”这一修辞,则不妨推论影于黑夜与黑暗之间告别于“我”。

同时,在写于 1924 年的《在酒楼上》与《孤独者》中,吕纬甫和“我”的对话也类似与“影”与“我”的对话。鲁迅创造了吕纬甫和魏连殳,吕纬甫和魏连殳成了“影”的多面,而与他们对话的“我”便是“影”对面的“形”。“以至‘形’和‘影’终于分离了,“影”与“黑暗”同流合污,最终被“黑暗”所吞没,而“我”仍旧坦然地坚持在走着自己的路”[10]。鲁迅创造了“鲁迅”,而“影”成了“反鲁迅”的状态,“反鲁迅”的“影”与鲁迅的“形”最终分离。鲁迅对于“形”与“影”的怀疑形成了对与人同行的天堂、地狱、黄金世界的否定,但当影自我选择被黑暗沉没时,鲁迅却有“寒风和雪片扑在脸上,倒觉得很爽快”[11]。此刻,“我”与吕、魏二人告别,即是“影的告别”,鲁迅创造了“影”来摆脱“反鲁迅”的状态。鲁迅用了一种分裂的方式将自己与“黑暗”隔开,他不仅警惕“黑暗”前的彷徨,还警惕“黑暗”背后那种“无”的状态,即《影的告别》中的“无地”。鲁迅的所知使得他不惧生与死,但是“无”带来的无知使得鲁迅有意识地让自己的人物死在“暗夜”,“暗夜”将在下段对于《阿 Q 正传》的解读中解释。同时将《影的告别》与《求乞者》进行互读,鲁迅在《求乞者》中写道:“我将得不到布施,得不到布施心;我将得到自居于布施之上者的烦腻,疑心,憎恶。我将用无所作为和沉没求乞……我至少将得到虚无”[12],当我向“影”寻求告别赠品时,“你还想我的赠品。我能献你甚么呢?无已,则仍是黑暗和虚空而已”,“无已”的影只能祈求虚无"决不占你的心地",由此可知"影的告别"是鲁迅企图将一切"反鲁迅"的状态告别于自我。由此可见,鲁迅对于"黑夜"和"黑暗"的情感态度并不相同。在《阿Q正传》,鲁迅进一步阐释"暗夜"与"黑暗"的不同,

> 那时恰是暗夜,一队兵,一队团丁,一队警察,五个侦探,悄悄地到了未庄,乘昏暗围住土谷祠,正对门架好机枪;然而阿Q不冲出。
>
> 未庄在黑暗里很寂静,寂静到像羲皇时候一般太平。[13]

在《阿Q正传》"不准革命"的结尾中,赵家被抢的夜里,未庄寂静又太平。"黑暗"在此处成了寂静与太平的寄身场所,鲁迅通过反讽来直视未庄的停滞与混乱。当文明发展到一定程度,腐烂与抽离会同时存在,此时战士和庸众的呐喊显得格外重要。在大抢劫之后,阿Q的"精神胜利法"还能否再奏效?此处的"太平"与《这样的战士》中的"太平"同质,"太平"与"寂静"意味着未庄进入脱离于社会"假死"状态。可悲的是,鲁迅在未庄并没有创造战士,战士的抽离使得这个社会变得腐烂,且他们的存在并没有使社会变得光明。寂静不仅导致没有回声的呐喊,还有可能剥夺第一声呐喊,而太平遮蔽的不仅是斗争,还有可能的斗争方式。由此,鲁迅显示了其革命意识的两个侧面。第一个侧面,即革命的启蒙需要"影的告别",而在寂静与太平之外,出现第二个侧面,即是阿Q死亡前的觉醒急需到来。可是,鲁迅始终在怀疑革命的可能,或者说阿Q觉醒的可能。由此在《阿Q正传》"大团圆"的开头,"大团圆"作为反讽式预告,预示着阿Q被砍头的结局。"暗夜"之中,阿Q被捕,而"暗夜"中阿Q却处于一种失语的状态。这是鲁迅有意让阿Q处于一种丧失语言能力的状态,即"精神胜利法"失效的状态,鲁迅在此处选择不出现狂人式从文言到白话、理性到癫狂、和解到反抗的过程,但是从阿Q生命中的6个瞬间来看,他已经具

备了这一过程的条件。可鲁迅让阿Q失语(精神胜利法失效),意味着“暗夜”中的阿Q已经“死亡”过一次,第二天斩首的阿Q有无觉醒的可能已经不是黑暗所能决定的了。木山英雄称:“总的来说,《阿Q正传》不外是关于生与生毁灭的故事,在作者一方则是以辛辣的艺术绝技不断地抗争着经验的吸引力,在黑暗中确保生的运动亦即作品的发展而进行的苦斗以及其败退的过程。”[14]根据《致韦素园》《影的告别》《阿Q正传》这些明显表达对“黑夜”“暗夜”“黑暗”三者的情感倾向的解读可知,鲁迅对于“黑夜”的吞没并没有表现出彷徨的状态,而是在“暗夜”中,鲁迅彷徨意识显露,进而在“黑暗”中,鲁迅出现比彷徨更深的思考,具体来说,便是对于“无”的思考。

鲁迅所说的“夜”具有多种表达方式,如《呐喊·自序》《朝花夕拾》中“夏夜”的欣喜与清醒,可当《秋夜》写作开始后,鲁迅开始察觉到“夜”中的“暗”层面。内心中呓语已经不能够表达鲁迅怀疑一切的意图,所以在《死后》之后,《野草》散文诗写作中夹杂了现实杂文的风格。“鲁迅之所以喜欢黑与白的对比,除了构图作用外,这两个具有强烈对比的色调放在一起所形成的精神张力,也许是其神往与钟情之所在吧”[15],鲁迅对于版画的钟情,也可以解释“黑”与“暗”的不同,黑属于鲁迅视角里的色彩,而暗属于氛围,由此引发了对于“黑夜”“暗夜”“黑暗”三者不同的情感倾向。而通过辨析鲁迅的修辞,可知“暗夜”比“黑夜”更甚,属于一种中间状态,比“暗夜”更甚的“黑暗”之外还含有“无”。

二、具象与无物

鲁迅作品中存在一种“无”的状态,而“无”却是一种难以实化的概念,所以鲁迅只能通过将“夜”具象化来阐释“无”的状态。首先,夜具有时空性,为了使“暗”区别于“无”,鲁迅同样将“暗”空间化,与“夜”结合,形成了“暗夜”。如《希望》中“肉薄暗夜”。在之前对于《希望》的研究中,研究者并没有真正把握“肉薄”的含义,只是简单地将"肉薄"等同于"肉搏",导致与"暗夜"肉搏的鲁迅形象成了固化的印象。孙歌指出"肉薄"虽然在日语演进过程中变得不通用,但还是具有"除了'迫近'的意思之外,还可以延伸出'近距离接近'的意思"[16],并且在与《希望》同年创作的《从胡须说到牙齿》中,鲁迅写道,"尤其是朋其君,先行肉薄中央医院,不得"[17],此处的"肉薄"便是接近的意思。肉搏的对象是实物,但接近的对象并非全是实物,所以鲁迅在《希望》中使用了"盾"这一具体物将"希望"具象化。他用希望的盾抵抗着暗夜的空虚,而"无"的状态中并不会出现"希望的盾"这一具体物中,这也就意味着鲁迅笔下的"暗夜"没有达到"无"的状态,因为在《影的告别》《墓碣文》这样明确提及"无"的篇目里,没有任何的具象,连"希望"与"绝望"都不存在于"无"中。再如《我们现在怎样做父亲》中:"自己背着因袭的重担,肩住了黑暗的闸门,放他们到宽阔光明的地方去;此后幸福的度日,合理的做人。"[18]鲁迅通过用"闸门"将"黑暗"具象化,保持对于"无"状态的区隔。在辨析出"暗夜""黑夜"的具象化与"无"的虚化之后,还得区分"黑暗"与"无"的不同,才能厘清三者的深层含义。

自《科学史教篇》始,在鲁迅28年的写作生涯中,他不停地对"黑暗"的含义进行填补与删除。"1924年似乎是一个临界点和突破点。在这之前,鲁迅极力压抑自己的'黑暗'思想,不让它表露出来,而在这之后,鲁迅不但有意无意地放松了这种限制,并且一反先前的态度,逐渐公开地对自己进行自我解剖,把自己思想的'黑暗'底层有系统地呈现出来"[19],自1924年《野草》的写作开始,鲁迅对"黑暗"进行了自我承认。同时,强调不光外部黑暗,内在的黑暗更是无法抹除。鲁迅原本具有的超越意识再次超越,具体表现在"暗夜"中意识到"黑暗";在"黑暗"中意识到"自我黑暗"与"外部黑暗";在"黑暗"中意识到"无",而最后的"无"成为他"返回内心"的促发因素。最终以"黑暗"为核心组成了鲁迅的哲学体系,且他将"黑暗"划分为3种不同的代指,即近代中国、混沌、鲁迅式黑暗。三个含义又对应着“无”的三种状态，即无法命名、无地、无物。

（一）近代中国与无法命名

可以说鲁迅的所有作品都是站立在近代中国历史之上写成的。在《坟》《热风》中，他认为能形容近代中国的，只有“黑暗”最为相契。他在《破恶声论》中称：“吾未绝大冀于方来，则思聆知者之心声而相观其内曜。内曜者，破黮暗者也；心声也，离伪诈也。人群有具，乃如雷霆发于孟春，而百卉为之萌动，曙色东作，深夜逝矣。”[20]他以内曜以立人。但是对于人的完整考察之后，鲁迅对“非人”的怀疑变得愈加偏至。在“非人”的社会中，鲁迅以“立人”始，以抨击“非人”终。纵观鲁迅作品，鲁迅将怀疑贯彻到底，始终没有选择任何“人”去解决黑暗，反而采取了一种颠倒的选择，“黑暗”解决了“人”。鲁迅在近代中国中选择了阿Q，“非人”的阿Q也成了近代中国的反讽式选择，被选择的阿Q带来了“无”的第一状态：“无法命名”，即“无名”。命名的困难成了《阿Q正传》的第一个困扰，阿Q应该从属于哪种传记中？阿Q叫什么？而阿Q代表了近代中国的状态，近代中国的命名也成了一个难题，即近代中国与古代中国产生的强大区隔让命名者难以推演出一个合理的解释，近代中国的地位、近代中国属于什么？国家与“非人”一样处于一种“无法被命名”状态，“黑暗”阻隔了人对于认识的认识，失去认识的人却使用“精神胜利法”再次驱逐自我，使得命名不再有可能，反而促成了与“黑暗”“无名”的和解。当人驱逐了自我，人就难以在历史之中存在；当国家驱逐自我，国家的历史就进入真正的黑暗。但是鲁迅并没有停留在浅层的思索，当阿Q的精神胜利法失效时，中国革命还是否存在可能，如何从“无”中呼唤“有”？于是，鲁迅进入第二个“无”的状态。

（二）混沌与无地

1926年，鲁迅公开称：“黑暗只能附丽于渐就灭亡的事物，一灭亡，黑暗也就一同灭亡了，它不永久。”[21]此处的“黑暗”若和近代中国联系在一起,则忽略了此处演讲的时间。鲁迅说道,我们不是中国的破坏者,而总过着一种修补的生活,其中还是蕴含着希望与光明的。公开演讲的鲁迅与"野草"鲁迅不同,他陷入了一种混沌的状态,这也是竹内好的相关定义,类似于"影的告别"的明暗不定场域。"混沌"之中藏匿着近代中国的黑暗、耻、毒、鬼等,鲁迅眼看着"黑暗"中的一切,怀疑逐步倾向毁灭。可鲁迅的毁灭并不是单一的破坏,而是破坏性与创生性的结合。所以在女师大演讲时提出的混沌不再像"未庄"的黑暗,由此革命的第一个和第二个侧面已经处理不了"混沌"问题,所以"混沌"逼迫着众人理解革命的第三个侧面,即"永远革命"。真正的革命是永远革命,革命催生新生,而新生重复革命。从这点出发,竹内好下了一个坚决的判断,其称"这可以说就是原初的混沌。这就是产生背着'永远的革命者'的影子的现在的行动者的根源;而且,这也是文学家鲁迅无限地产生出启蒙者鲁迅的终极的场所。"[22]可以说,鲁迅创造了鲁迅,他又创造了鲁迅式黑暗。在否定黑暗中自我存在的同时,他又在寻找一种存在的依据,这种依据便是"反鲁迅式"影的告别。"影"彷徨于"无地","黑暗"中藏匿的耻、毒、鬼也告别于"无地"之中,但是"地"是否存在于"无"之中?这是鲁迅对于"无"的发问,也是鲁迅在《影的告别》中,说明了影不断彷徨,第一次彷徨于明暗,第二次彷徨于无地,第三次却沉没于黑暗的缘由。当沉没于黑暗中时,永远革命也不复存在,呐喊之后彷徨的可能也不复存在。于是,鲁迅走入了第三个"无"的状态。

(三)鲁迅式黑暗与无物

寂寞与无聊成为研究者解读鲁迅黑暗意识的入口,有学者称"'无聊'是对意义的取消和否定,寂寞中的呐喊是绝望的反抗的一种表达,寂寞是创造的动力,而无聊是寂寞的根源,无聊的否定性因此蕴含着某种创造的潜能,"[23]与此同时,又有学者持"'无聊'显然不是直觉,不是本能,而是一种具有显著的文化意味的意识状态"[24]的观点。若暂时搁置是否关乎本能的讨论,可以说,"无聊”“寂寞”这两种思想情绪让鲁迅产生了第三种“无”的状态。同时,鲁迅式的黑暗中非理的倾向、悲剧的毁灭、异化的危机等促发他创作了《这样的战士》去显现最后的“无物”状态。“影”想要沉没自我身上的耻、毒、鬼,但是“无地”只给了“影”彷徨的可能。“战士”是否能真正抵抗“无”的状态?鲁迅写道“他终于在无物之阵中老衰,寿终。他终于不是战士,但无物之物则是胜利者……但他举起了投枪!”[25],举起投枪显然不是对抗“无物”的方法,但是鲁迅没有因为怀疑而选择放弃。

若从“无物”回溯到“无发命名”的讨论中,鲁迅见庸众采取“精神胜利法”分裂自身达成对于以往秩序的和解,所以他通过“精神分析法”失效来阻止对“无法命名”的和解。但当“无法命名”“无地”“无物”三者同时存在时,精神胜利法显然不能奏效,所以鲁迅对于恢复现时秩序的方法便是精神“自啮”。当自我的分裂与对于自我的驱逐已经不能麻痹自我,对于时代贴合的呓语已经占据分裂后的自我,由此他写道:“有一游魂,化为长蛇,口有毒牙。不以啮人,自啮其身,终以殒颠……待我成尘时,你将见我的微笑。”“自啮”“成尘”“创痛”都与“永远革命”“微笑”相契合。鲁迅认为当自啮殒颠之后,反抗绝望的反抗才能得以成功。再看墓碣文的阴面,鲁迅指出自啮其心,心已陈旧,不知本味。在阳面,他已知“于浩歌狂热之际中寒;于天上看见深渊。于一切眼中看见无所有;于无所希望中得救……”[26]阴面文句的不知与阳面文句的已知形成了一种矛盾,鲁迅以“自啮”达到“无”,于“无”中“希望”处得救,但此时的“希望”还是希望本味吗,鲁迅还是没有表明其态度。

三、词语选择与中间物

“夜”的迷惘与清醒依旧吸引着鲁迅,由此“构成一个压倒一切,巨大无比的流转变幻的意象群”[27]。但是回到“黑”“暗”“夜”这三个字,在《野草》中,除了涉及时间段的“秋夜”“寒夜”“深夜”,其余大体只用了“夜”。而在之前的论述中,已经明晰“黑夜”“暗夜”“黑暗”三者不同的情感结构。需要进一步指明的是,在同等状态却不同程度的三者中,鲁迅有意识地进行了过渡,而“暗夜”成为过渡的词眼。

夏济安称“光与暗一类的对比恐怕永远也道不全那个时代的真意,因为光暗之间还有无数深浅的灰。好比暮色里藏匿着鬼影、私语、异象与幻影,稍不注意,它们便消逝在等待黎明的焦躁中”[28],可以说,“暗夜”便是鲁迅作品中藏匿的灰。尼采称:“人之所以可爱,乃在于他是过渡和没落。”[29]理解过渡需要牵引出鲁迅提出的另一个概念“中间物”。鲁迅依据进化论的观念,产生了“大半也因为懒惰罢,往往自己宽解,以为一切事物,在转变中,是总有多少中间物的”[30]的看法。“中间物”不仅体现了鲁迅进化的思想,而且体现了鲁迅割裂后的回环。在明与暗之间、希望与绝望之间、有与无之间的中间物成为鲁迅深层的理念,具体表现在“夜”上,“暗夜”则是此处的中间物。

“中间物”是在观念、价值等基础上对其发展过程进行判断,进而产生的过渡层理念,可进入鲁迅作品中,非理状态的侵扰使得认识上产生众多桎梏。当谈及“希望”时,鲁迅牵引出“无”;当谈及“虚妄”时,鲁迅牵引出“黑暗”,鲁迅总是在对应面寻找对立面,可鲁迅并不是二元论的支持者。非理阻碍了对于鲁迅式哲学的深刻认识,但“‘中间物’或‘有限’意识在人生哲学上展开,便是有勇气地承担绝望和反抗绝望;而承担和反抗绝望意味着把无限实体以消解的方式从外在幻象‘收回’自我;‘收回’即是‘朕归于我’”[31]。可见引入“中间物”的概念可以明晰鲁迅自我对于希望与绝望的看法。

“暗夜”作为鲁迅“中间物”的状态之一,与“影”同质。“‘影’不仅把自己看成是‘黑暗’与‘光明’之间的‘中间物’,而且以这种自我反省为基础,他把‘光明’的到来与自我连同‘黑暗’的毁灭联系起来”[32],“暗夜”也一样。在“黑夜”中,鲁迅没有丝毫惧怕,如鲁迅吞没于黑夜中,他提出“月儿”的明亮;“反鲁迅”的影吞没于黑夜中,影的告别才能接近“黑暗”。但“暗夜”不仅是“黑夜”与“黑暗”的中间物,还是“希望”与“无”之间的中间物。鲁迅试图连接“希望—暗夜—黑暗—无”以构成自我意识的回环,而“暗夜”成为其中的中间状态。他在《希望》中写道:

> 绝望之为虚妄,正与希望相同。
>
> 我只得由我来肉薄这空虚的暗夜了,纵使寻不到身外的青春,也总得自己来一掷我身中的迟暮。但暗夜又在那里呢?现在没有星,没有月光以至笑的渺茫和爱的翔舞;青年们很平安,而我的面前又竟至于并且没有真的暗夜[33]。

当手持希望之盾的鲁迅意识到青春与迟暮时,“无聊”与“寂寞”再次袭入鲁迅的“夜”世界。“寂寞”促发鲁迅感于青年青春中的消沉,使得鲁迅的怀疑再次退位,进而持住希望之盾,为了青年的平安而肉薄暗夜。但是“无聊”是与“寂寞”同时存在于鲁迅“夜”中,“无聊”消解了他肉薄的意义。“绝望”是虚妄的,“希望”也是虚妄的,两者对于鲁迅来说都是一种“虚妄”的状态,但鲁迅总是在更高层怀疑,代表“虚妄”的“暗夜”真的存在吗?他称面前又不存在真的“暗夜”了,“暗夜”的不存在直接导致“希望”的盾不存在了,一切又归于“无”的状态。此处的“平安”与《这样的战士》中“太平”虽然所指范围有差;但是两者含义同质,鲁迅的用讽否定了此时“无”状态给人带来“平安”的错觉。

在写完《希望》的三个月后,鲁迅写下了《过客》。有学者称:“查拉图斯特拉作为‘放火者’——启蒙者,出现在森林圣者面前,与此相对,《过客》的主人公作为‘彷徨者’出现在荒野的老翁面前。”[34]那不禁发问,过客是被什么所召唤,过客所代表的启蒙又是通过什么样的方式而得以传达?《过客》中的时间定于“或一日的黄昏”,过客来到老翁与女孩的面前。但鲁迅在这部诗剧中同样铺陈了一种彷徨状态,但是与“影”彷徨有所不同,过客的彷徨是带有强烈指向性,即“呐喊”的彷徨,所以“影”可能被“黑暗”所吞没,而过客却始终不能。所以过客一直在问“前面是什么?”,老翁与女孩回答道:

> 前面?前面,是坟。
>
> 不,不,不的。那里有许多许多野百合,野蔷薇,我常常去玩,去看他们的。
>
> 过客向野地里踉跄地闯进去,夜色跟在他后面[35]。

在《希望》中,青年人的消沉让他们自身看不见“暗夜”与“希望”。但是在《过客》中,老翁所指示的迟暮,女孩所指示的青春让他们看到了不同的对象。“前面是什么?”迟暮看见了“坟”,“坟”代表死亡与“黑暗”,而青春看见了“希望”。过客并不知前面是什么,鲁迅安排了老翁和女孩两种截然不同的倾向,让过客在无知中放弃一些什么。那放弃的是?老翁反复提示过客不能这么感激,且女孩从张望到惊惧,天真的消失,两个人代表的便是《复仇》中的“大悲悯”与“大欢喜”消失。过客在前进过程中,探求“坟”之外的场域,就需要放弃“大悲悯”与“大欢喜”。当放弃“大悲悯”与“大欢喜”后,过客来到野地,见到了“希望”“黑暗”。过客继续发问,“坟”的后面是什么?同时,过客对老翁与女孩说,他要诅咒对他布施的人,他让布施者灭亡,或是布施者以外的一切灭亡。这便是老翁与女孩给予过客的答案。“因为在鲁迅看来,没有‘死亡与朽腐’的到来,就无法为生存作证。因为没有对死亡和绝望的战斗和较量,生命就会沦为一种混沌的、半死不活的状态。”[36]所以“坟”的后面只能是“无”,因为“无”中才有希望,如《墓碣文》的阳面所言。而“坟”中只有死亡和黑暗,过客只有越过“坟”才能到达更高的状态,只有诅咒与灭亡才能换取自我或者外物的生的可能,远离“混沌”的可能。此外,鲁迅在结尾补充了一句,“夜”跟在过客的后面，此刻的“夜”已经不再是交谈后时间的流逝导致黄昏的变质，而是一种“中间物”的状态。不妨推测此刻被鲁迅格外强调的“夜”是“暗夜”。于“暗夜”中，鲁迅表现出对于否定、生死的青睐。而《希望》《过客》等的修辞都体现对否定、生死、悲观的呓语，他以一种难以琢磨的语言来隐藏自我“中间物”的精神特征，但却在“暗夜”中显形。“暗夜”作为“中间物”的一种状态，也奠定了鲁迅“夜”世界的基调，这种基调大体为对于悖论的怀疑与解答。

“夜”作为近代中国的重要意象，从龚自珍的《尊隐》、梁启超的《清代学术概论》至鲁迅的《野草》，“夜”生发出众多的含义。龚、梁二人将“夜”作为王朝的象征，而鲁迅将“夜”作为该毁灭一切的象征，并在此基础上延伸出“无”的状态。通过对于“黑夜”“暗夜”“黑暗”这三个词汇的辨析可以看出，鲁迅的“夜”不仅仅是促发梦中“呓语”的原因，还与鲁迅独特的自我思想相关联。此外，“暗夜”作为鲁迅式“中间物”的一种状态，借用“暗夜”来理解“希望”至“无”的过程不失为一种更为清晰的路径。

（南京师范大学文学院）

注释

① [德]卡西尔著，黄龙保、周振选译：《神话思维》，中国社会科学出版社1992年版，第110页。

② 钱理群：《鲁迅作品十五讲》，北京大学出版社2003年版，第121页。

③ 鲁迅：《夜颂》，《鲁迅全集》第五卷，人民文学出版社2005年版（本文所引各卷皆此版，不另注），第203页。

④ 张洁宇：《独醒者与他的灯：鲁迅〈野草〉细读与研究》，北京大学出版社2013年版，第7页。

⑤ 鲁迅：《肥皂》，《鲁迅全集》第二卷，第50页。

⑥ 鲁迅：《致韦素园》，《鲁迅全集》第十一卷，第667页。

⑦ 鲁迅：《明天》，《鲁迅全集》第一卷，第479页。

⑧ 鲁迅：《祝福》，《鲁迅全集》第二卷，第21页。

⑨ 鲁迅:《影的告别》,《鲁迅全集》第二卷,第169—170页。
⑩ 邵小鹰:《如何解读〈影的告别〉? ——与钱理群教授再商榷》,《文艺争鸣》2020年第9期。
⑪ 鲁迅:《在酒楼上》,《鲁迅全集》第二卷,第34页。
⑫ 鲁迅:《求乞者》,《鲁迅全集》第二卷,第172页。
⑬ 鲁迅:《阿Q正传》,《鲁迅全集》第一卷,第546—547页。
⑭ [日]木山英雄著:《文学复古与文学革命》,赵京华编译,北京大学出版社2004年版,第15页。
⑮ 汪卫东:《意象的线条与色彩:〈野草〉视觉意识与艺术现代性》,上海鲁迅纪念馆2016年,第151页。
⑯ 孙歌:《绝望与希望之外》,生活·读书·新知三联书店2019年版,第168页。
⑰ 鲁迅:《从胡须说到牙齿》,《鲁迅全集》第一卷,第262页。
⑱ 鲁迅:《我们现在怎样做父亲》,《鲁迅全集》第一卷,第145页。
⑲ 解志熙:《生的执著:存在主义与中国现代文学》,人民文学出版社1999年版,第94页。
⑳ 鲁迅:《破恶声论》,《鲁迅全集》第八卷,第25页。
㉑ 鲁迅:《记谈话》,《鲁迅全集》第三卷,第378页。
㉒ [日]竹内好:《鲁迅》,李心峰译,浙江文艺出版社1986年版,第148页。
㉓ 汪晖:《阿Q生命中的六个瞬间——纪念作为开端的辛亥革命》,《现代中文学刊》2011年第3期。
㉔ 谭桂林:《如何评价"阿Q式的革命"并与汪晖先生商榷》,《鲁迅研究月刊》2011年第10期。
㉕ 鲁迅:《这样的战士》,《鲁迅全集》第二卷,第220页。
㉖ 鲁迅:《墓碣文》,《鲁迅全集》第二卷,第207页。
㉗ 皇甫晓涛:《夜与鲁迅的意象》,《鲁迅研究月刊》1997年第9期。
㉘ 夏济安:《黑暗的闸门　中国左翼文学运动研究》,中文大学出版社2016年版,第141页。
㉙ [德]尼采著,钱春绮译:《查拉图斯特拉如是说》,生活·读书·新知三联书店2012年版,第10页。
㉚ 鲁迅:《写在〈坟〉后》,《鲁迅全集》第一卷,第301—302页。
㉛ 王乾坤:《鲁迅的生命哲学》,人民文学出版社2010年版,第178页。

㉜ 汪晖:《反抗绝望　鲁迅及其文学世界》,河北教育出版社 2000 年版,第 186 页。

㉝ 鲁迅:《希望》,《鲁迅全集》第二卷,第 182 页。

㉞ [日]丸尾常喜:《耻辱与恢复:〈呐喊〉与〈野草〉》,北京大学出版社 2009 年版,第 236 页。

㉟ 鲁迅:《过客》,《鲁迅全集》第二卷,第 195—199 页。

㊱ 张洁宇:《独醒者与他的灯:鲁迅〈野草〉细读与研究》,北京大学出版社 2013 年版,第 236 页。

博弈生存之灰色

——《伤逝》新探

唐　洁　彭小燕

自1925年《伤逝》问世以来,学界的相关研究已十分丰富。二十世纪八九十年代以来,鲁迅研究的方向逐渐从观照社会历史意义转向探索个体精神机密,部分学者也开始挖掘《伤逝》的深层哲学意义[①]。竹内好最早对《伤逝》的主题作出富于哲学意味的解读:"'四围是广大的空虚,还有死的寂静。死于无爱的人们的眼前的黑暗,我仿佛一一看见,还听得一切苦闷和绝望的挣扎的声音。'——是否可以判断他只是为了倾吐这样的话才写这篇小说的呢?我有疑问"[②]。李怡也于1988年提出"只有把分析深入到人性的复杂内核,才能够更为深刻地理解《伤逝》的悲剧深度和与之相关的艺术特征"[③]。而钱理群则从《伤逝》中体会到了"强烈的知识分子的自忏自省性,而且也充满了对人的生存困境的追问"[④],此种与生存困境的对峙尤其贯穿于涓生生活的始终。本文在已有研究的基础上,继续对《伤逝》在哲学视域的意义进行探寻,聚焦于文本背后鲁迅自我生命体验、精神求索的投射,通过考察子君和涓生外部生活空间转换之际的多层思想动态,展示二人各自不同的"与虚无相触抚"的生命体验,揭示小说中呈现的博弈生存之困境,实现自我超越的意向。

一、庸常生活之"空"
——子君与涓生各个不同的"与虚无相触抚"

在"最富鲁迅气氛"[⑤]的系列小说里,身为"新党"的知识分子多因黑暗现实的打压，而落入生存的虚无困境中。已然妥协的吕纬甫反复念叨着生活的“无聊”“随随便便”，此种消极的言辞并非因意志消沉所致使的妄自菲薄，而是他真切地认识到自我人生状态的无价值。所谓“无聊”，一是他的举动于苦难中的人们和现实悲剧无甚实质作用；二是他的人生因背弃自我理想而再无真实意义。但即便如此，一介新党往昔的生命之火依然在心内留存，“愿世界为她变好”[⑥]的心语闪现出尚未灭尽的人道主义光焰。魏连殳的悲剧则更加悲怆，世界摧残着他的理想，最终，他自身也落得背弃自我，自戕身心。但在葬礼上，小说着意刻写了死尸的自嘲：“冷笑这可笑的死尸”[⑦]，由此细节，用心的读者亦能够见出在沉沦泯灭之际，魏连殳那依旧不灭的自我省思、自我质疑的生之意志。

这些“独异者”[⑧]们所展现出的身心挣扎，亦是鲁迅本人心路历程的投影：“见过辛亥革命，见过二次革命，见过袁世凯称帝，张勋复辟，看来看去，就看得怀疑起来，于是失望，颓唐得很了。”[⑨]心中理想被酷虐现实所吞噬，自我的无力与绝望，在哲学的视野下可以说是一份真实的“虚无体认”[⑩]。此“虚无体认”在鲁迅小说中常与其“自我辩驳”的性质相结合，“他总是同时观照、构想着两个（或更多）不同方向的观念、命题或形象”“并不寻求一个绝对、凝定的答案”[⑪]。于此层面，《伤逝》承载着鲁迅对生存困境中个体生命精神求索路径的审视、思考，是其自身“体认虚无，‘肉薄’虚无”[⑫]这一生存超越道路上的有力刻痕。

“如鸟贩子手里的禽鸟一般，仅有一点小米维系残生，决不会肥胖；日子一久，只落得麻痹了翅子，即使放出笼外，早已不能奋飞。”[⑬]这既是涓生对自己持有一份局里工作的人生状态的批判性概括，也是其对自我生存道路的一种警示。某种程度上，可以说，子君和涓生亦如同“笼中鸟”，或被专制家庭束缚，或受制于陈旧社会环境而无法实现生命的自由意志，两人凭借爱情的力量脱离了原本备受压抑的处境，建立了新的家庭，但社会大环境暗黑、残酷，自我心性也闪烁泯灭、弱小脆损；在此双重沉荷间，新生活转眼而成新困境,子君和涓生也由此走向了不同的人生路。

当子君说出:"我是我自己的,谁也没有干涉我的权利"[14]时,涓生的心灵被震动了,他仿佛看到了中国女性在不远的将来那抹"辉煌的曙色",狂喜于新生命的强劲神韵。但子君真的具备不被世俗裹挟,持续自我发展的独立个体人格了吗?新旧变换,时代转型,涓生与子君同居生活的尴尬、闷愁无疑随着外部社会的打压逐渐恶化:被局长罢职后的涓生只能日日在家中写稿以求得一丝生机,子君亦同样承受着物质生存的压力,以及邻里或明或暗的冷眼,但她却再无之前坚定的宣言和对抗的行径。自脱离了专制家庭的束缚后,子君仿佛已然到达了人生的顶点,她沉浸于幸福之中,爱情的过往点滴好似成了其开展未来生活的全部支柱。步入同居生活后,子君更是迅疾而成一家庭主妇,逐渐变胖的体形和"红活"的脸色暗示了她安逸而不乏麻木的生命状态。邻里之间的暗斗明争亦成为其除家庭琐事之外的另一生活"风景",因自家小宠的瘦弱而与邻居生出口角纷争,其实质是或一形式的社群矛盾。房东太太看似对阿随瘦弱的奚落,其实是对涓生和子君二人窘困处境的嗤笑,亦不乏对其"自由恋爱"、自作主张的人生之路的讥讽。可以看出,此间邻里较量所透露的仍是社会守旧势力对独异个体的压制,但子君怯弱地回避了对手话语中人格嘲讽的实质,反而顺乎流俗,默认对方的贬斥——此情此景,实在悲剧。

子君已然丧失了因自己独特的愿力、言动而自觉独具一份人生价值的底气,一度真实、浓烈的爱情已经渐淡渐远,直至彻底消逝。她试图通过全心操持家务来确认自我生存的价值和地位,却逐渐被世俗生活的麻木所吞噬,在空虚的深渊间越陷越深,"我是我自己的"这一独立心绪的萌芽至此彻底湮灭。面对涓生日益冷漠的态度,子君恐惧不安,却又无所依凭,甚至未能有一句发问,而仅只重温"爱的旧课"以触摸人生里唯一的温暖稻草。当涓生将爱意的消失和盘托出时,虚幻已久的爱情帷幕终于被无情地撕开,子君整个儿悬在了生的虚空之中,无所措手足。悲乎!

借由子君的人生状态，鲁迅书写了直至20世纪上期的中国女性生活常态，她们中的绝大多数甚至不曾有过子君最初基乎爱情欲求的反抗言动，自始至终，都是在世俗环境的规训中平淡地任身心“泯于大群”，可谓顺乎既定社会规则而生生死死的“习俗人”。鲁迅曾多次呼吁中国女性“应该不自苟安于目前暂时的位置，而不断的为解放思想，经济等等而战斗”[15]，只有奋进和“不自苟安”，才能真正改变“泯于大群”的非独立、无自我状态，实现生命的超拔、解放。在《伤逝》的叙事中，愧疚与自省的涓生决意告知子君无爱时的真实。这当然会让倾向于大团圆结局的国人们感到阅读上的不适，但是，倘非如此这般的悲剧写法，又何以震醒在爱情与人生的长途中无数形如子君般爱得决绝、盲目，却活得庸碌、依附的“笼中小鸟”呢？真实的是，即便如此悲剧写法，被震醒者又有多少？

同时，子君的生命走向亦是鲁迅对“庸众”虚无生命状态的或一提炼，并借由涓生的审视来剥除虚伪、矫饰的外壳，揭示其生命光焰被吞噬的可怖实质。“‘习惯’和‘旁骛’这两者，只要他们在起作用，就会使人看不到‘他的虚无，他的孤独，他的机能不全，他的软弱无能，以及他的空虚’。”[16]深层看，子君的悲剧在于：她的出走多源于爱情（生之本能之一）的驱动，此外其实一无准备——既无谋生的经济能力预备，也无独立的精神素质的养成。个体精神的缺失使得她在爱情高潮过后，迅疾沉湎于为众人所习惯的、集体无意识所规约的生活状态，最终，其自我生存的盈实和爱情的光辉双双陨灭。而涓生却显现出与此类生活相对峙，持续探寻自我人生之出路的积极向度，他不愿安于“既有习俗”，并向着压制个体精神的空虚生活言说着“不”，而哲人曰：“那无法从一个人身上取走的实质性的自由，基本的和终极的自由，就是说一声‘不’”[17]。

二、涓生对生存虚无的超拔意志
——兼及鲁迅自我精神求索的或一投影

“遭遇虚无，沉潜虚无，咀嚼着自我人生的虚无滋味；而对峙、抵御虚无人生的精神火种,也深隐在灵魂的深处,寻味着奔突的可能时机。”[18]在展现子君等人物趋向沉沦的生命状态的同时,鲁迅亦将“绝望奋战”的精神注入涓生、“过客”等人物的心性之中。庞大的暗黑社会势力如同一个大染缸般抹杀着生的希望,但涓生、过客等却借由不断出走以示对这“暗黑人间”的反抗,而其内核是对一个人类永恒命题的具象化展示,即如何抵抗无往而不在的“生存虚无”,去赢取生的切实意义?这一问题及其解决之法,正是鲁迅一生精神求索中的核心命题[19]。

《伤逝》中,鲁迅以会馆、吉兆胡同、通俗图书馆三地为重要节点将涓生的外部行动轨迹串联,这是一条明线;但在我看来,这条线索也与鲁迅本人对生之空虚的体认、反抗,对生存意义的追索之旅紧密相关。

涓生在会馆的居所是“被遗忘在偏僻里的破屋”,其灰色景观隐喻着居住者黯黮的心绪,心绪的消沉并非单纯源于陈旧的物,也包括与之对立的种种人事——长班的儿子、鲇鱼须的老东西、搽雪花膏的小东西等等,不难想象,涓生对周遭环境的厌恶,其苦闷、枯寂的内在情绪与“沉默鲁迅”[20]的沉寂心境之间存在的有机关联。1912年,31岁的鲁迅到北京任职,并落脚于南半截胡同的绍兴会馆,其最初所住的藤花馆,即涓生寓居的“破屋”的原型。此时的鲁迅延续着归国以后的消极心绪,深陷一种自感聊赖全无的境况中——辛亥革命带来的希望倏忽湮灭,社会乱象百出,好友范爱农的离去,自身私人生活的不如意……凡此种种都使鲁迅一度陷入精神的黑洞,只得以抄写残碑拓片来排解心头的苦寂,且“古碑中也遇不到什么问题和主义,而我的生命却居然暗暗的消去了”[21],可以说,或多或少,有意无意,鲁迅将这一消极性的生存体验移情给了涓生。

《伤逝》将涓生精神上的压抑与空虚、陈腐的居住环境相关联,有机地将暗沉的居住环境视为酷虐现实、僵腐文化压抑新生个体的守旧势力的符码,鲁迅笔下的涓生当然希望逃离此种消极境况。而具有青春生命的子君无疑带来了与老旧会馆对立的新生气象：当她出现，人间瞬时变得“生动起来”，她带来了“枯槐的新叶”“老干上的藤花”，一扫破屋的旧态与死寂。进而，借着爱情的光照，涓生携子君满怀希望离开会馆，寻求一个真正的“安身之所”：

> 看了二十多处，这才得到可以暂且敷衍的处所，是吉兆胡同一所小屋里的两间南屋；主人是一个小官，然而倒是明白人，自住着正屋和厢房。他只有夫人和一个不到周岁的女孩子，雇一个乡下的女工，只要孩子不啼哭，是极其安闲幽静的。[22]

这里的“吉兆胡同”即当时北京的一条老胡同，也称“鸡罩胡同”。新家选址于此，似是以“吉兆”之名呼应涓生脱离会馆时的“满怀希望”。但事与愿违，这个小家却也同“鸡罩”般困住了二人。“这北京的冬天；就如蜻蜓落在恶作剧的坏孩子的手里一般，被系着细线，尽情玩弄，虐待，虽然幸而没有送掉性命，结果也还是躺在地上，只争着一个迟早之间。”[23]这段比喻十分犀利地概括了其时子君和涓生共有的生活状态：二人遭受着源自物质困窘和精神颓唐的双重熬煎。搬到吉兆胡同后，涓生体验着机械化生活流程带来的无聊和麻木感，即“我的路也铸定了”，常常是“我呆坐着，她在洗碗”。于是，书案沦为了杂货堆，书籍上也布满灰尘，涓生在这生活的“无物之阵”中动弹不得，竟至于外部打击也可以是重“开一条新路”的生机。

如此，爱情的消逝已是必然。而在最初，涓生的爱就并非纯粹的男女之情，其中夹杂着自我想象的精神神韵，他不自觉地以先觉者的眼光凝视、爱恋心中的子君，甚至通过与子君关系的确立以实现对所处空虚生活的突围。这种主观想象曾被暗示于涓生的示爱中——他不由自主地运用了电影中的方法，这使得看似真挚的爱情告白罩上了一层阴影。而当他意识到同居生活正在加速双方意志的萎靡,子君迅疾沉于空虚时,涓生独特的爱情期望其实已经落空。小说反复渲染涓生尝试明告子君时的犹疑和苦恼,他忧心于这一决定将对子君造成的伤害。但倘若苟安于虚伪现状,则永远无法开辟新路,只得任由生命日益沉沦。涓生的独异精神由此凸显——他拒绝世俗规则的规训,亦不安于庸常生活对自我意志的消磨。

于涓生,"吉兆胡同的新境"与"老旧会馆的旧态"在其实质上越来越趋同了;以至于涓生竟然需要脱离了冰冷的家,将通俗图书馆作为自己不得已的"避难所":

> 那里无须买票;阅书室里又装着两个铁火炉。纵使不过是烧着不死不活的煤的火炉,但单是看见装着它,精神上也就总觉得有些温暖。书却无可看:旧的陈腐,新的是几乎没有的。[24]

这个图书室,原型即北京通俗图书馆,鲁迅在北京时时常出入此地。在《小说旧闻抄》的再版序言中,鲁迅曾提及与此相关的一段取材经历:"时方困瘁,无力买书,则假之中央图书馆,通俗图书馆,教育部图书室等,废寝辍食,锐意穷搜,时或得之,瞿然则喜,故凡所采掇,虽无异书,然以得之之难也,颇亦珍惜。"[25]可以想象,搜寻、探究古籍的充实会在一定程度上缓解鲁迅的苦闷、空寂;而涓生亦于通俗图书馆中反思了自己维持至今的同居生活并决断:为避免"一同灭亡"的命运,他要将真相言明给子君,冀望双双脱离这无真实活力、无真实追求的生活而向着各自的新生再进发。

"……况且你已经可以无须顾虑,勇往直前了。你要我老实说;是的,人是不该虚伪的。我老实说罢:因为,因为我已经不爱你了!但这于你倒好得多,因为你更可以毫无挂念地做事……"[26]这段告白虽看似真挚坦诚,但却无法将之与此时的子君对应,她已然失去了行动者的意志,更无法意识到当前生活的空洞本质,也不会产生主动逃离这一念头。所谓的“开辟新路”正是为了打破其时子君已然沉沦其间而不自知的空虚人生，涓生的话语返身而来，仅仅是其本人的自悟自救。而复归的阿随足可成为一种警示涓生，重启生路的“灯”：作为子君和涓生曾经爱情的象征，阿随只是一个生活的附属品——无法自立的玩宠。但眼前这个“瘦弱的，半死的，满身灰土”的小小动物，同“怒涛中的渔夫，战壕中的兵士，深山密林中的豪杰，昏夜的运动者和深夜的偷儿”一样，在黑暗的人间拼死挣扎以求得一线生机。直面子君的沉沦和死亡，涓生真正体悟了黑暗的人间所充斥着的空虚与死寂，并意欲与之进行艰难对抗；同时，他亦共鸣着苦难人间的一切求生者们，确信了作为活着的人与“我”：“我要向着新的生路跨进第一步去”[27]，显现着执着向新的坚韧积极的生命意志。

通过会馆、吉兆胡同、通俗图书馆这三处富有隐喻内涵的现实场景，涓生的行动轨迹和思想动态被完整呈现。绍兴会馆曾是清朝道光年间绍兴籍赶考举子的寓所，这座朽腐、吵嚷的院落，显然不是一个新式知识分子的理想居所。寓居于此，涓生只能感受到活力、个性的被压抑。协同子君，涓生在吉兆胡同建立了“爱的居所”，“新女性”子君不仅仅是生活伴侣，更当有相与契合的精神气韵。令人叹憾的是，由爱的同居蜕变而见的竟然是二人精神上的貌合神离。涓生不愿继续这空空的“爱”与人生，在通俗图书馆中予以彻底的反省。自然，其结尾的重回会馆并非是精神、行动上的简单重复，但毕竟又不得不再次与生存的真实：空虚、枯寂裸身“相看”了——小说的关键还在，于这“相看”中显现出涓生的绝不甘心，并明显地、反复地宣言着自己要向着“新生迈出第一步”，即便其时也还并不知道这第一步如何迈出！

“行动者为了能在社会生活中‘继续’，必须保持持续的警觉。”[28]涓生难以安于了无生趣的庸常生活，恐惧于传统社会规则对个体生命的控制、规训，甚至是抹杀。而此恐惧（焦虑）或可理解为克尔凯郭尔的“本质存在反抗非本质存在之斗争”（struggle of being against non-being)[29],也是鲁迅笔下独异型知识分子的“独异本质”。借由对虚无的超拔意志,涓生呈现着执着的、意欲开辟新路的个我心性:“路漫漫其修远兮,吾将上下而求索”[30]。

三、结　语

审视着不同阶层国民的社会生存状态和心理状况,鲁迅借由杂文、小说创作暴露其虚伪矫饰下的空洞本质,而《伤逝》的精神内核亦承载着鲁迅对于抵抗生之虚无这一核心命题的哲性思考。某种程度上,子君的精神走向与吕纬甫等人类似,他们的心中都曾充盈着理想、希望,但却未能抵御住外在现实黑暗、空虚的侵袭,一任生命跌落,麻木、沉沦。鲁迅感其可怜、可悲,书写着:沉沦的根因或在于其作为生之主体,并未真正具备对峙浊流的个我精神。而此“个我精神”的缺失亦普遍地存在于现代社会中,高度体制化、规范化,甚至是机械化的日常生活对于个体意志的压抑无处不在,现代人更多地与生命存在的空虚、无意义“裸身相遇”,却无超离自我虚无,赢取生之充盈的“强力意志”。时至今日,重读《伤逝》,仍然能够觉知其中的刻骨召唤:拨动着人间极易被庸常生活压制、窒息的个我意志的心弦,直面所谓传统、既定规则掩盖下的麻木、沉沦,寻求真正自由发展的有为、自为的生命胜境:“有不平而不悲观,常抗战而亦自卫”[31]——这自然艰难,却值得涉险。

(温州大学人文学院)

注释

① 汪晖认为“在涓生‘新生’的愿望中完成了‘反抗绝望’的人生哲学的全部推衍过程”(汪晖:《反抗绝望:鲁迅及其文学世界》,河北教育出版社2000年版,第310—312页);在彭小燕对鲁迅“超越生存虚无、撞击世间黑暗的现代信仰者”的体系性论述中,则认为涓生延续着“《过客》中表现的生命意向——宁愿直视虚无真相,宁愿携带淋漓伤痛,孑然独往,勇毅求索自

我生命”之存在路径。（彭小燕：《存在主义视野下的鲁迅》，北京大学出版社 2007 年版，第 298 页）。

② ［日］竹内好：《鲁迅》，李心峰译，浙江文艺出版社 1986 年版，第 29 页。

③ 李怡：《〈伤逝〉与现代世界的悲哀》，《名作欣赏》1988 年第 2 期。

④ 钱理群：《“最富鲁迅气氛”的小说——读〈在酒楼上〉〈孤独者〉及其他》，《鲁迅作品十五讲》，北京大学出版社 2003 年版，第 75 页。

⑤ 最早源自周作人与曹聚仁的谈话之中，这里采用钱理群对于“鲁迅气氛”的理解，即“鲁迅的精神气质在小说里的投射”，详见钱理群：《“最富鲁迅气氛”的小说——读〈在酒楼上〉〈孤独者〉及其他》，《鲁迅作品十五讲》，北京大学出版社 2003 年版，第 59 页。

⑥ 鲁迅：《在酒楼上》，《鲁迅全集》第二卷，人民文学出版社 2005 年版，第 31 页。

⑦ 鲁迅：《孤独者》，《鲁迅全集》第二卷，人民文学出版社 2005 年版，第 110 页。

⑧ “独异”一词出自《随感录・三十八》中的原文：“‘个人的自大’，就是独异，是对庸众宣战”，即独异者最重要的个人特质，详见《鲁迅全集》第一卷，人民文学出版社 2005 年版，第 327 页。

⑨ 鲁迅：《〈自选集〉自序》，《鲁迅全集》第四卷，人民文学出版社 2005 年版，第 468 页。

⑩ 此处的“虚无体认”，可以具体解释为“在物质生存苦难与社会化陈腐、黑暗的联合逼压中，‘沉默鲁迅’同时透视着生存虚无——其中既有他人的虚无人生，更有鲁迅自我生命的虚无遭遇”。（彭小燕：《存在主义视野下的鲁迅》，北京大学出版社 2007 年版，第 158 页）

⑪ 钱理群：《“最富鲁迅气氛”的小说——读〈在酒楼上〉〈孤独者〉及其他》，《鲁迅作品十五讲》，北京大学出版社 2003 年版，第 74 页。

⑫ “体认虚无，‘肉薄’虚无”这一论述是彭小燕对《野草》中主体精神求索之路的精炼概括。（彭小燕.《〈希望〉：“肉薄”虚无，在“我”与“历史—现实”之间——〈野草〉精读之七》，《名作欣赏》2020 年第 4 期。）

⑬⑭⑮㉒㉓㉔㉖㉗ 鲁迅：《伤逝》，《鲁迅全集》第二卷，人民文学出版社 2005 年版，第 113—132 页。

⑯⑰ ［美］威廉・巴雷特著，段德智译：《非理性的人》，上海译文出版社 2012 年版，第 145—146 页。

⑱ 彭小燕、孙良好、郭垚:《鲁迅十五讲》,浙江大学出版社2019年版,第24页。

⑲ 参阅彭小燕:《存在主义视野下的鲁迅》,北京大学出版社2007年版。

⑳ “沉默鲁迅”,即指1909年至1917年的鲁迅,因其发表文字之稀少而或此称号,而竹内好在其《鲁迅》中尤其注重其中的北京“蛰伏期”(即1912—1917年),认为是鲁迅的“骨骼”形成时期。

㉑ 鲁迅:《呐喊·自序》,《鲁迅全集》第一卷,人民文学出版社2005年版,第440页。

㉕ 鲁迅:《〈小说旧闻钞〉再版序言》,《鲁迅全集》第十卷,人民文学出版社2005年版,第158页。

㉘㉙ 在克尔凯郭尔关于恐惧(焦虑)是“自由的可能性”这一描述中,他认为恐惧作为生存的一种基本情绪刺激着人去寻求真正的自我,而“‘本质存在反抗非本质存在之斗争’是每个个体永恒的任务,它意味着人们不仅仅要‘接受’现实,而且要去创造本体论意义上的参照点,并以之作为日常生活情景中‘正在进行之事’的一个必要构成部分。”详见[英]安东尼·吉登斯著,夏璐译:《现代性与自我认同:现代晚期的自我与社会》,中国人民大学出版社2016年版,第36、44页。

㉚ 语出屈原《离骚》,鲁迅亦曾引用它作为《彷徨》的题辞,《伤逝》作为《彷徨》所收录的小说之一,其亦承载着题辞所包含的追寻生之理想的积极求索精神。

㉛ 鲁迅:《两地书·四》,《鲁迅全集》第十一卷,人民文学出版社2005年版,第21页。

《故乡》中的意义鼎立并合

朱崇科

1921年1月创作、是年5月发表于《新青年》第九卷1号的《故乡》似乎注定就是一篇家喻户晓的经典作品。从其文本自身来说,一方面它显得相对通晓流畅,具有较强的可读性;另一方面它却又含义隽永,适合反复咀嚼,而实际上它的确较早就进入了中、日两国学者的研究视野和语文教材,并且逐步形成了各自的历史传统。

中国方面,1923年顾颉刚等人编辑的《新学制国语教科书》就将《故乡》收入民国教科书,除了"文革"十年以外,迄今为止仍跻身于国人的语文必读篇目中。[①]而日本方面,1927年,白桦派代表作家武者小路实笃(1885—1976年)在其编辑的杂志《大调和》上发表日文版《故乡》(译者身份未明);1953年,《故乡》由日本著名中国文学研究者、《鲁迅》作者竹内好(1908—1977年)翻译成日文并选入日本教育出版株式会社的中学国语教科书,供初三学生阅读,以后几成定例。[②]

毋庸讳言,入选中学语文教材的《故乡》主题解读视角自然有其不同时代的意识形态限制,简单而言,它更侧重其历史反映功能和批判社会的黑暗、专制、腐败等杀伤力维度,比如"隔膜说""农民问题说""批判辛亥革命说"等。[③]但同时,似乎难以避免的是,这种带有意识形态导引及中学语文教育限制下的实践其实也窄化了经典文本《故乡》的丰富性与多元性。比如某些关于《故乡》的常见教学目标设计其主导核心就是"通过对这篇小说内容的把握,深刻理解在旧中国帝国主义、封建主义不仅是我国农村经济凋敝、农民生活日益贫困的根源,而且也在思想灵魂上对农民造成了深深的毒害,激发起学生热爱新中国,努力建设社会主义精神文明的强烈愿望”[④]。

2000年,王富仁教授在其宏文《精神“故乡”的失落——鲁迅〈故乡〉赏析》中提出了三个故乡的说法:一个是回忆中的“过去时”的;一个是现实的“现在时”;另一个则是理想中的“未来时”的。[⑤]此文于2003年6月收入人民教育出版社《九年级〈语文〉上教师教学用书》,因此影响深远,至少部分纠正了长期以来关于鲁迅《故乡》理解的简单化乃至刻板化处理。

相较而言,中学语文教育及有关生产者、执行者更侧重和开发《故乡》成为经典读物和语文教材层面的意义,加上教师手册有关阅读指导或揣摩应试功能的主线引导,《故乡》固有的丰富性往往难以彻底开掘出来。而实际上,《故乡》中的“故乡”既是“一”,又是“多”。“一”是指作为鲁迅先生营造并介入的立体繁复指涉,“故乡”浑然自成一体,无论虚实远近;而“多”是指“故乡”涵盖的意义层面多元,值得我们仔细探勘。在我看来,《故乡》中鲁迅先生最少用了三种策略推进并营构此篇小说:一是大小结合的叙事策略,虽然相对简单,但是经典有效,所谓大的层面就是“离去—归来—离去”模式,而小的层面则是“我”与闰土的再度相逢,之间借重逢杨二嫂进行叙事延续;二是抒情氛围的环绕,无论是回忆少年闰土时期的欢欣鼓舞,还是反思希望渺茫与隔膜时候的沉重、悲哀乃至绝望都难免打上了复杂的中年心绪印记,但这是中学时代的师生们往往难以把握的;三是张力十足的评论文字,有画龙点睛之功效,但并非晓畅如画、一目了然,却也需要有心人对其中曲折之处加以必要点拨。

一、老中国隐喻

无论是从文本自身的丰富寓意发散思考,还是从鲁迅对于家国同构的深切认知进行逻辑推演,无论是故乡指向的繁复性还是鲁迅自己期冀的宏阔性,都会将我们把视野转向其间故乡的国家隐喻/寓言。

(一) 中国图像

《故乡》的“离去—归来—再离去”模式有其相当有意味的功能——它可以激活故乡,使其变得熟悉又陌生。当然也方便引领读者进行内外对流的双重观照。

1. 宏观图像

在返乡人“我”的眼中,故乡呈现出一种“萧索”的整体氛围,“时候既然是深冬;渐近故乡时,天气又阴晦了,冷风吹进船舱中,呜呜的响,从篷隙向外一望,苍黄的天底下,远近横着几个萧索的荒村,没有一些活气。我的心禁不住悲凉起来了。”这不只是对故乡,更是对清末民初半死不活的老中国的整体观感。但刹那间,他也呈现出对观察者移形换位和主观心绪流动的双向理解:“我所记得的故乡全不如此。我的故乡好得多了。但要我记起他的美丽,说出他的佳处来,却又没有影像,没有言辞了。仿佛也就如此。于是我自己解释说:故乡本也如此,——虽然没有进步,也未必有如我所感的悲凉,这只是我自己心情的改变罢了,因为我这次回乡,本没有什么好心绪。”

相当耐人寻味的是,《故乡》中的故乡世界其实是一个相对开放(或半开放)的立体的接触地带(contact zone)[⑥],里面至少包含了三重勾连的世界。第一重:上面/外面,它承接了“谋食的异地”,即使不做任何价值判断,此处的异地远比“熟识的故乡”更适合谋生:“我说外间的寓所已经租定了,又买了几件家具,此外须将家里所有的木器卖去,再去增添。”而实际上,即使小说中有虚化的成分(尤其是结合鲁迅日记等现实依据),比如阔别20年的夸张等[⑦],《故乡》的实际背景是周氏兄弟筹钱3 500大洋购买了八道湾11号[⑧]作为栖身京城的家族落脚点,相较于故乡绍兴,北京明显是文化段位、谋生机遇更丰富的实体和精神空间。

故乡世界中间阶层的存在就是此城市中同阶层的宗族或街坊的文化社会关系,所谓亲戚本家、豆腐西施杨二嫂等。这一部分相对简写,起到了过渡和对比的效果。故乡世界下接的则是闰土们的乡下世界:一方面,他们成为故乡中层世界里的“忙月”存在,而他们进入故乡其实也就成了“上城”;另一方面,闰土们成为乡下生活摧残的对象。外表上的老年闰土(实则41—42岁)已经如此令人心酸:“先前的紫色的圆脸,已经变作灰黄,而且加上了很深的皱纹;眼睛也像他父亲一样,周围都肿得通红,这我知道,在海边种地的人,终日吹着海风,大抵是这样的。他头上是一顶破毡帽,身上只一件极薄的棉衣,浑身瑟索着;手里提着一个纸包和一支长烟管,那手也不是我所记得的红活圆实的手,却又粗又笨而且开裂,像是松树皮了。”

概而言之,故乡其实更像是老中国的形象,颇有点半殖民地半封建社会的特征,一方面是广袤而陈旧的古老乡村,底层生活凄苦、精神苦闷;另一方面则是无法真正承担救赎功能的半现代社会,往往受制于更宏阔的帝国主义政治经济压迫与根深蒂固的本国国民劣根性蔓延。

2. 个体荏弱

令人触目惊心的是,《故乡》中的三个世界的人物们其实也呈现出与之前状态相比的荏弱性。来自现代性第一世界的“我”相当迷惘,甚至希望用想象的、回忆的“故乡”作为怀旧的现代性⑨实现对自我的救赎,归根结底只有失望,因为故乡已经变成回不去的破败、忧伤与尴尬。

第二世界的杨二嫂从豆腐西施到瘦骨伶仃圆规的变化反映出她的令人惊讶的庸俗化特征,比如贪小便宜:“圆规一面愤愤的回转身,一面絮絮的说,慢慢向外走,顺便将我母亲的一副手套塞在裤腰里,出去了。”而且偶尔也诋毁别人依然是为了小便宜:“母亲说,那豆腐西施的杨二嫂,自从我家收拾行李以来,本是每日必到的,前天伊在灰堆里,掏出十多个碗碟来,议论之后,便定说是闰土埋着的，他可以在运灰的时候，一齐搬回家里去；杨二嫂发见了这件事，自己很以为功，便拿了那狗气杀……飞也似的跑了，亏伊装着这么高底的小脚，竟跑得这样快。”当然如果从客观现实环境考量，这也从另一个侧面反衬出杨二嫂生活环境的恶化，至少是维生艰难。

第三世界的闰土更令人大跌眼镜：他从一个近乎是神话儿童的少年时代（加上两个风火轮特别像哪吒或红孩儿）步入老年时已呆若木鸡、形同木偶：“他只是摇头；脸上虽然刻着许多皱纹，却全然不动，仿佛石像一般。他大约只是觉得苦，却又形容不出，沉默了片时，便拿起烟管来默默的吸烟了。”更令人震撼的是，对少年时代平等而快乐的交往玩伴也被置换成“老爷”的尊称，并自己解释为“这成什么规矩。那时是孩子，不懂事……”

（二）变革的冲动与可能

在《我怎么做起小说来》，鲁迅写道：“我深恶先前的称小说为‘闲书’，而且将‘为艺术而艺术’，看作不过是‘消闲’的新式的别号。所以我的取材，多采自病态社会的不幸的人们中，意思是在揭出病苦，引起疗救的注意。”《故乡》亦然，相关书写其实也是引起注意，并加以改变。

1. 代入式批判

从叙述视角来看，《故乡》是以返乡的视角推进叙事的，这种做法可以吸纳更多读者的异质感，而将之转化为庞杂的变革冲动，而在叙述过程中，鲁迅亦加入不少枝蔓，如宏儿、母亲等人的视角，增强了第三方介入的合流感。

如前所述，家国同构的实践亦让人既有代入感，同时又于不知不觉中强化了变革的冲动，尤其是男主人公闰土的际遇更是让人不胜唏嘘，叙述者甚至现身说法，推导出其困苦的几大原因：“母亲和我都叹息他的景况：多子，饥荒，苛税，兵，匪，官，绅，都苦得他像一个木偶人了。”甚至包括杨二嫂的变化在令人慨叹之余也不乏深切反省的空间：不同世界的人们各有各自的痛苦、辛苦。

2. 启发式省思

鲁迅小说的独特或深刻之处往往不是说提供了什么标准答案,而反倒是更多提出问题,并且展现出其繁复深邃的问题意识,《故乡》亦有此特点。

需要强调的是,鲁迅在《故乡》中展现的是三个世界中代表性人物的困苦类型:“我”、闰土和杨二嫂。即使归来的“我”也无法真正解决这立体而多元的难题,“老屋离我愈远了;故乡的山水也都渐渐远离了我,但我却并不感到怎样的留恋。我只觉得我四面有看不见的高墙,将我隔成孤身,使我非常气闷;那西瓜地上的银项圈的小英雄的影像,我本来十分清楚,现在却忽地模糊了,又使我非常的悲哀”。因此《故乡》中回旋着一股无法排遣的悲哀,甚至是绝望。表面上看,这是个体的有病呻吟的际遇,而实际上这更是群体的,乃至国家的难题,有些甚至是超越时代的。

二、制造隔膜与国民劣根性

或许《故乡》中给人直接震撼的少年闰土和中老年闰土之间的巨大落差,而相当传神的表现就是从两小无猜的“迅哥儿”称呼到恭恭敬敬的“老爷”的变迁,于“我”而言,则是关于“闰土哥”的无数少时记忆:“我接着便有许多话,想要连珠一般涌出:角鸡,跳鱼儿,贝壳,猹,……但又总觉得被什么挡着似的,单在脑里面回旋,吐不出口外去。”而于闰土而言,则是“他站住了,脸上现出欢喜和凄凉的神情;动着嘴唇,却没有作声。他的态度终于恭敬起来了,分明的叫道”,甚至于叙述者还有相当精彩的感觉总结与点评,“我似乎打了一个寒噤;我就知道,我们之间已经隔了一层可悲的厚障壁了。我也说不出话”。平心而论,个体之间随着生存空间与人生际遇的差异而变得陌生、带来隔阂乃至隔膜也是人生题中应有之义,但需要警醒的是,这种隔膜亦可能是统治阶层/思想企图保持长治久安的统治策略。而“隔膜”也可能有另样的辩证,在1934年6月10日创作的《隔膜》(发表于1934年7月5日上海《新语林》半月刊第一期，后收入《且介亭杂文》）一文中，鲁迅一针见血指出了统治阶级（含皇帝）对奴才的真实心态，如果太过“隔膜”，则很可能送了性命，可见太隔膜也有弊端。

（一）在混沌与奴化之间

论者指出，“鲁迅小说文本中存在的两个截然不同的乡村世界，就构成了其现实和象征意义与价值的对峙、碰撞与矛盾，也构成了叙述的内在矛盾，即叙事者‘我’记忆中的‘美丽的故乡’，都与过去和过去的传统相关，在民族文化寓言的意义上，它象征着中国人不分尊卑地共有往昔的美好与辉煌，象征着过去的故乡、中国和传统的价值性存在即‘先前阔’。”[10]当然即使是回到现实世界，少年和老年闰土也有进化论意义上的巨大差异，年青必然强过老年。如果从知识结构和学习能力角度来看，少年闰土和中老年闰土亦呈现出巨大差别。一方面是少年闰土具有较强的求知欲和学习能力；“我们那时候不知道谈些什么，只记得闰土很高兴，说是上城之后，见了许多没有见过的东西。”一方面，出身乡间的闰土有许多来自自然生活实践的常识，令都市的少年（少爷“我”）备觉新奇：“阿！闰土的心里有无穷无尽的稀奇的事，都是我往常的朋友所不知道的。他们不知道一些事，闰土在海边时，他们都和我一样只看见院子里高墙上的四角的天空。”限于经济能力或阶层限制，少年闰土不可能通过读书改变命运，但他是和自然紧密勾连的天人合一产物，有其鲜活性和可塑性。

而到了老年闰土时期，首先令人震惊的是他对阶级/等级身份的认命/认定，除了自己叫昔日的玩伴“老爷”，还要让自己的孩子（“这正是一个廿年前的闰土”）遵从：“水生，给老爷磕头。”不必多说，这是传统伦理体制规训的结果：他已经被改造成可以乖乖压榨和奴化的机器了。而更令人感到悲哀的是，当让他去拣择某些主人不搬走的东西时，他的选择是，“下午，他拣好了几件东西：两条长桌，四个椅子，一副香炉和烛台，一杆抬秤。他又要所有的草灰（我们这里煮饭是烧稻草的，那灰，可以做沙地的肥料），待我们启程的时候,他用船来载去。”“香炉和烛台”此处已经成为他主动抑或被动对抗/顺从奴化压抑的物质载体,而其内在的苦闷需要借助于外在的精神鸦片镇定尚可部分减轻,某种意义上说,这已经有了部分“自奴”[11]的嫌疑。

而在这个统治结构中,亦有第二世界的杨二嫂诋毁老年闰土的情节设置,某种角度上说,这是因为有限物质争夺而产生的精神倾轧,但却从一个细节性侧面反映了统治阶层的奴化专制策略,他们有些时候未必(也无力)包办一切,而分化被统治阶层使其内讧也是可以坐收渔翁之利并部分消耗其反抗性/斗争性的策略。久而久之,底层民众的国民劣根性就会形成,比如内斗、奴性强、迷信等等。

(二)经济压制

《故乡》中的三个世界的人们皆受困于此限制/控制。“我”回乡的目的是为了处理售卖的旧屋,这是和“故乡”的物质联系,却也因出售后而人物两清。理论上说,处于第一世界的“我”最应该自由轻松,实际上现代化大都市中谋生的人们首先满足的依然是物质需求,这一点同样也纳入了统治阶层的压榨范围内,杨二嫂的“真是愈有钱,便愈是一毫不肯放松,愈是一毫不肯放松,便愈有钱……”虽然是一边恭维一边抱怨的语句,却也部分反映出城市中产阶级的无奈。除此以外,“我”还有精神层面的迷惘与困惑,原本指望可以从对故乡的想象的怀旧中汲取资源或动力,而最终不过是一场梦。

令人讶异的还有来自第二世界的杨二嫂的畸变,这个从小城女神滑向市侩大妈的堕落个案更折射出经济对她的压制,当然另外一面也源自其内心的庸俗不堪。其个体的闹剧与悲剧恰恰反映出升斗小民对经济败落的创伤式反应,她的语言夸张、活灵活现、机锋处处、张力十足最终却可悲地指向了一点可有可无的蝇头小利,其投机取巧甚至部分巧取豪夺彰显出经济谋生对她的异化和操控,她作为当日众人艳羡的女神,如“我”的回忆:“我孩子时候,在斜对门的豆腐店里确乎终日坐着一个杨二嫂，人都叫伊‘豆腐西施’。但是擦着白粉，颧骨没有这么高，嘴唇也没有这么薄，而且终日坐着，我也从没有见过这圆规式的姿势。那时人说：因为伊，这豆腐店的买卖非常好。”如果一切变化不大，她原本可以相对优雅地继续面对生活的。

当然最令人心碎而又触目惊心的则是经济对第三世界中的闰土的蹂躏与摧残，他从一个活泼可爱的好少年变成了木讷抑郁、苦不堪言的可怜老人，用其言语说：“非常难。第六个孩子也会帮忙了，却总是吃不够……又不太平……什么地方都要钱，没有规定……收成又坏。种出东西来，挑去卖，总要捐几回钱，折了本；不去卖，又只能烂掉……”而从其历尽风霜的脸上也可反衬其无法言说之痛苦，“只是摇头”。

可以理解的是，当不同世界的人们在经济上备受压榨为了维生苦苦挣扎时，同时精神追求上亦无法推进/升华，只能相对粗鄙、肤浅乃至迷信时，那么人与人之间的隔膜与原子化的国民劣根性显得相对绵长而剧烈。而《故乡》中来自不同世界的人们的相同经历特征又反过来表征和解释了隔膜的人为生成。可以理解，这样的故乡和老中国孤岛让人远离，“故乡不能带给漂泊在外的‘我’任何的精神依托和心灵抚慰，反而使归乡者感受到更多的苦闷和寂寥，回乡之旅成为漂泊者真正的精神离乡。”[12]

三、绝望地反抗与反抗绝望

毋庸讳言，《故乡》中交织着一种希望、绝望的悲凉主旋律。很多时候，我们往往由于过于强调某个侧面，如希望等，很容易把结尾寻路的寓意（“我想：希望是本无所谓有，无所谓无的。这正如地上的路；其实地上本没有路，走的人多了，也便成了路。”）读成单调的正能量宣示，实际上这是对鲁迅《故乡》主题的简化。

（一）绝望的反抗

自始至终《故乡》中笼罩着一种破败、萧索乃至悲凉的基调/

氛围。不必多说,其中也是有原因或表征的。

1. 启蒙无望

《故乡》结尾写道:“我想到希望,忽然害怕起来了。闰土要香炉和烛台的时候,我还暗地里笑他,以为他总是崇拜偶像,什么时候都不忘却。现在我所谓希望,不也是我自己手制的偶像么? 只是他的愿望切近,我的愿望茫远罢了。”这段抒情议论并举的文字其实有其深切关怀:身处第一世界的“我”并不比处于第三世界的闰土拥有更高的精神段位,从实质上看,他们共享了希望的渺茫/僵化。易言之,《故乡》中的启蒙者并不比被启蒙者享有精神优势,即使从权势和社会地位上前者远比后者占有明显优势,“闰土的物质性信仰崇拜和‘我’的精神性理想崇拜(希望)在本质上应该是平等的,或者说是神似的。不难看出,‘我’对这种启蒙关系其实是相当质疑的,这也反映了认同的流动性和不确定性”[13]。

2. 遗传隔膜

《故乡》中对于彼此之间的隔膜认知深切,除了“厚障壁”的比喻之外,鲁迅还写道:“我想:我竟与闰土隔绝到这地步了,但我们的后辈还是一气,宏儿不是正在想念水生么。我希望他们不再像我,又大家隔膜起来……”相较而言,如果鲁迅所谓化解隔膜只是破冰,变成人际交往的润滑工具,那么少年儿童之间的沟通远比成年人容易,小说中的少年时代的闰土和“我”、宏儿和水生皆如此。但悲剧的是,如果隔膜是统治阶层的奴化策略之一,那么令人失望的是,这种人为培养的隔膜,无论是精神上的原子化、沙漠化、粗鄙化,还是物质上的蝇营狗苟或疲于奔命,其实是一脉相承相互策应的,而且很可能会慢慢固化,难以真正破除。从这个角度看,希望的确是渺茫的。

(二)反抗绝望

《故乡》的魅力之一在于其实它拥有希望、绝望的对比反讽结构,尽管主体感觉主要是悲凉,但其中亦闪烁着希望,这希望不只是出现在表面的少年闰土想象中:“我在朦胧中,眼前展开一片海边碧绿的沙地来,上面深蓝的天空中挂着一轮金黄的圆月。”这想象叠合了之前活力四射的少年闰土形象:“深蓝的天空中挂着一轮金黄的圆月,下面是海边的沙地,都种着一望无际的碧绿的西瓜,其间有一个十一二岁的少年,项带银圈,手捏一柄钢叉,向一匹猹尽力的刺去,那猹却将身一扭,反从他的胯下逃走了。”钱理群先生提醒大家要注意其间的“绘画性”“色彩感”和寓意。[14]而在我看来,这种视觉冲击是一种显而易见的活力泼洒,而更深层的希望则是来自在萧索的基调中反抗绝望。

1. 寻求新路

面对三个世界的人们的辛苦生活,鲁迅先生是不满意的,他认为新一代人必该有新的生活:“他们应该有新的生活,为我们所未经生活过的。”

他指出三种生活模式皆令人不满:他的辗转漂泊、闰土的麻木凄苦,杨二嫂的任性功利等,这些模式都是含辛茹苦缺乏尊严的。

尽管未能指明具体出路,他还是明确强调要走新路。至少这样的立场、态度是坚定的。

2. 踏实向前

关于小说结尾寻路的说法,其间有一个可以仔细回味的否定之否定:全篇的基调到此收尾,毫无疑问,希望是相对渺茫的,近乎若有若无,但若认同现状,也就等于自己判了自己死刑,所以践行、探索至关重要——路不过是人迹,但走路却又是反抗绝望、弘扬希望,“恰恰借此,鲁迅实现了对‘路’的高度的重新测量与界定——它不是一种抽象的、乐观的形而上,亦非过分坐实的物实体,而是一种既在又不在,既抽象又具体的存在。”[15]从此角度看,鲁迅在结尾既坦陈了希望的虚妄性,却又借提倡践行反抗绝望,这种希望/绝望的辩证流动的确是鲁迅的风格。

四、结　语

《故乡》作为鲁迅的经典名作,其意义指向相当繁复,但可以理解为是一种鼎立并合关系。在我看来,其主题蕴含最少可以有三个层面:第一,作为老中国的隐喻,既有宏观图像描述,又有个体荏弱状描,同时也引发了读者变革的冲动;第二,揭示统治阶级人为制造隔膜,促成国民劣根性,一方面是精神奴化;另一方面则是经济压制;第三,绝望地反抗与反抗绝望之间的复杂辩证。整体而言,《故乡》的确是张力十足的经典书写。

[中山大学中文系(珠海)]

注释

① [日]藤井省三:《鲁迅〈故乡〉阅读史:现代中国的文学空间》,董炳月译,南京大学出版社2013年版。

② 具体可参佐藤明久作:《在日本中等教育方面鲁迅研究的回顾和发展》,瞿斌译,《上海鲁迅研究》2006年夏季号,上海文艺出版社2006年版,第247—257页。

③ 有关解释可参陈漱渝主编:《教材中的鲁迅》,福建教育出版社2013年版,第311—312页。

④ 这种设计在网络上搜索后可谓比比皆是,目前的初中语文关于《故乡》的教学设计中此种思路并不罕见。有关说明可参蔡栅栅《日本教科书中的鲁迅〈故乡〉》,2015年7月22日《中华读书报》。

⑤ 王富仁《精神"故乡"的失落——鲁迅〈故乡〉赏析》,《语文教学通讯》2000年第4期。

⑥ Marry Louise Pratt, *Imperial eyes: Travel Writing and Transculturation* (London: Routledge, 1992), pp.6—7.

⑦ 王润华:《论鲁迅"故乡"的自传性小说与对比结构》,《鲁迅小说新论》,学林出版社1993年版。

⑧ 更多论述可参黄乔生:《八道湾十一号》,生活·读书·新知三联书店2015年版。

⑨ 赵静蓉:《怀旧——永恒的文化乡愁》,商务印书馆 2009 年版。

⑩ 逄增玉:《启蒙主义与民族主义的诉求及其悖论》,《文艺研究》2009 年第 8 期。

⑪ 有关“他奴”“自奴”和“奴他”的分析可参拙文《论鲁迅小说中的贱民话语》,《中国文学研究》2011 年第 1 期。

⑫ 闫宁:《民俗学视域下的鲁迅与传统文化研究》,中国社会科学出版社 2017 年版,第 145 页。

⑬ 朱崇科:《认同形塑及其“陌生化”诗学——论鲁迅小说中的启蒙姿态与“自反”策略》,《福建论坛·人文社科版》2008 年第 1 期。

⑭ 钱理群:《鲁迅与当代中国》,北京大学出版社 2017 年版,第 65 页。

⑮ 朱崇科:《鲁迅小说中的话语形构》,中山大学出版社 2017 年版,第 55 页。

鲁迅小说《离婚》的还原式解读

赵献涛

言人人殊的鲁迅小说《离婚》，对之进行还原式解读就是从发生学的角度推求原始，探寻这篇小说发生的起点，从而洞达这篇小说的本原。

“还原”的要义，是返回历史存在的原点，直接面对原始经典，将之视为古代智者的生命痕迹，从历史现场上窥探智者的人生、人性、人心，叩问“你是谁?”“为何把书写成这个样子?”“书的字里行间存在着何种生命基因和文化密码?”因而这个诸子还原系列的深处，隐藏着“以史解经典”“以礼解经典”“以生命解经典”的方法论。①

学习这种还原式解读经典作品的方法，笔者将《离婚》放在其赖以产生的历史现场中“以史解经典”，察看历史事件如何刺激了鲁迅生成这篇小说，并开展因迹求心的工作，“以生命解经典”，借以窥探鲁迅的生命痕迹。

鲁迅创作《离婚》的1925年11月的这一段时期，正是他与现代评论派陈西滢诸人因为女师大风潮而论战正酣的时期。将《离婚》与创作这篇小说之前的《华盖集》杂文对照着看，就会发现《离婚》在素材来源、人物形象以及思想主题上与女师大风潮期间鲁迅和现代评论派论争存在着微妙的互文关系。

一、素材来源上的相关

虽然爱姑离婚与女师大风潮风马牛不相及，但两者确实存在着一种渊源的关系，即《离婚》素材来源的一部分是女师大风潮。

《离婚》里的施家“小畜生”“着了那婊子的迷”，要赶爱姑出去，但爱姑赌气要闹得施家家败人亡、走投无路，于是施家就采取请客送礼的方式贿赂中人慰老爷。这个情节，小说里有这么一段对话：

> “可是我听说去年年底施家送给慰老爷一桌酒席哩，八公公。”蟹壳脸道。
>
> “那不碍事。”汪得贵说，“酒席能塞得人发昏么？酒席如果能塞得人发昏，送大菜又怎样？他们知书识理的人是专替人家讲公道话的，譬如，一个人受众人欺侮，他们就出来讲公道话，倒不在乎有没有酒喝。去年年底我们敝村的荣大爷从北京回来，他见过大场面的，不像我们乡下人一样。他就说，那边的第一个人物要算光太太，又硬……。”②

这种情节可能来源于现实生活中的离婚事件，因为现实生活中难免发生矛盾一方贿赂调解人的事情，但这种情节更加可能来源于鲁迅对手——杨荫榆和现代评论派诸人的所作所为，熟悉鲁迅与现代评论派论战的读者不难发现这个情节是在影射杨荫榆她们。

1925年5月7日下午，杨荫榆在西安饭店召集若干教员宴饮，阴谋迫害反对她的学生。5月9日，杨荫榆假借评议会名义开除了女师大学生自治会职员六人，这就是鲁迅在《华盖集》中一直愤慨不已的“开除学生的饭局”。5月21日杨荫榆再次在饭店召开会议，“兹定于(月之二十一日)下午七时，由校特请全体主任专任教员评议会会员在太平湖饭店开校务紧急会议，解决种种重要问题。”③这样一种行为为鲁迅所愤慨，鲁迅在杂文中屡屡提及，予以嘲讽：

而且不但不放,还趁"五七"之际,在什么饭店请人吃饭之后,开除了六个学生自治会的职员,并且发表了那"须知学校犹家庭"的名论。④

中国各处是壁,然而无形像"鬼打墙"一般,使你随时能"碰"。能打这墙的,能碰而不感到痛苦的,是胜利者。——但是,此刻太平湖饭店之宴已近阑珊,大家都已经吃到冰其淋,在那里"冷一冷"了罢……。

我于是仿佛看见雪白的桌布已经沾了许多酱油渍,男男女女围着桌子都吃冰其淋,而许多媳妇儿,就如中国历来的大多数媳妇儿在苦节的婆婆脚下似的,都决定了暗淡的运命。

我吸了两支烟,眼前也光明起来,幻出饭店里电灯的光彩,看见教育家在杯酒间谋害学生,看见杀人者于微笑后屠戮百姓,看见死尸在粪土中舞蹈,看见污秽洒满了风籁琴,我想取作画图,竟不能画成一线。连自己也侮蔑自己起来。⑤

明白乎此,小说《离婚》中"那边的第一个人物要算光太太,又硬……"这句话中所言的北京城里的光太太,笔者大胆地假设,就是影射杨荫榆的。杨荫榆在女师大学潮中不但采取宴请教员的方式召开紧急会议解决种种问题,而且对付学生发表的宣言和采取的措施都极其强硬,如关于1925年5月7日演讲会的情形,当时杨荫榆"强以校长名义,悍然登台为主席,事前不听自治会各部职员之婉劝,致有当场激动学生公愤,稍起冲突之事",而杨即"厉声呼曰'叫警察'"。《离婚》中"又硬……"之后省略的可以揣测为"又臭"。将历史事实和小说进行对照,可以断定《离婚》中的"以请客送礼方式贿赂中人"这一情节来源于正在进行的女师大风潮。创作的时候不能完全忘掉实际生活刺激的鲁迅,信手拈来将它们吸收到小说中去,以小说的形式呼应对现代评论派的斗争。

表 1 《离婚》情节与女师大风潮比较表

甲　方	乙　方	事　件	支持甲方者	支持乙方者
杨荫榆、章士钊	女师大学生	反对杨荫榆为校长	陈西滢等现代评论派	鲁迅等
施家父子	爱姑	爱姑抗议施家父子离婚失败	七大人、慰老爷	庄木三等

情节设计上的这种近似，更加印证了笔者的观点，即《离婚》的素材来源、灵感起点是现实生活中正在进行的女师大风潮。中国文学里自古就有借男女爱情、婚姻表达政治观点的文学传统，婚姻题材的小说《离婚》借爱姑反抗的失败，表层意义是批判调解者七大人、慰老爷貌似公允实则偏袒的立场，深层意义是借此批判鲁迅在女师大风潮中遭遇的现代评论派他们貌似公允实则偏袒的立场，这就是小说《离婚》的政治密码。

二、人物塑造上的暗合

以人物对话的方式来开头的小说《离婚》显然模仿翻译小说《毒蛇圈》的开头方式，严格说来算不上一篇经典的作品，因为鲁迅在这篇小说里，虽然在部分段落里通过现在时的人物对话交代了故去的事情，但整体上却是按照生活的时间顺序讲叙了一个完整的故事，并没有将故事转化为情节；更加主要的原因是人物形象不够典型，无论是爱姑还是七大人，都难以达到典型环境中的典型人物“这一个”的高度。

小说的主人公与其说是爱姑，不如说是七大人。在描写爱姑上，鲁迅放弃了相貌描写，放弃了他曾经主张并在以前小说中多次付诸实践的“要极省俭的画出一个人的特点，最好是画他的眼睛”的手法，所以读者在小说中看不到爱姑的衣着相貌，看不到像祥林嫂那样“眼珠间或一轮，还可以表示她是一个活物”的眼睛。与之相反，七大人却得到鲁迅绘声绘色的描画：首先是船上的人谈论七大人,给读者未睹其人、先闻其名的感觉,也给读者山雨欲来风满楼的感觉;其次是爱姑在客厅里见到七大人后,鲁迅对他展开了浓墨重彩的相貌描写、动作描写和语言描写:

虽然也是团头团脑,却比慰老爷们魁梧得多;大的圆脸上长着两条细眼和漆黑的细胡须;头顶是秃的,可是那脑壳和脸都很红润,油光光地发亮。[⑥]

"这就是'屁塞',就是古人大殓的时候塞在屁股眼里的。"七大人正拿着一条烂石似的东西,说着,又在自己的鼻子旁擦了两擦,接着道,"可惜是'新坑'。倒也可以买得,至迟是汉。你看,这一点是'水银浸'……。"[⑦]

通过细致入微的描写,言语虽然不多的七大人给读者留下了深刻的印象。除了描写篇幅所占比重大于爱姑之外,七大人还是决定整个故事发展的关键人物,他的直接出场使得情节发展出现了逆转,所以说七大人应该是小说的主人公。七大人及其周围慰老爷这些人物,有着现代评论派"正人君子"的影子,他们具有共同的特征,即自诩所言所论为公道话,实际上却偏袒邪恶势力。

七大人是最爱讲公道话的,你们也知道。现在七大人的意思也这样:和我一样。可是七大人说,两面都认点晦气罢,叫施家再添十块钱:九十元![⑧]

七大人、慰老爷这些人物貌似公允、实则偏袒的立场,与现代评论派在女师大风潮中的态度和立场基本上一样,鲁迅在《华盖集》里一再对此表示愤慨:

我幼时虽曾梦想飞空,但至今还在地上,救小创伤尚且来不及,那有余暇使心开意豁,立论都公允妥洽,平正通达,像

"正人君子"一般;[⑨]

此后又突然遇见了一些所谓学者,文士,正人,君子等等,据说都是讲公话,谈公理,而且深不以"党同伐异"为然的。[⑩]

清朝的县官坐堂,往往两造各责小板五百完案,"偏袒"之嫌是没有了,可是终于不免为胡涂虫。假使一个人还有是非之心,倒不如直说的好;否则,虽然吞吞吐吐,明眼人也会看出他暗中"偏袒"那一方,所表白的不过是自己的阴险和卑劣。宣言中所谓"若离若合,殊有混淆黑白之嫌"者,似乎也就是为此辈的手段写照。[⑪]

况且,即使是自以为公平的批评家,"偏袒"也在所不免的,譬如和校长同籍贯,或是好朋友,或是换帖兄弟,或是叨过酒饭,每不免于不知不觉间有所"偏袒"。这也算人情之常,不足深怪;但当侃侃而谈之际,那自然也许流露出来。然而也没有什么要紧,局外人那里会知道这许多底细呢,无伤大体的。[⑫]

但是,世上虽然有斩钉截铁的办法,却很少见有敢负责任的宣言。所多的是自在黑幕中,偏说不知道;替暴君奔走,却以局外人自居;满肚子怀着鬼胎,而装出公允的笑脸;[⑬]

使我较为感到有趣的倒是几个向来称为学者或教授的人们,居然也渐次吞吞吐吐地来说微温话了,什么"政潮"咧,"党"咧,仿佛他们都是上帝一样,超然象外,十分公平似的。谁知道人世上并没有这样一道矮墙,骑着而又两脚踏地,左右稳妥,所以即使吞吞吐吐,也还是将自己的魂灵枭首通衢,挂出了原想竭力隐瞒的丑态。丑态,我说,倒还没有什么丢人,丑态而蒙着公正的皮,这才催人呕吐。[⑭]

向来反对借小说进行人身攻击的鲁迅,并不反对将实实在在的某人写进小说中去:"但小说里面,并无实在的某甲或某乙的么?并不是的。倘使没有,就不成为小说。纵使写的是妖怪,孙悟空一个筋斗十万八千里,猪八戒高老庄招亲,在人类中也未必没有谁和他们精神上相像。有谁相像,就是无意中取谁来做了模特儿,不过因为是无意中,所以也可以说是谁竟和书中的谁相像。"[15]实实在在的某人作为模特进入小说,就成为一种人的代表、化身:"他一进小说,是有代表一种人物的资格的;……然而纵使谁整个的进了小说,如果作者手腕高妙,作品久传的话,读者所见的就只是书中人,和这曾经实有的人倒不相干了。"[16]鲁迅多年以后在《〈出关〉的"关"》中自我陈述的创作经验适用于《离婚》的创作:现代评论派作为"代表一种人物的资格"进入了小说的艺术世界里,变身为他们精神上的相像者七大人,因为作者艺术手腕高妙,以至于今天我们读《离婚》所见的只是书中的七大人等,而根本想不起他们与现代评论派的关系了。

三、主题思想上的呼应

《离婚》的主题众说纷纭:或以为主旨在于体现那个时期面对婚姻问题、妇女解放问题的困惑[17],或认为是鲁迅脱离"精英"群体回归"大众"怀抱的告别宣言[18],或主张"作品表现出对民国标榜为民主共和现代社会治理体系的严重不满,呼吁社会各界应该共同努力,建设一个能够护国民个体权利不受非法侵犯,全心全意为人民服务的社会治理体系"[19]笔者以为既然爱姑不是小说的主人公,主题就不应该从爱姑的言语行为上去提炼,而应该从小说主人公的七大人身上去提取。七大人是知书识理的人,是平民百姓认为主持公道的人,实际上却是偏袒一方的人,鲁迅在这里思考的问题是对所谓公道话、公平话的怀疑与质问,知识未必是正义,知识往往与权力共谋。

《离婚》中"公道话"一共出现了3次,知书识理出现了4次,如:

> 当工人搬出年糕汤来时,爱姑不由得越加局促不安起来了,连自己也不明白为什么。"难道和知县大老爷换帖,就不说人话么?"她想。"知书识理的人是讲公道话的。我要细细地

对七大人说一说，从十五岁嫁过去做媳妇的时候起……。”[20]

“七大人是知书识理，顶明白的；”她勇敢起来了。“不像我们乡下人。我是有冤无处诉；倒正要找七大人讲讲。”[21]

“我知道那是有缘故的。这也逃不出七大人的明鉴；知书识理的人什么都知道。他就是着了那滥婊子的迷，要赶我出去。我是三茶六礼定来的，花轿抬来的呵！那么容易吗？……我一定要给他们一个颜色看，就是打官司也不要紧。县里不行，还有府里呢……。”[22]

“公道话”一词的反复出现，说明它是鲁迅关注的重心所在。小说通过爱姑离婚失败的故事，说明了当时世界上没有真正的公道；平民百姓追求的公道，最终是难以实现的；所谓的公道是一种威严下的欺骗和逼迫，是一种戴着面具的偏袒。《离婚》小说里表达的这种思想在《华盖集》里得到了反复的表达。

正无须乎我来为“被压迫者”说什么“公平话”。即使说，人们也未必尽相信，因为“在这样的社会里”，有些“公平话”总还不免是“他或她的酒饭”填出来的。不过事过境迁，“酒饭”已经消化，吸收，只剩下似乎毫无缘故的“公平话”罢了。[23]

而独有中国人，则市民被杀之后，还要皇皇然辩诬，张着含冤的眼睛，向世界搜求公道。[24]

倘有敌人，我们就早该抽刃而起，要求“以血偿血”了。而现在我们所要求的是什么呢？辩诬之后，不过想得点轻微的补偿；那办法虽说有十几条，总而言之，单是“不相往来”，成为“路人”而已。虽是对于本来极密的友人，怕也不过如此罢。

然而将实话说出来，就是：因为公道和实力还没有合为一体，而我们只抓得了公道，所以满眼是友人，即使他加了任意的杀戮。

如果我们永远只有公道,就得永远着力于辩诬,终身空忙碌。[25]

对所谓公理、公道的反思是鲁迅创作《离婚》之后一直思考的一个问题,这种思考表现在《华盖集》和《华盖集续编》里。《离婚》属于《华盖集》的精神谱系。《离婚》产生的现实语境是女师大风潮,在此风潮中鲁迅发现的现代评论派标榜的公道、公理的虚伪性的这一认识反映在了小说《离婚》之中,并成为小说的主题思想。

女师大风潮的历史事件渗透于鲁迅创作的艺术思维中,使他创作出了桀骜不驯但最终畏惧于七大人的威权而反抗失败的爱姑形象,创造出了七大人这样满嘴公允话而抹杀正义的人物。"书是人写的,有人的生命痕迹。"[26]《离婚》是在女师大学潮这样的历史语境中生成的,与鲁迅其他表现女性命运的小说如《明天》《祝福》《伤逝》等不同,正在进行的并且身在其中的历史事件女师大风潮是刺激鲁迅艺术构思的原始推动力,这个事件中发生的事情以及"感同身受"经历的人物较多地转化成文学元素进入小说虚构的世界中。如果将《离婚》仅仅看做一部表现女性命运的小说,就难以真切地进入历史语境与鲁迅的生命痕迹之中。如果说以前鲁迅表现女性命运的小说体现的是他这一创作主体站在一定的距离之外去客观地反思女性命运的话,那么《离婚》则更多地是他将身处其中的历史情境、现实遭遇艺术化的结果。小说《离婚》表达和呼应了《华盖集》杂文中的思想,是一种杂文的小说化,即借小说的外衣包含的是杂文的灵魂,与《华盖集》存在着更多的血肉联系。小说《离婚》与《华盖集》同枝异花,都是身处女师大风潮中鲁迅的生命的投射与洋溢。总而言之,现实的政治事件刺激《离婚》的产生,小说《离婚》以曲折的方式参与现实政治斗争,表达出一种让读者认清调解者真实面貌、丑陋灵魂的思想,由此及彼地让读者认清现实生活中现代评论派的真实面貌、丑陋灵魂,从而指导现实斗争。《离婚》与《华盖集》杂文具有紧密的互文性。

(河北工程大学文学院)

注释

①㉖ 杨义:《作为方法的还原》,2016 年 6 月 22 日《中华读书报》。

②⑥⑦⑧⑳㉑㉒ 鲁迅:《离婚》,《鲁迅全集》第 2 卷,人民文学出版社 2005 年版(本文所引各卷皆此版,不另注),第 148—158 页。

③ 国立女子师范大学启,转引自鲁迅《"碰壁"之后》,《鲁迅全集》第 3 卷,第 71 页。

④⑤ 鲁迅:《"碰壁"之后》,《鲁迅全集》第 3 卷,第 69 页,第 72—73 页。

⑨⑩ 鲁迅:《华盖集·题记》,《鲁迅全集》第 3 卷,第 3—4 页。

⑪⑫⑬ 鲁迅:《并非闲话》,《鲁迅全集》第 3 卷,第 77—78 页。

⑭ 鲁迅:《答 KS 君》,《鲁迅全集》第 3 卷,第 111 页。

⑮⑯ 鲁迅:《〈出关〉的"关"》,《鲁迅全集》第 6 卷,第 518—519 页。

⑰ 肖涛:《困顿中的挣扎与无奈——再论鲁迅及其小说〈离婚〉》,《塔里木大学学报》2005 年第 2 期。

⑱ 刘冬梅、宋剑华:《〈离婚〉:"精英"与"庸众"的直接对话》,《河北学刊》2017 年第 4 期。

⑲ 杨森、杨红军:《鲁迅〈离婚〉主题的再思考》,《鲁迅研究月刊》2019 年第 9 期。

㉓ 鲁迅:《并非闲话(二)》,《鲁迅全集》第 3 卷,第 125 页。

㉔㉕ 鲁迅:《忽然想到(十至十一)》,《鲁迅全集》第 3 卷,第 88—89 页。

论鲁迅处理“神话”和“传说”题材之异同

——以女娲、羿、禹的形象刻画为例

梁清采

鲁迅的《故事新编》共收录8篇作品，以创作时间来排序依次为：《补天》(1922)、《铸剑》(1926)、《奔月》(1926)、《非攻》(1934)、《理水》(1935)、《采薇》(1935)、《出关》(1935)、《起死》(1935)。鲁迅在《南腔北调集·〈自选集〉自序》中言，这八篇作品乃是“神话、传说及史实的演义”①。他也在《故事新编》的序言中道出其创作手法为“叙事有时也有一点旧书上的根据，有时却信口开河”，并不是“博考文献，言必有据”，而是“只取一点因由，随意点染”。②若将这八篇作品的创作来源仔细划分，会发现取材于神话传说题材的有《补天》《奔月》《理水》和《铸剑》。其余的篇章《采薇》《出关》《非攻》和《起死》则来源于历史题材和诸子学说。

一、鲁迅对“神话”与“传说”的定义

虽然“神话传说”在学术界常常被归纳成同一概念来论述，不过在鲁迅的观念中这两者存在着性质定位上的差异。鲁迅在几篇文章中有提到神话与传说的起源：

原始民族，穴居野处，见天地万物，变化不常——如风屯雨、地震等——有非人力可捉摸抵抗，很为惊怪，以为必有个主宰万物者在因之拟名为神；并想象神的生活、动作，如中国

有盘古开天辟地之说，这便成功了“神话”。[③]

迨神话演进，则为中枢者渐近于人性，凡所叙述，今谓之传说。传说之所道，或为神性之，或为古英雄，其奇才异能神勇为凡人所不及，而由于天授，或有天相者，简狄吞燕卵而生商，刘媪得交龙而孕季，皆其例也。此外尚甚众。[④]

在鲁迅看来，神话与传说还是有区别的。原始民族对于无法解释的自然现象产生敬畏之心，认为万物皆有神明主宰，并以想象力赋予神明超乎现实的能力。因此，神话就是这种想象下的产物，也是原始先民对于世界起源、自然现象的原始理解。而在神话的流传过程中，“神性”渐渐消退而变得“渐近于人性”，传说就是神话的“演进之后”，是上古人类对杰出人物及其功业加以神化解释的产物。鲁迅在《中国小说的历史变迁》中提过神话至传说，传说至小说的发展脉络：“从神话演进，故事渐近人性，出现的大抵是‘半神’……这些口传今人谓之传说。由此再演进，则正事归为史，逸史则变为小说了。”

鲁迅在《中国小说史略》中论及神话时，以女娲炼石补天为例：“天地，亦物也。物有不足，故昔者女娲练五色石以补其阙，断鳌之足以立四极。”尔后，他再分析神话渐渐趋向“人性”之演变：“迨神话演进，则为中枢者渐近于人性，凡所叙述，今谓之传说”，并以《淮南子》对羿与嫦娥之记载为例：“尧乃使羿，上射十日而下杀猰貐……羿请不死之药于西王母，姮娥窃以奔月……”[⑤]透过鲁迅的论述及其所引用之例子，我们得知在他的思路中，女娲炼石补天的事迹为神话，羿射九日和嫦娥奔月则是传说。若将《故事新编》中的创作题材再进一步仔细划分，只有《补天》取材于神话，而《奔月》《理水》《铸剑》则是在传说的框架上改写的。鉴于鲁迅对“神话”与“传说”的定义有所区别，因此，他在创作《故事新编》的小说时所采用的表现手法、创作之意蕴、情节上的处理，是否有着微妙的差异？而这几篇以神话传说为题材的小说，共同性又是什么？这些都是我们阅读《故事新编》时所要思索的问题。

二、鲁迅以“神话”与“传说”取材的小说之共同性

有的学者认为,《故事新编》这几篇取材于神话传说的小说,其共同性就在于突现“初民之本色”,故事主角都具有“民魂”,即“中国的灵魂”的民性。[⑥]鲁迅在《破恶声论》中言,神话孕育着各国及各民族不同的民性:“古则有印度希腊,近之者则东欧北欧诸邦,神话古传以及神物重言之丰,他国莫与并,而民性亦瑰奇渊雅,而贩诸殊方,则念古民神思之穷,有足愧尔。”[⑦]各国的神话传说都寄寓着该民族的世界观与人性观,人们所向往的美好人格、特殊能力,都倾注于所想象出来的神话人物中,并以天马行空的表现手法创造出充满神性之人物。《故事新编》的人物角色取材于神话传说,鲁迅在塑造他们的形象时,与“凡人小说”的处理手法略有不同。

鲁迅以现实题材来书写的作品有《阿Q正传》《狂人日记》《祝福》等,在他笔下所塑造的阿Q、狂人、祥林嫂等人物都暴露出民族的劣根性,突现民心之弱点。可是,在鲁迅的内心深处,始终还是对自己的民族有着期待值。他曾经在《中国人失掉自信力了吗》一文中言:“我们从古以来,就有埋头苦干的人,有拼命硬干的人,有为民请命的人,有舍身求法的人……虽是等于为帝王将相作家谱的所谓‘正史’,也往往掩不住他们的光耀,这就是中国的脊梁。”[⑧]鲁迅这段话,表示他对自己的民族有过肯定,从古到今都有贤能之士担当起民族之脊梁。鲁迅始终没有放弃追寻中国人的“民魂”,《故事新编》所创作的几篇小说除了以神话传说来提炼故事主轴,也通过人物的塑造来带出中国人的“初民之本色”。《补天》中抟土造人、炼五色石补天的女娲、《奔月》中“射日英雄”后羿、《理水》中“治水抗洪”的大禹,都被鲁迅刻画成形象较为正面的人物,体现出“中国脊梁”的民性优点。反观《出关》《采薇》《起死》等以历史题材为灵感的作品,主要人物孔子、庄子、伯夷、叔齐

都是以颠覆传统兼反面的形象出现。这批历史人物在鲁迅的笔下成了被批判和嘲弄的对象，对比之下，鲁迅对神话传说题材的处理方式始终保留了民族精神品质。

三、鲁迅对“神话”和“传说”人物处理之差异

前文有提到，鲁迅对于“神话”与“传说”的概念是存在分界线的。那在《故事新编》中以神话传说为题材的小说，所呈现的创作现象是否也有些微的迥异之处呢？鲁迅会不会因为“神性”和“人性”始终有分别，而选择不一样的情节铺垫或人物刻画的呈现？笔者不揣浅陋，尝试透过《补天》《奔月》《理水》辨析鲁迅笔下对神话和传说题材的处理方式，是否有性质上的区别。

（一）《补天》中的女娲——始终如一之“神性”

在《故事新编》中，严格来说《补天》是唯一选用神话人物作为故事主人翁的作品。内容以女娲补天炼石为基础框架，将现实社会的混乱、弊病包裹在“神话”的外衣之内，传达了个体生命之于现实社会的质疑与批判意识。鲁迅笔下的女娲，灵感来自古籍中的神话记载。早在先秦时期《山海经·大荒西经》就有载：“有神十人，名曰女娲之肠，化为神，处栗广之野，横道而处。”[9]（郭璞注：“女娲，古神女而帝者，人面蛇身，一日中七十变。）而女娲“抟土造人”之说则较为完整地记载于《太平御览》卷七八，引《风俗通》，云：“俗说天地开辟，未有人民；女娲抟黄土作人，剧务力不暇供，乃引绳于泥中，举以为人。故富贵者黄土人也；贫贱凡庸者絙人也。”《淮南子·览冥篇》也有言：“往古之时，四极废，九州裂，天不兼复，地不周载……于是女娲炼五色石以补苍天……冀州平，狡虫死，颛民生。”[10]传说在上古时期，祝融和共工争斗不休，导致不周山崩塌，大地倾斜，洪水泛滥。女娲用五彩石补天，用鳌足支撑天地，杀黑龙赈济冀州百姓，用芦灰封堵洪水。此外，鲁迅在《神话与传说》一文中论及神话时，也评述了《列子·汤问》对于女娲的书写。他发挥其“只取一点因由，随意点染”的写作功力，利用女

娲被神话创造者所赋予的丰富的神性,创作了《补天》这一作品。

他曾经在《故事新编·序言》里道出创作《补天》的主旨:"不过取了弗罗特说,来解释创造——人和文学的——缘起。"依此判断,《补天》是鲁迅以中国神话为依托,演绎印证弗洛伊德学说,或者以弗洛伊德学说考证中国神话。小说的情节铺排和人物形象的刻画蕴含着鲁迅的匠心及意蕴。本节着墨评述的,是鲁迅如何以内容的构思打造"神性"和"人性"的边界感。

《补天》中的女娲,为了排遣无聊而随手抓起泥巴创造人类:"伸手掬起带水的软泥来,同时又揉捏几回,便有一个和自己差不多的小东西在两手里……这是伊第一回在天地间看见的笑,于是自己也第一回笑得合不上嘴唇来。"鲁迅在小说中重新还原古籍中女娲抟土造人的情景,此刻的女娲身份是创世之神,是孕育人类的母亲。前文已提到,《山海经·大荒西经》载:"有神十人,名曰女娲之肠",有关女娲之名的初始文化内涵,其中一种说法是女娲的"娲"字是个原始的象形文字,象征着生殖器的形状,属于远古时期的生殖崇拜。[11]先秦时期的古人对人体缺乏了解,认为婴儿是在肠道里孕育的。因此,女娲也被视为"生育女神"。《说文解字》对"娲"字的解释为:"娲,古之神圣女,化万物者也。"她化生万物中的一个重要内容是化生人类,表现出她巨大的繁殖能力。女娲身上被赋予的生殖观念在新石器时代早期就已经萌芽。在神话中,女娲是人类的创造者,其始祖神的地位在神话时代就已经确立起来了。[12]鲁迅在小说中始终让女娲处于始祖神的地位,没消解她的"神性",她能化育万物,创造人类,是一个充满无限生殖力的生育之神,这一能力只有具备"神性"的神灵才做得到。

天崩地塌后,女娲看见了之前自己制造的"小东西",突然变成"怪模怪样的已经都用什么包了身子,有几个还在脸的下半截长着雪白的毛毛了",祈求她救命并赐仙药。"贪生怕死"乃人之天性,凡夫俗子最令人觉得讽刺的是,为了显示自己有文化素养而生硬创造一些礼教束缚着自身的欲望,但到了生死关头就会打回原形，始终不能将生死看淡，为了“求生”而无所不用其极。

女娲自始至终都为了解救人类脱离苦难而献身。当天裂开时，她日日夜夜堆芦柴、寻找青石补天。可是，她一手创造的人类却丝毫不知感恩，嘴里说着佶屈聱牙的“尚书体”语言，且以道学礼仪指责女娲：“裸裎淫佚，失德蔑礼败度。”创世之神女娲的贡献精神始终如一，而被创造出来的人类却走上了严重背离自然的异化道路，“神性”之崇高与“人性”之矫情虚伪，在这一环节中被刻画得淋漓尽致。可悲的是，当女娲因过劳而死后，这群伪君子却毫无悲恸之意，还在女娲大体的肚皮上扎了寨，标榜自己是女娲的嫡派，自我冠上“女娲氏之肠”的旗号，进行无休止的权力争斗。

《补天》寄寓了鲁迅对中国传统文化的深刻批判，以及对人性违背自然的谴责。女娲因为“无聊”而用泥土创造了人类，这让她寻找到自身的快乐，而追求快乐正是自然之天性。“神性”之快乐直接而纯粹，并无糅合其他杂质。反观人类被创造出来后，并不能与大自然、与同族人和谐共处，“人性”之快乐掺杂了太多欲望，硬是违背自然，在自身创建的文化系统中逐渐背离人性之善，在各种邪念欲望的驱使下钩心斗角，行杀伐抢掠之事，破坏了自然之道。优良传统文化的衰萎与败坏，是人类自身的恶念造成的。《补天》中人类那各种乖离忤逆的行径，实际上是鲁迅想借此讽喻看似越趋进步的社会，其实道德良知越趋沦亡。自古以来，多少人类以礼教之名、宗教之义，树立自己的极端主义并借此兴风作浪？以礼教和虔诚为由巧立各种名目，在这层外衣的庇护下肆无忌惮的行封建庸俗之事。以宗教为例，在人类文明中，许多“伟大的宗教”都创造了历史，借神明的“旨意”血洗大地。而世界上崇拜大自然、生活较为原始的部落，虽然从未打造过一个帝国，甚至从未有过政治、经济和民族主义架构，但他们始终与自然和环境和谐共存。如果宗教要在我们的现代民主社会中发挥重要作用，它必须恢复其自然和简单的信仰状态，不违背“自然”，才能让人类的生命生生不息。

(二)《奔月》中的羿——“超凡”却不能“脱俗”之英雄

前文有提到,鲁迅对于“传说”的看法是:“迨神话演进,则为中枢者渐近于人性,凡所叙述,今谓之传说。传说之所道,或为神性之,或为古英雄,其奇才异能神勇为凡人所不及……”根据鲁迅的说法,传说人物既有“神性”,也“近于人性”。传说中的主角往往是天赋异禀、拥有奇才异能的英雄人物,既然具有“人性”,当然也会有人类的七情六欲。所谓“人生”,必定是由一连串高潮起伏、得意失意的经历拼凑而成的。于是,我们能看到鲁迅笔下的英雄人物,即使“超凡”,却不能“脱俗”。《奔月》中的羿和《理水》中的大禹作为这两个故事中的主要人物,都退去了神性的光环,回归到现实生活经历着凡人所苦、凡人所痛、凡人所恼。

古籍中的羿在神话传说中都被塑造成英雄的形象。《山海经·海内经》载:“帝俊赐羿彤弓素矰,以扶下国,羿是始去恤下地之百艰。”[13]《淮南子·本经训》对羿的描述是:“逮至尧之时,十日并出,焦禾稼,杀草木,而民无所食……尧乃使羿诛凿齿于畴华之野,杀九婴于凶水之上,缴大风于青邱之泽,上射十日,而下杀猰貐……”[14]古书上凡是称引后羿时都是以他的“善射”为贯串。胡念贻在《关于后羿的传说》一文中提到,后羿是古代劳动人民创造出来的艺术形象。后羿的功绩,就是古代劳动人民的力量所完成的事业,或者是希望完成的事业。如对于旱灾风灾的征服等。纵使羿真有其人,故事中羿的形象,都是古代劳动人民创造出来的。他就是一个艺术的概括形象,在人民的传颂中成了强而有力的神。[15]而在鲁迅的想法中,羿并不是神,他是传说中神勇的英雄人物。于是在《奔月》中,鲁迅赋予了羿和他的妻子嫦娥更多的“人”的个性特征,将现实生活的材料融入故事中,也写出了羿作为一个普通人的最本真、最朴素的人性。

《奔月》中的羿不再是传说中有着神勇风姿的英雄人物,即使是百步穿杨的神射手,也已没落到无用武之地的窘况。他所身处的世界,食物已被他“射得遍地精光”,只能以乌鸦做菜,惹得妻子嫦娥心生怨怼:“又是乌鸦的炸酱面,又是乌鸦的炸酱面!……我真不知道是走了什么运,竟嫁到这里来,整年的就吃乌鸦的炸酱面!”羿与嫦娥所经历的,就是平常老百姓为柴米油盐而愁苦的凡人生活;妻子会埋怨日子过得不如人意,丈夫会因为自己的无能而心存愧疚,也会因妻子的咄咄逼人而惶恐不安。传说中的鹣鲽情深、琴瑟和谐,在鲁迅的笔下被转化成写实的夫妻生活,嫦娥因现实的压迫,对丈夫羿的爱情早已消磨殆尽,最终偷吃仙药,抛弃了羿独自升天,让羿感觉“自己一个人被留在地上了”。

除了婚姻的失败,羿在人际关系中也诸多不顺。他的社会地位甚至不如叛徒逄蒙,因误射了老婆子的母鸡而被当场羞辱,被讥讽为硬抢逄蒙功劳、“好不识羞”。而轻薄卑劣之徒逄蒙者以为羿已不能再战,于是乘机落井下石,想踏着死尸爬上来。最终羿给了他有力的一击,并无情地揭露了他的丑恶嘴脸,但也让羿感叹:“偏是谋生忙,便偏是多碰到些无聊事。”鲁迅将羿塑造成一个在现实生活中挣扎求存的末路英雄,羿在传说中是拥有着奇才异能的大人物,但在鲁迅的小说中不再刚勇无比和高不可攀,而是愁凡夫俗子之愁,苦现实生活之苦。鲁迅让这些英雄以落魄潦倒的凡人形象出现,借以衬托出“神性”的消退,并还原他们真实的“人性”。一个英雄人物,他并不是任何时候都彰显出英雄本色,当现实生活找不到让他施展能力的舞台,英雄的气场也逐渐在柴米人生中消磨殆尽。鲁迅就是想要带出一个讯息:英雄也是“人”,既然是“人”,那就必须经历凡人之苦,也逃离不了俗人之庸俗。芸芸众生就是如此这般过人生,英雄也不例外。

我们尝试换位思考,探讨鲁迅当初的创作意蕴。为何传说中令人敬仰的英雄会在他的笔下活得这么狼狈不堪?他在《故事新编》的序言曾记述了自己创作时的精神状态:“一个人住在厦门的石屋里,心里空空洞洞……于是拾取古代的传说之类,预备组成八则《故事新编》。”鲁迅作为“五四运动”新文学阵地的领导人物,致力于打破封建文化的窠臼,但这种思维革新的使命,仅靠少数人的觉醒是无法改变现实局面的,力量单薄的他对此深感无奈和悲哀。《奔月》的羿具备成为英雄的能力,却找不到适合的平台让他发挥所长,羿的挫败感,其实就是鲁迅自身的心理折射。对神话的重新诠释,就是鲁迅"寓心声于故事"的一种表现手段。

(三)《理水》中的禹——"公"与"私"难以平衡之英雄

另一篇以传说题材改造而成的《理水》,鲁迅选择了大禹治水的事迹为小说的主轴,是因为大禹是中华民族的始祖之一,在神话传说中赫赫有名。在《诗经》的记载中,大禹是商代以前唯一的帝王。在春秋战国时期所盛行的黄帝、尧舜的传说,在《诗经》中却难觅其踪。因此,周代的人认为最古老的人王就是大禹,这个像神一般存在的人开辟了大地、整治了山川,功绩显赫。《史记·夏本纪》有载:"夏禹,名曰文命。禹之父曰鲧,鲧之父曰帝颛顼……鲧之治水无状,乃殛鲧于羽山以死。天下皆以舜之诛为是。于是舜举鲧子禹,而使续鲧之业……禹乃遂与益、后稷奉帝命,命诸侯百姓兴人徒以傅土,行山表木,定高山大川……于是天下皆宗禹之明度数声乐,为山川神主。"[16]《史记》中有关禹的记载,是具有神力、能够治理山川、平息洪水的英雄人物和远古先王。

从历代的古籍中,我们发现禹既存在于创世神话中,也存在于治水传说中。袁小云在《〈诗经〉中的神话解读》一文中说:"大禹最初是上帝派遣到人间治理水土山川的天神,但随着春秋战国时期战争频繁,人们意识到天神只是存在于信仰中的虚幻,只有人间的圣王方能解救礼崩乐坏的世界。因而,对于大禹,人民更乐意将他塑造为一位治理水、划分九州、为民造福的圣王形象。于是,大禹的形象逐渐退却了神性走向人性。从原先的山川大地之神转化为治理洪水的英雄人物、开国君主。"[17]大禹的形象从"神"过渡到"人",这一演化过程其实也是人们在现实生活中对于"圣王"之向往。具有"神性"的大禹只活在人类的信仰中,或许能给予大家的只有心灵的慰藉;但具有"人性"的贤能之王,能在现实生活中拯救百姓于水深火热中。不再执着于追求虚幻的神化形象,而是选择英雄形象的大禹来崇拜，也是人类智慧提升的表现。

根据鲁迅对于“传说”的定义，大禹是属于“神话演进，近乎人性”的人物。《故事新编》中的《理水》，故事主干为禹奉帝命治水。鲁迅利用禹的圣王形象，衬托出故事中形形色色的庸俗人性。这篇小说的信息量庞大，人性的弱点和劣根性被刻画得淋漓尽致，各阶层的人都被鲁迅调侃讽刺了一番。文人学者迂腐又自大，不为民生发声，只懂得对领导阶层阿谀奉承。官僚政客则大多数是贪污腐朽之流，愚蠢固执。当禹想要变革，提出用“导”的方式解决洪水问题，那些官员们却故步自封，提倡继续使用“湮”的方法，而且还提出“三年无改于父道，可谓孝矣”之类陈腐的理由。鲁迅借这群华而不实又腐败的官员，讽刺了当今种种迂腐的立场观点。普通的黎民百姓也是劣根性难改，除了爱看热闹不嫌事大，也习惯性被官府压迫不懂得反抗，只懂得一味奉承，明哲保身。

禹在《理水》中的形象，近似于鲁迅所向往的“民族的脊梁”，其实干精神与历史故事中的大禹相差无几。小说的前半段，禹以“面貌黑瘦、衣服破旧、生了鹤膝风、满脚长老茧”的形象出现在众人视野，即使身处高位却不修边幅得像乞丐，显然是“为民生而顾不了已”。在和众人议论“导河”事务时，都显示出与周围脑满肠肥的腐败官员截然不同的人格状态。于公，他认真严谨的处事态度是民族优良美德的彰显，是“人性”之优点。于私，他却有着世俗不能认同的自私与对家庭的没担当，是“人性”之弱点。十年治水，三过家门而不入的“因公忘私”，被其妻子怒骂：“走过自家的门口，看也不进来看一下……这没良心的杀千刀！”而禹自己也大言不惭地对舜爷说：“我讨过老婆，四天就走。生了阿启，也不当他儿子看。所以能够治了水……”禹在公在私所显现的迥异处事手段，是鲁迅在为情节作铺排时刻意制造的强烈对比。传说和历史中的禹是具有神性之英雄，但鲁迅在小说中所要带出的现实问题是：即使是受万民景仰，有丰功伟绩的英雄，也会有人格上的缺陷。人无完人,这是必然的"人性",没缺点的人类在世上根本不存在。

故事的后半段,治水有功的禹因倍受赞颂而被虚荣感包围,生活方式也被周遭的风气影响:吃喝不考究,但做起祭祀和法事来是阔绰的;衣服很随便,但上朝和拜客时候的穿着是要漂亮的。这不禁让人怀疑,在堕落的风气中,这位英雄是否也不免俗地被身边昏庸之人潜移默化地瓦解掉能力与理想?贪图安逸、喜富厌穷,这都是"人性"的通病。而且,在故事的最后,禹似乎没将他的实干精神用以改造社会,舜爷叫百姓都要学禹的行为,要不然就会以犯罪为名被惩治。可是,禹却被世俗的弊病渐渐同化,官员仍旧昏庸,广大百姓仍然蒙昧,一切如旧的现实消解了禹的英雄形象,让他也变成了庸俗之辈。所谓"时势造英雄",而同样的,时势也能毁掉一个英雄。

四、结　语

《故事新编》中的人物以颠覆传统观念的形象出现在读者视野。以女娲、羿和禹的形象刻画为例,神与凡胎俗骨的界限极度分明。女娲的"神性"在鲁迅别有用心的铺排下始终贯穿全文。鲁迅借女娲崇高的情操、赤子的单纯来衬托"人性"的虚伪与卑劣。或许人之初,性本善;但经过封建礼教的污染,欲望横流的诱惑,人类最初之"善"渐渐变质。到最后,"人性"始终无法超越神圣的"神性"。羿和禹为作为传说人物的代表,在中国的神话传说中有着英雄的光环,但鲁迅在小说中并没延续一贯的思路塑造他们的形象,而是将这些英雄拉下神坛,让这些英雄彻底回归现实在俗海浮沉。而对于他们"人性"的刻画,鲁迅的表现手法略有不同。羿以落魄潦倒、婚姻不顺、自尊受挫的形象出现,与"英雄"完全相悖。羿败给的,是无法在婚姻、人际关系、生活的巨变中作出适当的应变,继而消磨掉自己的斗志。禹在小说中的功绩虽与历史记载相似,但治水有功后,这位曾经的英雄人物在周围众多的诱惑与庸俗的大环境下，最终也同样泯然众人。禹所败给的，是自己不够坚定的信念，以致最后湮没于混浊之流中。羿和禹在鲁迅的笔下双双坠入平庸，让人慨叹“时势能造就英雄，也能摧毁英雄”，这是时势与英雄的悲哀。鲁迅笔锋下的堕落英雄，实质上是对自身的一种悲叹感慨，道尽身处混沌大时代却挣脱不了桎梏的无奈。

（清华大学人文学院）

注释

① 鲁迅：《自选集·自序》，《鲁迅全集》第四卷，人民文学出版社 2005 年版（本文所引各卷皆此版，不另注），第 468 页。

② 鲁迅：《故事新编·序言》，《鲁迅全集》第二卷，第 354 页。

③ 鲁迅：《中国小说的历史变迁》，《鲁迅全集》第九卷，第 312 页。

④ 鲁迅：《中国小说史略·神话与传说》，《鲁迅全集》第九卷，第 20 页。

⑤ 鲁迅：《中国小说史略》，《鲁迅全集》第九卷，第 20 页。

⑥ 侯春慧：《神话历史叙述——鲁迅神话题材历史小说研究》，《武汉理工大学学报》（社会科学版）2009 年 12 期。

⑦ 鲁迅：《破恶声论》，《鲁迅全集》第八卷，第 33 页。

⑧ 鲁迅：《中国人失掉自信力了吗》，《鲁迅全集》第六卷，第 122 页。

⑨ 周明初校注：《山海经》，浙江古籍出版社 2000 年版，第 221 页。

⑩ 赵宗乙译注：《淮南子》，黑龙江人民出版社 2002 年版，第 286 页。

⑪ 刘毓庆：《“女娲补天”与生殖崇拜》，《文艺研究》1998 年第 6 期。

⑫ 曾凡：《女娲崇拜的原始文化内涵》，《殷都学刊》2020 年第 1 期。

⑬ 周明初校注：《山海经》，浙江古籍出版社 2000 年版，第 242 页。

⑭ 赵宗乙译注：《淮南子》，黑龙江人民出版社 2002 年版，第 358 页。

⑮ 胡念贻：《关于后羿的传说》，马昌仪编：《中国神话学文论选萃》（下编），中国广播电视出版社 1994 年版，第 2 页。

⑯ 司马迁：《史记》（卷二），中华书局 2013 年版，第 63—110 页。

⑰ 袁小云：《〈诗经〉中的神话解读》，《湖北文理学院学报》2020 年第 3 期。

鲁迅与民间文学漫议

王锡荣

关于鲁迅与民间文学问题，几十年来研究的人很多，有很多问题也已经大体上谈到了。但对有些问题，我想可以说得更清楚一些。在 21 世纪的今天来看，对此应当有一个更清晰、更有历史感的把握。本文即拟对此作一个粗略的勾勒，希望有助于进一步讨论。

一、鲁迅从来是把"文学"与"民间"紧密关联的

在"五四"民间文学研究的大潮中，鲁迅是研究颇有深度，传扬颇为用力，评价颇为精当，吸收颇为大胆，融合创新颇为成功的一个。

无论主动还是被动接受，从鲁迅所谈及、研究所涉及的来看，鲁迅常常自然而然、理所当然地认为：中国古代的灿烂文化中，民间文学随处可见，或者说普遍地存在着。从文学起源论角度，他也认为最早的文学，都是从底层人民的劳动中产生的，甚至可以理解为：所有的文学最初都是民间文学。在他的《中国小说史略》《汉文学史纲要》等著作中，考察文学，特别是小说的发生与发展，都把民间文学作为文学发生与繁荣的重要因素，也是其基本视角。无论是史家的记载，或是文学的发端，均离不开民间文学，甚至以之为主线。"心志郁于内，作为任情而欢呼，天地变于外，则祇畏

以颂祝，踊跃吟叹，时越侪辈，为众所赏，默识不忘，口耳相传，或逮后世。”[①]这就是文学的发生论。《汉志》里记载小说乃是“街谈巷说，甚细碎之言也，王者欲知里巷风俗，故立稗官，使称说之”[②]。于是有小说之名。《中国小说史略》正式第一篇即《神话与传说》，莫不为民间文学。这些，与马克思主义的文学发生论是完全一致的。

鲁迅曾描述现代民间文学的发生过程：“农民们还有一点余闲，譬如乘凉，就有人讲故事。不过这讲手，大抵是特定的人，他比较的见识多，说话巧，能够使人听下去，懂明白，并且觉得有趣。这就是作家，抄出他的话来，也就是作品。”[③]“到现在，到处还有民谣，山歌.渔歌等.这就是不识字的诗人的作品；也传述着童话和故事，这就是不识字的小说家的作品”。[④]

在整个中国文学史观察中，鲁迅的目光始终没有离开民间文学。鲁迅甚至注意到，现在所存的神话传说文本也是“已设想较高，而初民之本色不可见”[⑤]，就是说，真正的文学之祖，是更原始的民间文学。所以，鲁迅考察文学史和小说史，都是特别重视民间文学，甚至超过庙堂文学。他曾指出：《子夜歌》《读曲歌》《竹枝词》《柳枝词》等，“原都是无名氏的创作，经文人的采录和润色之后流传下来的。这一润色，流传固然流传了，但可惜的是一定失去了许多本来面目……”[⑥]从社会进入庙堂，与其说失去的只是“本来面目”，不如说失去了原汁原味，鲁迅对此是感到可惜的，在各种场合中不断重复这样一种观点：即文学起于民间，而民间的原汁原味，没有被官方的文学史保存下来，被保存下来的是被官方所修饰、改变甚至扭曲了的忸怩作态的变态文学。鲁迅甚至将不同的流传文本进行了比较：《淮南王歌》“一尺布，尚可缝，一斗粟，尚可舂。兄弟二人，不能相容”，另一版本则是“一尺布，暖童童，一斗粟，饱蓬蓬。兄弟二人不相容”。[⑦]分析其流变的方式与过程，显示其高度重视民间文学的价值和意义。

谁都知道，“五四”时期陈独秀在《革命文学论》中提出推翻贵族文学、古典文学和山林文学,建设国民文学、写实文学和社会文学。他大力张扬民间文学:"《国风》多里巷猥辞,《楚辞》盛用土语方物,非不斐然可观。"[⑧]鲁迅的观点与之如出一辙,疑似为陈独秀思路之发展与发挥,恐非事实。鲁迅早在1910年顷就开始整理《唐宋传奇集》《古小说钩沉》,在1913年顷已经注意观察研究少年儿童的教育与美术观念之培养,1914年曾搜集抄录各地儿歌,1917年曾着力推荐国外清新刚健的文学作品[⑨],后也参加北大歌谣研究会活动,是一直关注民间文学和通俗文学的,并非以陈胡倡导为始。只能说,在这些问题上,其观念与陈独秀是一致的。

在鲁迅的观念中,"文学"起源于"民间";一个民族,初起的文学全都是"民间"文学,后来才由高层知识分子加以润色并流传;"民间"即人民中间蕴藏着深广的文学养料,滋养着文学的发展;在与庙堂文学的对峙中,民间文学据有着更加广泛的基层人民的认同;文学的生存与发展离不开民间。

在鲁迅眼里,民间文学是劳苦大众心声的呼应。他小时候"看得劳苦大众和花鸟一样。有时感到所谓上流社会的虚伪和腐败时,我还羡慕他们的安乐"[⑩],后来知道他们的痛苦了,但却找不到使大家知道的途径。后来"看到一些外国的小说,尤其是俄国,波兰和巴尔干诸小国的,才明白了世界上也有这许多和我们的劳苦大众同一运命的人,而有些作家正在为此而呼号,而战斗。而历来所见的农村之类的景况,也更加分明地再现于我的眼前"[⑪]。这些讲述,都说明了一个事实就是:鲁迅从小就养成了关注民间的意识,而且在他文学能力养成的同期,就同步关注了外国的劳苦大众。这意味着,鲁迅的文学观念中,与生俱来地注入了对民间的关注,这种对民间劳苦的关注甚至优先于对文学的关注。

二、鲁迅对民间文学有偏好

很多人已经注意到:鲁迅本人的文学观念和文学创作均受到并所吸收了民间文学的养料。大家注意到鲁迅自幼深受中国民间文学影响,《山海经》、目连救母、猫与老虎、美女蛇、水漫金山、老鼠娶亲、无常、女吊,以及大禹故事、包公断案等民间文学与艺术,给鲁迅的知识与观念打下了极其深刻的烙印。可以说,民间故事、里巷传说亦即民间文学是浸淫在鲁迅知识体系和观念体系中,是其重要构成部分。鲁迅从日本一回国,就开始搜集整理古小说资料,然后钩稽史籍,编成《古小说钩沉》《唐宋传奇集》,在所抄古碑中也有大量民间文学材料和作品,这说明,早在"五四"之前,鲁迅的文学观中,民间文学就已经占有很大比重。这必然地被融汇在鲁迅的文学活动中,在文学创作与研究中必然地、自然而然地得到展现和运用,创新和发挥,或利用民间文学材料进行创作,或化用民间文学、民间故事典故,古为今用,议论风生,鞭辟入里,予人启示。

不仅《朝花夕拾》和《故事新编》中所在多是民间文学资源,而且杂文中也时有显露。例如《论雷峰塔的倒掉》、1933 年的《偶成》、1936 年 9 月的《女吊》、《谈金圣叹》中对四川民谣"匪是梳子梳,兵是篦子篦,军阀就如剃刀剃,官府抽筋又剥皮"加以改造与议论,深刻到令人震慑;在《无常》中对无常的"何等有人情,又何等知过,何等守法,又何等果决"深表赞赏:"我们的文学家做得出来么?"⑫《武松打虎》:"比起希腊的伊索,俄国的梭罗古勃的寓言来,这是毫无逊色的""旧文学衰颓时,因为摄取民间文学或外国文学而起一个新的转变,这例子是常见于文学史上的。"⑬鲁迅没有具体解释,也没有举例,实际上,"五四"新文学就是一个显明的例子。文学革命正是对旧的垂死的文学的一次革新,一方面采用民间的活的文学;另一方面吸收外来的新鲜外国文学,出现了一个崭新的时代。鲁迅还曾说:"无名氏文学如《子夜歌》之流,会给旧文学一种新力量"⑭,可见其对文学发展的推动力之大。综上,鲁迅对民间文学在文学发展中的作用估价之高,不能不说是让人深思的。

鲁迅不仅关注、研究、引用民间文学,而且自己的创作也很注意更有民间身份认同和民间、大众色彩。不仅所有小说具有民间视角，而且还付诸实践，直接采用民间文学体式，创作了一些通俗文学作品，例如《我的失恋》《好东西歌》《公民科歌》《南京民谣》《“言辞争执”歌》《教授杂咏》等。实际上，《门外文谈》这篇深入探讨中国语文的重头文章，也是用了类似邻里乘凉谈闲天的方式和语气，说明鲁迅自己也是有意识地靠近民间文学、通俗文学。几乎已经养成了一种对民间文学的偏好。虽然这种情况并不是终其一生一以贯之的，但是他这种偏好是根深蒂固的。

鲁迅的这种文学趣味和倾向或者说偏好，具有比重视民间文学更深刻的启示意义。这种文学趣味和倾向，说明了鲁迅因其成长环境与经历而形成的民间身份认同与民间视角，也就是说，鲁迅一出现，就带着鲜明的“民间”色彩且一生未放弃。用现在的话来说，就是始终没有放弃“草根”的身份认同，从来与官场文化、庙堂文化不两立。鲁迅曾对厨川白村关于“文学和政治都是根据于民众的深邃严肃的内底生活的活动，所以文学者总该踏在实生活的地盘上，为政者总该深解文艺，和文学者接近”的观点，认为“这诚然也有理，但和中国现在的政客官僚们讲论此事，却是对牛弹琴”[15]，“政治家既永远怪文艺家破坏他们的统一，偏见如此，所以我从来不肯和政治家去说”[16]。这既是鲁迅民间文学观之源，也是其表现，这也是鲁迅民间文学观的重要特点。

三、鲁迅也吸收了外国文学中的民间文学养料

深入考察鲁迅与民间文学的关系，还可以发现，鲁迅对民间文学的关注与偏好，并不限于中国文学。我们从鲁迅对外国文学的关注、研究和译介中，可以看到大量的很具有说明性的例子。

如果观察早年鲁迅在日本时接触的西方文学和日本文学就可以发现他早年在日本翻译的作品就倾向于民间文学风的作品。鲁迅到日本的第二年，就翻译了《月界旅行》，1904 年翻译了《北极探险记》，1905 年翻译了《造人术》，1906 年出版了《地底旅行》。这

些译作，很明显偏于民间的、通俗的、大众的文学。

1906 年从仙台回到东京后，鲁迅与周作人一起从事译介外国文学作品的活动。最初是与周作人合作编译哈葛德和安特路朗的《红星佚史》，由周作人口译，鲁迅笔述。[17]该书是讲古希腊传说的，该书译稿里有鲁迅和周作人苦心搜集的大量希腊神话资料。之后又翻译大托尔斯泰的《劲草》，匈牙利育珂·摩尔的《匈奴奇士录》和《黄蔷薇》和波兰显克微支的《炭画》，有不少都是有民间文学风的。《摩罗诗力说》的评述虽然基本上是沿着经典路线的，但是其中也提到弱小民族文学和一些西方民间文学的内容，也已经提到后来着力推介的《勇敢的约翰》了。在编译《域外小说集》的时候，鲁迅就更多把目光投向了民间文学。例如法国须华勃改写的《拟曲》，虽然署周作人翻译，但实际上，这两本书绝不是像我们看到的那样，鲁迅译了少数几篇，周作人译了大部分。其实这书完全是兄弟二人密切合作的成果，早年他们的署名也是完全不分彼此的。事实上，鲁迅所做的贡献绝不会少于周作人。从篇目的选定，到译文的校订、审定，都有鲁迅的心血。

还有一个更加有意思的实证标本，这就是匈牙利米克沙特的《圣彼得的伞》（译为《神盖记》），这部书基本上就完全是民间故事了，匈牙利乡村风貌跃然纸上。如果我们仔细品咂，就会发现其风俗画情调、漫画风格和诙谐风趣的口吻，与《阿 Q 正传》存在着多种异曲同工之处。虽然不能说鲁迅借鉴了该书的艺术手法，但是鲁迅对这书已十分熟悉，在翻译过程中曾对周作人的初稿文本细加校订、润色，是鲁迅所读的“百来篇”中曾细加研究的数十种外国小说之一，给他留下印象必然深刻，并毫无疑问成为其创作准备的重要因素。

在此期间，鲁迅也阅读了不少日本文学作品，特别是夏目漱石、岛崎藤村、森鸥外、二叶亭四迷等人作品，后来又陆续读了芥川龙之介、佐藤春夫、武者小路实笃等的作品，此外，还有人认为鲁迅受过夏目漱石的《哥儿》、森鸥外的《舞姬》、武者小路实笃的《一个青年的梦》、芥川龙之介的《毛利先生》等日本文学的影响。[18]鲁迅翻译过《一个青年的梦》《罗生门》《鼻子》等作品。其实,像《哥儿》《我是猫》这类诙谐幽默的作品,对鲁迅后来的诙谐笔法,至少也是一种启示。这些作品不仅富有启示,而且含有很多日本民间风俗、情调,以及风趣诙谐的意趣。后来他与周作人合作翻译《现代日本小说集》,虽说只标鲁迅译6人11篇,而周作人译9人19篇,但从1921年前后他们的通信可以知道,很多问题也是共同商议而定的。

在中后期,鲁迅翻译的爱罗先珂《桃色的云》和多篇富有童趣的作品,荷兰望·蔼覃《小约翰》,德国至尔·妙伦《小彼得》,西班牙巴罗哈《山民牧唱》、俄罗斯果戈理《死魂灵》、《狄康卡近乡夜话》《鼻子》,契诃夫《坏孩子和别的奇闻》、班台莱耶夫《表》等,都是富有民族风情的作品。可以看出,鲁迅在译介外国文学作品时,除了作为"工具"的理论类文本外,作为欣赏文本,他通常更偏好那些牧歌式的情调,市井传说、风格幽默诙谐故事的民间故事,茶余饭后的谈资,"山村里的名人故事",风俗画一类作品。即使是作家的作品,也倾向于民间风更浓郁的,如伦支《在沙漠上》、俄罗斯萨尔蒂珂夫《饥馑》、罗马尼亚萨多维亚努《恋歌》、保加利亚伐佐夫《村妇》等。

《俄罗斯的童话》是一个例外,它虽然并不是上述这类民间故事风的作品,但鲁迅受到其影响也是有迹可循的:鲁迅在去世那一年的《写于深夜里》中明显借鉴了这种表达方式:用反现实的"童话"的来表达对黑暗社会的严厉抨击。笔者认为,鲁迅借鉴的资源,完全可能包括海涅的《一个冬天的童话》和高尔基《俄罗斯的童话》两个样本。鲁迅借鉴这种表达方式的意义,在于借用了"童话"这种民间文学风的外壳,来描述与社会事理逻辑形成强烈反差的真实社会事件,让读者在阅读中产生强烈的反差感,从而认识到其荒谬性。

在这样的背景下,我们无论如何不能否认鲁迅在作品体裁、创作理念、表现手法等方面受到这些作品影响和启示，否则，鲁迅所谓的创作准备还有什么呢？鲁迅的翻译活动，除了理论类，创作类多取民间文学风的作品，这从多方面证实了鲁迅对民间文学风作品的偏爱。

从鲁迅对中国民间文学的关注、研究、搜集，到译介外国文学时对民间文学风作品的偏好，可以看到的景象，是鲁迅一贯重视对民间文学的关注与研究，无论对国内或国外。在此过程中自觉、自然地予以融合吸收。译介则尽量以见各民族的风貌，创作则自觉靠近民间立场。

四、鲁迅的民间文学研究之意义

“五四”一代，开中国民间文学研究之先河并形成了大潮。在那之前，千百年来民间文学虽然也在顽强生长，但是并无地位。“五四”的民族觉醒，给民间文学研究开创了一个全新的时代。

鲁迅对民间文学的研究，有其独具的深刻性。鲁迅给予民间文学充分重视和珍视，对于鄙薄、无视民间文学、通俗文学的“文学家”，鲁迅是不屑一顾的。

鲁迅对民间文学不仅被动濡染，也主动开展搜集工作。1910年后，鲁迅搜集整理《唐宋传奇集》《古小说钩沉》等记载民间文学的史料。1913年，周作人在绍兴倡导征集民歌民谣，后来到北京又与刘半农等创办《歌谣》周刊，广泛征集民歌民谣。有人认为鲁迅没有参加这一活动，其实鲁迅是参加的。早在1912年7月，作为教育部部员的鲁迅响应教育总长蔡元培的号召，开设连续性美术讲座，后来整理成《拟播布美术意见书》中已经提出：“立国民文术研究会，以理各地歌谣，理谚，传说，童话等；详其意谊，辨其特性，又发挥而光大之，并以辅翼教育”。[19]此外，1914年鲁迅抄录的《儿歌六首抄注》[20]也被保存下来，成为鲁迅搜集民歌的明证。所以，后来鲁迅弟子常惠说；后来北大的征集歌谣活动，是鲁迅首先倡导的，此说不谬。[21]其实即使是《歌谣》，鲁迅也曾为之设计封面。

1928年3月,鲁迅友人招勉之搜集了广东的民歌民谣《牛歌》(其中包括《牧童的自述》和《牛的诅咒和诉苦》两部分,并附《戒牛图牧童歌》图一幅)寄给鲁迅,鲁迅很高兴,立即编入自己主编的《语丝》周刊,但没想到由于那张画是印在一种红纸上的,无法用照相版复制,鲁迅一方面写信让对方再找找白纸印的;另一方面还特地在《语丝》上刊登编者启事,说明情况,后来刊于《语丝》4卷18期(1928年4月30日)。

笔者还发现,鲁迅对于民歌民谣的关注与研究是持续性的。他竟然注意到《汉书》和《前汉记》记载《淮南王歌》的文本差异。

鲁迅《中国小说史略》中大量涉及民间文学。几乎可以说,一部《中国小说史略》就是半部中国民间文学史。

再看一例:1925年北大《歌谣》周刊上刊登了北大歌谣研究会通讯会员刘策奇的《明贤遗歌》,其中提到《砭群》上登载的《击筑余音》,鲁迅读后,致信刘策奇,指出《击筑余音》即有名的《万古愁曲》,而且告诉他,该书有多种版本,还告诉他其中的差别。这封信虽仅200来字,但是信息量很大。它凸显了鲁迅对民间歌谣的材料之谙熟与研究功力之深湛。它也告诉我们,鲁迅也是《歌谣》的台柱级背景,因为编者常惠经常会就疑难问题讨教鲁迅。

1925年,鲁迅还就神话研究提出过一些自己的初步框架设想:"似可参照希腊及埃及神话之分类法作之,而加以变通。不知可析为(一)天神,(二)地祇(并幽冥界),(三)人鬼,(四)物魅否?""此外则天地开辟,万物由来""苟有可稽,皆当搜集","每一神祇,又当考其(一)系统,(二)名字,(三)状貌性格,(四)功业作为"[22],虽然只是当时即时反应,还没有仔细考量,但可见鲁迅对"神话"这种民间文学的关注与思考。

《门外文谈》是一篇关于汉字改革的论文,也是观念民间文学研究的精彩论文,它本身也是一种民间文学风的作品。此外对民俗文化研究,鲁迅也倾注了很多关注。1927年,《语丝》有一场关于"撒园荽"的讨论,鲁迅还为之提供了相关资料的出处。[23]1935

年，鲁迅还跟作家徐讦谈起，自己一直想在夏天回故乡去做一件事，就是把乡间流传的目连戏中的唱词记录下来，因为那是非常有味道的（就像他在《无常》中记录的那种富有绍兴地方语言色彩的唱词），一旦翻成普通话就会没味道了，可惜因为被通缉，无法实现这个心愿。其中像目连救母戏中《小尼姑下山》《张蛮打爹》已经被禁止了。鲁迅还认为，这种民间文学将来会跟童话和民谣一同被“携手灭亡”的。[24]

鲁迅也一直关注国外的民俗研究，如订阅日本的民俗学研究刊物《乡土研究》等。

对民间文学的命运，鲁迅也有深湛的认识。他从梅兰芳“俗人的宠儿”被“罩上玻璃罩，做起紫檀架子来”的现象，指出：“士大夫是常要夺取民间的东西的”，他们“将竹枝词改成文言”，就好像“将小家碧玉作为姨太太”，民间文学“一沾着他们的手，这东西也就跟着他们灭亡”[25]。

鲁迅还认为，在文学上，民歌大抵脱不开七言的范围，是由于文化有趋近消费者的需求，注意于大众化的艺术家就会对文学加以提炼、简化，使之更明快，通俗。[26]民间文学因为“大众并无旧文学的修养，比起士大夫文学的细致来，或者会显得所谓‘低落’的，但也未染旧文学的痼疾，所以它又刚健，清新。”[27]

但是鲁迅并没有把民间文学捧到九天之上。他对民间文学局限性也有着清醒的认识：它的缺点是：“一向受着难文字，难文章的封锁，和现代思潮隔绝。”[28]

鲁迅对那些反映旧时代信念和主张的旧民间文学，坚决予以痛斥。他说：“我一向不相信昭君出塞会安汉，木兰从军就可以保隋；也不信妲己亡殷，西施沼吴，杨妃乱唐的那些古老话。我以为在男权社会里，女人是决不会有这种大力量的。”那只是一帮“一钱不值的没有出息的男人”“将败亡的大罪，推在女性身上”而已。[29]他还以鄙夷的口吻谈到：“‘奇葛隆冬强’的《十八摸》”“绞死猫儿似的《毛毛雨》”[30]。鲁迅主张对民间文学也要加以革新，他曾有这样的表达:“看一位不死不活的天女或林妹妹,我想,大多数人是倒不如看一个漂亮活动的村女的,她和我们相近。”[31]“‘五更调’‘攒十字’的格调,也可以放进新的内容去”[32],否则就会成为“不死不活的天女或林妹妹”,被社会所鄙弃了,至少是鲁迅的审美倾向所不能容纳的。

总体上看,鲁迅虽然也曾进入政府部门任职,但他始终是一个具有浓厚的“民间”身份认同意识,始终关注底层,对于底层的文化濡染较多。相对于在精神层面的“哀其不幸,怒其不争”,鲁迅对民间文学的喜爱、享受、珍惜,远远胜于前者。他的文学活动基于民间文学,起于民间文学,在整个文学生涯中,他的眼光从未离开过民间文学,他的文学成就离不开民间文学。他从民间文学吸收了充足的养料,也积极大胆引进吸收了世界各民族优秀民间文学来充实自己,几乎形成了一种偏好,他在“五四”新文化运动中对民间文学进行了深入的研究,消化、吸收、融合、化用了中外民间文学的养料,铸就了自己独特的文学成就。他也十分注意扬弃民间文学中的糟粕,并时时警惕着其对国民文学的侵蚀,要求其革新,融入新机,从而给予文学发展以新的生命。

(上海交通大学)

注释

①《汉文学史纲要》,《鲁迅全集》第九卷,人民文学出版社2005年版(本文所引各卷皆此版,不另注),第353页。

②《中国小说史略》,《鲁迅全集》第九卷,第29页。

③《门外文谈》,《鲁迅全集》第六卷,第102页。

④《门外文谈》,《鲁迅全集》第六卷,第97页。

⑤《中国小说史略》,《鲁迅全集》第九卷,第19页。

⑥《门外文谈》,《鲁迅全集》第六卷,第97页。

⑦《门外文谈》,《鲁迅全集》第六卷,第93页。

⑧ 1917 年 2 月 1 日发表于《新青年》第二期。后收录于《独秀文存》,安徽人民出版社 1987 年版,第 95 页。
⑨ 鲁迅曾为周瘦鹃选译的《欧美名家短篇小说丛刊》写评语,予以推荐。
⑩⑪《英译本〈短篇小说选集〉自序》,《鲁迅全集》第七卷,第 411 页。
⑫《门外文谈》,《鲁迅全集》第六卷,第 102 页。
⑬《门外文谈》,《鲁迅全集》第六卷,第 97 页。
⑭《门外文谈》,《鲁迅全集》第六卷,第 102 页。
⑮《〈出了象牙之塔〉后记》,《鲁迅全集》第十卷,第 266 页。
⑯《文艺与政治的歧途》,《鲁迅全集》第七卷,第 119 页。
⑰《知堂回想录》,三育图书文具公司 1980 年版,第 208 页。
⑱ 藤井省三:《鲁迅事典》,三省堂 2002 年版。该书中在《鲁迅及其时代》《鲁迅的作品》等章节中有相关论述。
⑲《教育部编纂处月刊》,1913 年 2 月。
⑳ 见刘云峰编:《鲁迅全集补遗》,天津人民出版社 2006 年版,第 342 页。
㉑ 常惠:《鲁迅与歌谣二三事》,《民间文学》1961 年 9 月号。
㉒ 鲁迅:《致梁绳祎 250315》,《鲁迅全集》第十一卷,第 463 页。
㉓ 鲁迅:《致江绍原 270727》,《鲁迅全集》第十二卷,第 53 页。
㉔ 鲁迅:《致徐訏 351204》,《鲁迅全集》第十四卷,第 599 页。
㉕《略论梅兰芳及其他(上)》,《鲁迅全集》第五卷,第 609 页。
㉖ 鲁迅:《论"旧形式的采用"》,《鲁迅全集》第六卷,第 25 页。
㉗《门外文谈》,《鲁迅全集》第六卷,第 102 页。
㉘《门外文谈》,《鲁迅全集》第六卷,第 103 页。
㉙㉚《阿金》,《鲁迅全集》第六卷,第 208 页。
㉛《略论梅兰芳及其他(上)》,《鲁迅全集》第五卷,第 610 页。
㉜《重三感旧》,《鲁迅全集》第五卷,第 343 页。

人国论五：鲁迅和尼采的心灵对话

冯　章

鲁迅怎样和尼采进行心灵的对话？据我自己有限的阅读，学界至少有三种论点：第一种是共鸣说。这是多数论著的看法。持有这个论说的学人认定鲁迅和尼采在感情、思想方面契合一致，心有灵犀一点通。第二种是灵感说，由徐梵澄提出了这一观念。他写道，1907 年的《文化偏至论》，又如《野草》，其中的《过客》《影的告别》"便甚于《苏鲁支如是说》相似。这很难说是偶然的巧合，或故意模仿；竟不妨假定是于尼采的作品，或原文或日文的译本，时加玩味、欣赏，而自己的思绪触发，提笔一写，便成了那形式……这只合用文学上的术语说，就是受了尼采的'灵感'"。[①]第三种是"性情、气质想通说"。日本的增田涉这样写道，他（指鲁迅）年轻时"喜欢李贺，喜欢尼采，是和他的性情密切关系着。跟他读安特列夫，模仿果戈里，受夏目漱石的影响不一样，不是在学习他们的文学表现手法，而是更为根本的与他为人直接相通的关系，他的气质、性情所要求的，必然是趋向李贺、尼采"。"到了晚年也没有完全摆脱掉尼采。"[②]那么李贺的性情是怎样的呢？据增田涉考证，陈本礼在笺注李贺的《漫记》中断定李贺"写其磊落郁积不平之气"，原因在于"愤激痛心"，《漫记》引用姚文燮语："命意、命题，皆刺当世之弊，切中当世之隐。"[③]许寿裳也指出，鲁迅具有"严气正性，宁愿覆折，憎恶权势，视若灭如，高高焉坚贞如白玉，懔懔焉劲烈如秋霜"[④]的性格。本文以为上述三种观点都有其真理性的一面，也符合鲁迅对尼采的态度。为什么鲁迅尼采产生共鸣、思想作品相似？是因为他们在性情的一致。气质一致未必就必然共鸣，只有通过阅读这个桥梁，才使东西方这两位哲人心声想通。鲁迅曾经论说一般人心中无不有诗歌而未能言说，诗人作诗为之语则“握拨一弹，心弦立应，其声澈于灵府”。尼采的语言思想拨动了鲁迅本来就有的心声。

一、鲁迅把握尼采思想的精神本质，将其当做一种范式和意境，破坏偶像，进而重塑国民性，构建国人个性，提升中国人的创造力，即所谓“立人”

（一）强力意志即是内在主观的创造力，它必能开辟新生和新世界

关于强力意志（过去常常译为“权利意志”，现在多数翻译为“强力意志”）尼采断定：叔本华的生命意志太悲观，必须把生命意志改成强力意志，也就是人的生命“求权力的增长”。尼采肯定叔本华的意志。但是否定其“悲观论”。因为叔本华过分强调了同情、正义的道德价值。叔本华的生命意志就是大众（奴隶）道德价值：追求幸福、生活的安全、无危险、舒适。而尼采力倡主人道德价值：危险、冷酷、强者艺术、任何暴虐行动，不是人进入平庸的状态，做地球的主人。尼采强力意志的实质就是，我有权利对世界万物、社会、科学，以及以往的各种宗教、哲学理论作出自己的评论和解释，我也有权利表达自己对对象的感情欲望本能，例如快乐、痛苦、愤怒、喜欢和讨厌，以及生理生命的渴望。我可以对存在者作出自己的解说并对评价者进行评价。我的评估和别人完全相反，后来海德格尔认为尼采是传统价值观的“倒转”。别人肯定，我偏要否定；别人否定，我偏要肯定。尼采表面上说是对一切价值观重估，实质就是要“否定”，否定旧的道德，提倡新的道德，肯定新的人性人格。

尼采认定不仅人具有强力意志，而且自然界也具有强力意志。无机物体的吸引力、彼此相互接近（尼采的权力或者强力就是来

源于力学的“力”。在《权力意志》中,作者指出“我们的物理学家用‘力’这个常胜概念创造了上帝和世界。这个概念还需要一个补充,必须把一个内在的世界判个这个概念,我把它称为‘权力意志’”[⑤],这个物理学家就是牛顿,他曾经在《自然哲学的数学原理》一书中断言上帝首先推动了世界的运动,称为“第一推动力”,不仅无机物本身具备意欲意志,而且有机体(动植物生命体)的求营养功能就表现权力意志;作为生命体的人也有求生存、财富、统治和服从欲望等真善美的权力意志。无机体、有机体和人的生命,总之整个世界的此在都是权力意志的表现。

关于强力意志,鲁迅这样解释:19世纪末因为欧洲科技、经济贸易等物质的极大发展,使人们过于重视外在力量,于是主体的内在的精神变得平庸,使人的“独创之力”枯槁,以尼采为代表的学者极力抗拒这种世俗,挽狂澜于既倒,把人的内在意欲情感发挥到极致。尼采的强力意志就是指一种生理本能欲望,是非理性的。鲁迅则把这个抽象化一般化,改造为主体的创造力,主观的精神。具有强大意志力的人能够排除万难,奋力向前迈进,这就是人类最可贵的地方。新的世纪(指20世纪)不同于19世纪,人类文明必将深邃庄严,内部精神更强,更加自觉,人生意义更深刻,个人尊严更大,这就是20世纪的新精神,它必将屹立于狂风怒号之中,而这需要以强力意志开辟道路。鲁迅在《译了〈工人绥惠略夫〉之后》说:“绥惠略夫确乎显示出尼采式的强者的色彩来。他用了力量和意志的全副,终身战争,就是用了炸弹和手枪,反抗而且沦灭。”[⑥]弱者称强者的行为就是恶,因为弱者被强者战胜。常人(弱者)认为善者是强者。尼采先生欲作强者,所以称赞强者。而常人欲自强,则反对强者。[⑦]对于尼采认为自然界也有强力意志,鲁迅不曾诠释。

(二)踢翻一切偶像,作“轨道破坏者”

尼采主张用炸药炸毁基督教的偶像。在他之前的二三百年尤其是几十年,他的先辈们就已经开始从不同的视域批判基督教。

16世纪,路德就指责教皇要求信徒购买赎罪券并不能免除教民的罪责,教徒只要从内心信仰上帝就可以赎罪。费尔巴哈的《基督教的本质》(1841)揭示了对上帝的信仰无非是对人自己的信仰,没有神,是人自己塑造了上帝,神的本质就是人的本质,这就是人与人之间的爱。大卫·弗理德里希·斯特劳斯(1808—1874)的《耶稣传》考证耶稣的父亲是一个木匠,母亲直到耶稣死后还活着。耶稣有兄弟姐妹,所以耶稣是一个普通的人,根本不像后来基督教所说他是上帝之子。[8]《福音书》只是一些早期基督教组织编织的一些关于耶稣的神话。尼采早在普福塔读中学时就看过《耶稣传》,家人对此感到很是惊讶,因为这与当时人们的信仰完全是背道而驰的。[9]斯蒂纳也对基督教作了否定,尼采认真阅读过斯蒂纳的著作。他出生那年斯蒂纳发表了其代表作《唯一者及其所有物》,作者从自我的独立性和自由立场出发,裁决上帝不可能使自我独立,人们不得不从属于上帝的戒律之下,信徒们也不可能在上帝面前平等,这纯粹是基督教的欺骗。尼采的祖父、父亲,母亲的家庭都是信仰路德教,“受人尊敬、敬畏上帝、正直而狭隘,体现了德国牧师家庭的一切信念和道德”[10]然而这个新教家庭却出现了一个背叛信仰的男儿——就是——弗里德里希·威廉·尼采。用锤子打碎旧道德的偶像。道德就是关于人的行为、人性的等级制的价值评估。一般被指为善的,尼采却评为恶,反之亦成立。他认定:“一切伟大的人物都被看做恶人。”[11]他确信美德(同情、公正、人性、人道等)是多数群众的促进者,不适合于高等人。这些所谓的美德只能使高等人弱化、平庸。所以美德必须被打倒。尼采把传统上的美德指认为坏的恶的东西,要破坏这些美德的偶像。破坏偶像之后会不会产生虚无主义?反对虚无主义乃是尼采的世界观。政治(缺乏信仰)、国民经济、道德、基督教、自然科学(因果论、机械论等)、艺术等都存在无意义的虚无主义。他以为瓦格纳的音乐、佛教都是对世界的虚无主义的解释。偶像倒了,上帝死了,超人就崛起了“从前,人们眺望远处的大海,就口称上帝;可是现在我要叫你们口称:超人……你们能创造一个上帝吗?——不能。那就别跟我谈什么一切的神吧!可是你们确实能创造超人"[12]。

鲁迅对尼采的"打倒偶像"这样评论:他的一个基本的看法就是破坏旧偶像,人类便进步。为什么呢?他说在国外破坏偶像的人很多,比如路德、费尔巴哈、斯特劳斯、斯蒂纳等从宗教的礼仪、本质等方面直接批判了耶稣基督,达尔文从物种进化角度令人信服证明人不是上帝创造的,而是经过极为漫长的生存斗争从动物一步一步演化而来,尼采先生明确断言上帝就是一个虚构,大胆地宣布上帝死了。如此多的学者、科学家反对基督教,从而产生了宗教改革,进而引起社会革命,人的主体精神得到了解放,人更强大了。由于人的自由,社会进步了,鲁迅重视的是中国人的进步。他希望有更多的中国人也起来反抗旧偶像,崇拜新偶像:"与其崇拜孔丘关羽,还不如崇拜达尔文易卜生;与其牺牲于瘟将军五道神,还不如牺牲于 Apoll。"[13]他指出破坏偶像的外国人包括尼采数量上不仅很多,而且破坏的很是彻底,程度很激烈,一扫而光,"中国就很少这一类人,即使有之,也会被大众的唾沫淹死"[14]。更为重要的是破坏的目的中国人和外国人有根本的区别,外国人"并非想废铁古砖挟回家去,预备卖给旧货店"。国人破坏的偶像和国外哲人如尼采破坏的具体偶像是不一样的,但都是破坏,这一点是共同的,鲁迅正是在这一抽象的"破坏"上和尼采心声相通。

(三)立人与超人

1. 尼采确信

超人就是内在精神、意志最强的人。几十年后海德格尔对尼采的超人作了正确的理解"而超人才必须成为由权力意志的无条件主体性为自己树立起来的权力意志本身的最高主体"[15]。尼采感觉到人的现状非常不好。人虽然从动物进化为人,但是动物性残忍性还保留很多。因此人需要克服自己,自我创造自我升华,立足大地现实,迈向更高级更强的精神境界,成为超人。从这点看,尼采自己是一位理想主义者,他希望人在精神方面更高更强。"末人"是最低级的,从末人到超人之间还有一个层级,他比超人低比末人高,这就是尼采所谓的"高人",他把高人分为八种或者八类,比如失业的瞎了一只眼教皇(因为上帝死了)、国王(影射政客)、精神自由者、预言者(暗指叔本华和瓦格纳)、魔术师、极丑的人(暗示上帝造人不完美)、影子(现代文人)、自愿的乞丐(钉在十字架上的耶稣),高人正在通向超人的路上,但不是超人。这样看来,他对人的精神等级做了一个从低到高的层次:末人、高人和超人。末人表示了尼采对普通大众的轻视,高人是他对现实中具体的人瓦格纳、叔本华,以及伦理道德上的人耶稣、俾斯麦等的反抗和复仇,这些活着的和死了的人一直强烈地压抑着尼采的情感、自尊和创造性独自性。尼采需要有自己的思考,急需踢开这些强大的曾经使自己受益的羁绊。

"超人的真正道德是军人和士兵的道德。"[16]尼采把拿破仑视为超人,这和尼采个人的经历有密切关系。他曾经两次从军,一是在大学毕业的那一年作自愿服役兵,因为骑马负伤而提前退役,第二次是在瑞士巴塞尔大学当教授的第一年(1870 年)普法战争发生,这次是作为卫生兵运送伤员。尼采和其他德国年轻的战士满怀一腔热血保卫祖国奔赴战场。

2. 鲁迅针对尼采的超人断然提出"立人"

鲁迅在日本留学时代,被列强肆意践踏贫弱内乱不断的祖国处于危亡关头,当时的仁人志士提出了许多方案,开展了许多活动,比如中学西体的洋务运动,改良主义等,鲁迅作为一个青年学生感觉这些措施和方案尽管暂时有效,但是也有极大不足和局限。这就是过于强调物质、政治制度方面,而对从事此类事务的主体——人,重视不够。因此年轻的鲁迅响亮的呐喊"重在立人",尊个性,张精神。当时日本正在流行尼采先生等个人主义的思潮,这正好和鲁迅的心声相通。于是鲁迅把尼采的超人的意志改造为"尊个性张精神"的立人。立人,进而立国。

二、需要从逻辑、整体视角把握鲁迅和尼采的心灵对话

如果仅仅从采纳尼采具体的观点和理念来看,正如不少的论者认定,鲁迅早期极为肯定尼采的个人主义和唯有超人才能拯救世界,中期还有信服的余波,而晚年抛弃了、深刻批判尼采甚至和其决裂。这种观点应该是持之有故言之有理的。但仅是真理的一端。还需要从逻辑上分析。

不仅要从共时角度(早期、中期和晚期)研究尼采,更需要从逻辑、整体视角把握鲁迅和尼采的心灵对话(就像鲁迅自己所说分析问题要看到一端,还要看到另一端)。把历史方法和逻辑方法有机结合起来。这正是本文作者重视和强调的。这样做也许更能准确理解鲁迅和尼采的契合。这里我们主要以超人说为例讨论。鲁迅多次言说超人。前后态度和判断也不相同,但是如果从整体和逻辑视角剖析,就可以得出恰当的结论。在1907年写作的《文化偏至论》一文中鲁迅对超人的内涵从两方面解读。他指出尼采是最杰出的个人主义者,他把希望全部寄托在天才身上,最痛恨以大众为中心;如果以多数人来治理国家,"则社会元气,一单可隳,不若用庸众为牺牲,以冀一二天才之出世",等到天才出世,则社会活动就开始萌发起来。超人就是天才,天才可以挽救世界,反对和依靠庸众。这种对超人的界定曾经在尼采生活时代的欧洲思想界引起非常大的震动;尼采又从强力意志方面解释超人:意志力绝世超大,则就几乎接近超人。鲁迅后来又几次说到超人"太觉渺茫""超人的渺茫",但是在同一篇文章中鲁迅又认定"但就世界现有人种事实看,却可以确信将来总有尤为高尚尤近圆满的人类出现"[17]。如果我们不是仅仅从不同的历史阶段分析鲁迅对尼采的解读,而是从一个思想系统整体看待这个问题,我们就会得出这样的认识:

鲁迅理解的超人:(1)从内涵上看它是一个内心意志力绝世的救赎世界的强者;(2)从当前看,它是渺茫的,甚至太渺茫;(3)展望

未来或者从理想看,确信尤为高尚尤近圆满的人(超人)会出现。超人就是这样三位一体的综合。这样的诠释是不是更为符合鲁迅的本意呢?我们认为是的。这样就可以完整表达鲁迅对尼采超人的态度和观点。而不需要如一些学者那样指出鲁迅早期很是信任肯定尼采,后来和尼采决裂了,深刻的批判了尼采,对尼采的感情淡薄了。

三、如何诠释鲁迅对青年文学家简单模仿尼采的词句表达方式和思想而走向失败

一些研究者指出,二十世纪二三十年代有少数年轻的中国小说家、文艺评论者受了尼采的消极影响而使刊物停办。本文以为与其说他们接受了尼采思想和文字表达形式的消极作用,还不如说这些当时年龄不大的作者没有像鲁迅那样深刻领会尼采的思想内容和形式,变为自己的范式和意境。向培良在小说中仅仅是虚无的反抗,"于是我提着棍子走了"一走了之,一味逃避,并没有提出自己的观点和思考!尼采也批判奴隶道德、鄙视"同情",但是并不到此为止,而是向前一步建构自己的相应的新理念,力倡强力意志、创造力,进而把这种精神升华为"高人"(例如叔本华、瓦格纳等),而最高的精神境界就是"超人",类似狄奥尼索斯的原始生成生殖精神,类似查拉图斯特拉的火神;试想如果尼采只是断言自苏格拉底以来两千多年西方的文化道德,包括中世纪基督教是一种虚构和欺骗,而没有提出"强力意志""超人"这两个震撼欧洲的崭新理念,那么尼采就不是尼采了,而仅仅是批评旧观念之后就逃跑的愤世者。从语言表述上看,格言警句式的短小句子段落是尼采饱受身体严重疾病的困扰,病情时轻时重,孤独地游走于南欧山上和海滨,没有系统的参考资料,因而用"血"写出的一小段一小段的文字,并非有意为之;而高长虹等却是刻意仿照尼采式文句,写下了"彼此都不能解的格言式的文章,终于使周刊难以存在"⑱。这不是尼采的责任,不能怨愤尼采,只能归咎于作者自己没有悟出

学到尼采的精神本质,只是学到了皮毛。如果像鲁迅那样和尼采进行深层次的灵魂对话,那就不会出现这种刊物难以生存的尴尬局面。假如仔细阅读《〈中国新文学大系〉小说二集序》全文,一定会感受到鲁迅的重点似乎不是对尼采"深刻批判",而是规劝和敬告新锐的作者们要充分理解尼采的思想内在实质,不要简单拟仿尼采的表层现象。鲁迅在该文中评论"浅草社"时中肯地指出"每一期都显示着努力:在外,在摄取异域的营养",然而提取来的异域的营养又是"世纪末"的果汁:尼采、王尔德、波特莱尔等所安排的[19]。鲁迅首先肯定这个作家团体的勤恳,但是他们找错了对象。这个意思应该不是着力批评尼采,而是希望作者们寻找"好喝的果汁"。也就是在这篇文章的第一节,鲁迅对尼采同样既肯定又否定,绝不是纯粹的否定。他写道:"从一九一八年五月起,《狂人日记》,《孔乙己》,《药》等,陆续的出现了,算是显示了'文学革命'的实绩,又因那时的认为'表现的深切和格式'的特别,颇激动了一部分青年的心。然而这激动,却是向来怠慢了绍介欧洲大陆文学的缘故。其中就有怠慢了尼采。一八四三年顷,俄国的果戈理就已经写了《狂人日记》;一八八三年顷,尼采也早借了苏鲁支的嘴,说过'你们已经走了从虫豸到人的路,在你们里面还有许多份是虫豸。你们做过了猴子,到了现在,人还尤其猴子,无论比哪一个猴子'的。"[20]这是肯定尼采的,紧接着说道《狂人日记》比较现实,没有"超人的渺茫"。至此我们看到,鲁迅对尼采既赞和,也批判。即使是批评,也是比较而言的。

四、最能体现鲁迅和尼采心灵对话的文本就是《野草》

本文主要以《过客》为例进行分析。如果说尼采提出了令思想界震惊的"超人",那么鲁迅就是塑造中国的超人"过客"。

(一) 超人有尼采的影子,"过客"表现了鲁迅自己的经历

尼采长期患病,他的父亲1849年因为脑软化去世,享年36岁。那年尼采不到5岁。尼采在30岁时就自述眼睛看不到眼前

1 米的地方,视力严重退化,据说和脑神经压迫有关系。在 1867 年秋季他在莱比锡大学求学期间报名参加了一年的志愿兵——野战骑炮兵,入伍不久在训练时从马背上摔下来,胸部严重受伤。1870 年尼采这时在瑞士巴塞尔大学当教授,普法战争爆发,出于爱国热情他到前线做了两个月的卫生兵,负责运送伤员,感染了白喉和严重的痢疾,虽然治好了,但是后来每隔一段时间胃痛发作。而且时常有剧烈的头痛,呕吐等。尼采自己也经常求医,甚至服用过医生开过的兴奋剂。长期患有许多严重的疾病,使尼采产生了强烈想要健康恢复的意志,或者说求生的意志,这也是尼采强力意志理念的重要自我来源。尼采从这种强烈的生命意志中,幻想有一个超人,可以克服自己疾病的超人。尼采后来在自传中总结道"现在在我看来,那个漫长的疾病时期实际上是这样的:我仿佛重新发现了生命,也包括我自身我品尝了一切美好的甚至微小的事物,那是别人轻易不能品尝到的,——**我从自己求健康的意志,求生命的意志中做出我的哲学**。"[21] 1879 年在任教约 10 年时因为严重疾病而辞去了大学教授。之后一直到 1889 年,尼采在欧洲南部的山林间一个人孤独的行走,思考写作。创作了《查拉图斯特拉如是说》《人性的,太人性的》《快乐的科学》《善恶的彼岸》《道德的谱系》《偶像的黄昏》以及由后人编辑的《权力意志》。

鲁迅自己也是一个"过客",从绍兴独自一人"走异路、逃异地,去寻求别样的人们"[22]到南京求学,这个路在当时人们以为不是正路,是走投无路的人走的路,颇受人奚落和主流观念的排斥的。再到日本留学,在日本期间又一个人到仙台学习。本来去日本学习医学是为了救治像他的父亲死的被误的病人的疾苦,战争时便去当军医,同时促进国人对于维新的信仰,但是由于偶然观看了一个关于中国人很麻木冷漠的幻灯片,觉得学习医学医治国人的身体并不是首要的,"所以我们的第一要著,是在改变他们的精神"[23]。归国后,到杭州教书一年,回归故乡刚好赶上辛亥革命爆发,家乡绍兴也来了革命军,鲁迅和师生们也很欢迎革命军政府,可是不久,这些原先看似进步的军政要人开始腐化堕落,打击自由舆论,这使鲁迅对革命产生了严重的怀疑。不久去南京做政府官员,四五个月后随教育部北上到北京,14年后来南下厦门,然而厦门大学的教授之间派系林立,有的还排挤鲁迅。于是鲁迅又奔走中山大学,广州发生反革命事件,后来再次北上到上海,在上海经历了许许多多的曲折的事件,创造社成员写文章攻击鲁迅是个守旧派,"左联"的部分人员不信任鲁迅等,一直到去世。这是有形的路,走了30多年,在这有形的路之中常常遇到种种无形之路:坎坷、荒芜崎岖的、生与死,地狱和人间路,在这路上鲁迅上下探寻真理和人生之梦。在黑暗中寻找光明,在希望中失望乃至绝望,克服绝望看到希望,"绝望之虚妄,正如希望相同",在虚无中寻觅实有,在冰谷发现死火,在太平的魔鬼主宰的地狱中有了人类的大威严。在形影不离中影子却因为不愿随形去天堂、去地狱、去黄金世界,而宁可告别"形"沉没在黑暗里,但是又担心"黑暗会吞并我,光明又会使我消失"。在"自我"死后却还活着,听到几声喜鹊叫,听着活人的脚步声,很多人的说话声"这个人怎么要死在这里?"。在巨大的屈辱痛苦之中试图找回生存的尊严。在厌恶求乞者的同时思考求乞的语调和手势。战士走进无物之阵终于不是战士了。在地上"于浩歌狂热之际中寒"而"于天上看见深渊"。"于一切眼中看见无所有;于无所希望中得救。"[24]这不是一个活生生的"过客"吗?当然鲁迅处在这个现实中又超越了现实。塑造了这个在精神上接近"超人"的过客。

(二)"过客"完全依靠本能意欲行走,乃是强力意志的体现

没有目标,没有方向,没有计划,完全是欲望的驱使。过客甚至不知道自己姓什么叫什么:"从我还能记得的时候起,我就只一个人。我不知道我本来叫什么。我一路走,有时人们也随便称呼我,各式各样地,我也记不清楚了,况且相同的称呼也没听过第二回。"[25]不仅如此,还不知道自己从哪里来,又到哪里去,没有终极,就这么走呀走,"从我还记得的时候起,我就在这么走"。

（三）一直走并且不能回转，这是行走过程中的自我超越，自我升华

老翁告诉过客不要向前走了，因为前面是坟，况且过客已经这么困顿，建议过客回转去，前面“料不定可能走完”，过客沉思一会，忽然惊起，说道“我只得走”。“回到那里去，就没有一处没有名目，没有一处没有地主，没有一处没有驱逐和牢笼，没有一处没有皮面的笑容，没有一处没有眶外的眼泪”，所以过客坚定回答“我憎恶他们，我不回转去”。过客在追寻人生真谛的路上经历太多的虚无、伤心、虚名、伪善和严重的束缚打击，故而必须与这些罪恶斗争，继续克服和进步。前面还有声音在唤我，“我只得走了”。

（四）一直走，是要付出沉重的代价的。要受伤流血的。只能自己忍受

“可恨的是我的脚早已走破了，有许多伤，流了许多血，因此，我的血不够了；我要喝些血。但血在哪里呢？可是我也不愿意喝无论谁的血，我只得喝些水，来补充我的血。”

（五）在寻梦的路上行走，必须决绝同情，坚定自己的意志，不可以动摇，拒绝布施

因为布施只能使布施者遭殃。这就是尼采的非道德论。女孩递给过客一块布，希望过客裹上脚上的伤。过客将要裹伤，犹豫了一下，还是谢绝了这个好意，打算把布还给女孩，他担心女孩受到报复：“我怕我会这样：倘使我得到了谁的布施，我就会像兀鹰看见死尸一样，在四近徘徊。”过客是希望和绝望的统一，是地火的，是一切生物的中间环节，是黑暗和光明的融合；过客是生命的绵延和生殖生成，是创造。是强力意志，是虚无和反抗虚无。最后是现实主义和浪漫主义的统一，是此在和超越。

五、结　语

尼采的强力意志是指个体本能的盲目的冲动，是一种价值重估的方法。尼采强调的是强力意志的本体和它的评估尺度，意在否定西方的奴隶道德和使人平庸的基督教,倡导主人道德,强力;而鲁迅认为可以把强力意志可以升华意志力、创造力,目的在于提升中国人的内在精神,使国人在新世纪的世界竞争中立于不败之地;尼采打倒的是西方的宗教偶像,鲁迅则要彻底地猛烈地推翻中国的旧偶像旧礼教,促进中国人进步;尼采的超人首要是克服他自己和德国人的种种不足,通过长期的斗争使人的精神有一个巨大的飞跃,鲁迅则是改变中国人的看客冷漠麻木的心态,使"人各有己"发挥个性的力量,也就是"立人"使人从奴隶到有内在精神的站立的人。鲁迅认定超人从现在看,是有点渺茫,但从未来看,则是确定不移必然出现的,理解超人须从整体分析,不可以从一时短期来诠释。而且对于尼采不能仅仅仿照其警句格言式的文风,这样往往导致晦涩难解,失去真正的战斗风格。全面解读尼采还是不够的,还应该提出针对国人根性的改革方向,表现国人的精神,于是鲁迅成功塑造"过客"这一具有超人精神的中国形象。"过客"一往无前,绝不停步也不回头,不受干扰不受同情,在希望的召唤下义无反顾艰难地奔向也许有深渊的大同世界——人国。

(2021年4月15日初稿,5月17日定稿;2022年9月1日修改)

注释

① 徐梵澄:《重温古典——徐梵澄随笔》,北京大学出版社2007年版,第245页。

② [日]增田涉:《鲁迅的印象》,湖南人民出版社1980年版,第85页。

③ [日]增田涉:《鲁迅的印象》,湖南人民出版社1980年版,第83页。

④ 许寿裳:《亡友鲁迅印象记》,《鲁迅回忆录》上册,北京出版社1999年版,第243页。

⑤ [德]尼采著,孙周兴译:《权力意志》,上海人民出版社2018年版,第52—53页。

⑥《鲁迅全集》第十卷,人民文学出版社2005年版,第184页。

⑦《鲁迅全集》第一卷,人民文学出版社2005年版,第80页。

⑧［德］大卫·斯特劳斯著，吴永泉译：《耶稣传》，商务印书馆 2018 年版，第 271，272 页。

⑨［联邦德国］伊沃·弗伦策尔著，张载扬译：《尼采传》，商务印书馆 1988 年版，第 15 页。

⑩［联邦德国］伊沃·弗伦策尔著，张载扬译：《尼采传》，商务印书馆 1988 年版，第 2 页。

⑪［德］尼采著，孙周兴译：《权力意志》，商务印书馆 2018 年版，第 38 页。

⑫［德］尼采著，钱春绮译：《查拉图斯特拉如是说》，生活·读书·新知三联书店 2018 年版，第 91 页。

⑬《鲁迅全集》第一卷，人民文学出版社 2005 年版，第 349 页。

⑭《鲁迅全集》第一卷，人民文学出版社 2005 年版，第 202 页。

⑮［德］海德格尔著，孙周兴译：《尼采》，商务印书馆 2018 年版，第 999 页。

⑯［联邦德国］伊沃·弗伦策尔著，张载扬译：《尼采传》，商务印书馆 1988 年版，第 84 页。

⑰《鲁迅全集》第一卷，人民文学出版社 2005 年版，第 341 页。

⑱《鲁迅全集》第六卷，人民文学出版社 2005 年版，第 260 页。

⑲《鲁迅全集》第六卷，人民文学出版社 2005 年版，第 250—251 页。

⑳《鲁迅全集》第六卷，人民文学出版社 2005 年版，第 246—247 页。

㉑［德］尼采著，孙周兴译：《瞧这个人》，商务印书馆 2018 年版，第 38 页。

㉒《鲁迅全集》第一卷，人民文学出版社 2005 年版，第 437 页。

㉓《鲁迅全集》第一卷，人民文学出版社 2005 年版，第 439 页。

㉔《鲁迅全集》第二卷，人民文学出版社 2005 年版，第 207 页。

㉕《鲁迅全集》第二卷，人民文学出版社 2005 年版，第 194—195 页。

现代性的追索：周氏兄弟与斯威夫特比较论

蒋永影

18 世纪英国作家斯威夫特(Jonathan Swift, 1667—1745)的作品是伴随着清末第一次翻译潮流而来的舶来品。1872 年 5 月，他撰写的《格列佛游记》(*Gulliver's Travels*)的第一个中译本《谈瀛小录》在上海《申报》刊登，随后诸多的译本中以 1906 年林纾的译本《海外轩渠录》影响最大。

周氏兄弟与斯威夫特之间的关系始终贯穿着"现代性"这条主线，这里的现代性已经经过中国知识分子的有意选择和改造，对西方自文艺复兴以来的现代文化资源重新进行了整合和接受。中国文学现代性的生成始于译介，而周氏兄弟对斯威夫特的接受也始于译介，但却超越了译介的语言本身，他们将西方的叙述模式、艺术技巧和启蒙意识移植并融入中国，在批判和怀疑中探索着中国文学现代化的进程。

一、译介的现代：周氏兄弟对斯威夫特的接触

鲁迅在给江绍原的信中曾写道："英美的作品我很少看，也不大喜欢。"但他却很推崇斯威夫特。在《什么是讽刺》一文中，鲁迅对斯威夫特充满了赞赏，认为他足以与果戈理相提并论。鲁迅于 1902—1909 年赴日留学，林译本《海外轩渠录》出版于 1906 年，所以，鲁迅对斯威夫特作品的最早接触渠道正是留日期间阅读到的林译小说。包括《海外轩渠录》在内的 100 多篇外国小说是鲁迅做小说的最初启蒙，他在谈及自己如何做起小说来，便说是仗着对

这些外国小说的阅读。林译小说共有170多种,其中100种是英国小说,《海外轩渠录》便位居这100种之内。鲁迅说自己从林译小说中"看见了伦敦小姐之缠绵和非洲野蛮之古怪"。周作人在《鲁迅与清末文坛》(1957)中提到对鲁迅有很大影响的人中"不得不举出林琴南":"我们对于林译小说那么的热心,只要他印出一部,来到东京,便一定跑到神田的中国书林,去把它买来。""看过之后鲁迅还拿到订书店去,改装硬纸板书面,背脊用的是清灰洋布。"这足可见鲁迅对这些书籍十分珍视。然而,周作人和鲁迅对林译《海外轩渠录》的评价却并不高:"斯威夫特的《格列佛游记》……本是好书,却被译得不成样子。"[①]

鲁迅不仅仅因为《格列佛游记》是西洋小说而对其产生兴趣,他本身也极喜欢科学幻想小说,这种文学趣味对其早年的文学翻译和创作产生了不小的影响。鲁迅在留日期间就根据日文译本翻译了凡尔纳的小说《地底旅行》(*Voyage au centre de la Terre*, 1864)和《月界旅行》(*De la Terre à la Lune*, 1865),在他的《科学小说〈月界旅行〉辨言》(1903)中,鲁迅肯定了科学幻想小说的"析理谭玄""浸淫脑筋,不生厌倦"等特点,对其中波诡云谲的奇异幻想表示称赞。

除了林译的《海外轩渠录》,韦丛芜的译本鲁迅也曾阅读和收藏。鲁迅于1925年曾为北新书局主编过《未名丛刊》,该丛刊以翻译和介绍外国作品为主,共收录翻译作品23种,韦丛芜翻译的《格里佛游记》卷一(1928)和卷二(1929)也被列入其内。韦丛芜于1927年2月25日曾致信鲁迅商讨出版译著一事,鲁迅于3月15日回复如下:"《格里佛游记》可以照来信办,无须看一遍了,我也没有话要说,否则邮寄往返,怕我没有工夫,压起来。"[②]可见鲁迅对韦丛芜的翻译比较认可,所以无须再看。韦丛芜版的《格里佛游记》在封面和卷中都配了插图,在引言里还介绍了斯威夫特的生平与创作,并对小说的主题和内容进行了简要的分析。在卷首中韦丛芜写道:"对于给我译此书以鼓励的鲁迅先生和岂明先生……谨表十分感谢。”

周作人对斯威夫特的了解似乎更为全面,据他在《知堂回想录》里的回忆,他在1906年刚到日本时就接触到了泰纳的《英国文学史》(英文版),该书对斯威夫特的讽刺效果加以详细的介绍。

周作人喜欢《格列佛游记》与他一直钟爱新奇怪诞的文学趣味有关。在《小说的回忆》中,周作人提及自己小时候就看了不少神奇玄怪小说,像《山海经》《镜花缘》《西游记》《封神榜》《聊斋志异》……所以他说:“对于神异故事之原始的要求,长在我们的血脉里。”[③]对异域怪诞之事的猎奇契合了他早年的文学追求,他曾翻译过《天方夜谭》里的《侠女奴》(今译《阿里巴巴与四十大盗》),还曾编译出版爱伦·坡的《山羊图》(*The Gold-bug*, 1843),后更名为《玉虫缘》。

除了阅读林译本的《海外轩渠录》之外,周作人还积极尝试翻译斯威夫特的散文作品。对散文文体的译介在某种程度上是他对林纾译文风格进行模仿的实验,他说大家“几乎都因了林译才知道外国有小说,引起一点对于外国文学的兴味。我个人还曾模仿过他的译文”[④]。在1921年的《晨报》发表的《美文》一文中,周作人对散文文体的建设提出了关切。散文的译介契合了白话文和小品文的发展诉求,它的现代性表现在笔调解放,下笔随意,可以抒情、说理、评论和讽刺,在一定程度上承担了启蒙话语的功能,斯威夫特的散文多为时事而作的政论文,不为格套所拘,这种自由叙述的精神和“五四”的思想解放遥相呼应。周作人于1923年和1925年分别翻译发表了斯威夫特的《育婴刍议》(“A Modest Proposal”,1729)和《〈婢仆须知〉抄》(*Directions to Servants*, 1745),收录在1927年出版的《冥土旅行》中,鲁迅也曾收藏和阅读这本书。在1924年为《〈婢仆须知〉抄》写的译记中,周作人称斯威夫特是“英国文学界的奇人”,并为林纾腰斩《格列佛游记》而感到遗憾。《一个小小的建议》(*A Modest Proposal*)是斯威夫特的代表散文之一,作者以讽刺的笔调建议爱尔兰人将自己的婴儿卖给富人做佳肴,以此缓解爱尔兰地区的贫困。周作人称《育婴刍议》是自己最喜欢的一篇文章,他注重译名与内容的匹配,根据内容进行归纳总结,放弃了对原名称的直译,而将其译为《育婴刍议》。另外,周作人还认为自己节译的《婢仆须知》是全书中“最粗暴刻毒的讽刺之一”。

周作人在《欧洲文学史》中还给予斯威夫特一定的篇幅。1917 年,周作人在北大讲授欧洲文学史课程,随后他将自己的课堂讲义编撰成书,次年出版。这部文学史以文言文写成,共分三卷,希腊和罗马各占一卷,第三卷分两篇:中古与文艺复兴与十七十八世纪。斯威夫特的内容位于第三卷的“十八世纪英国之文学”。由于对希腊罗马文化的钟爱,周作人竟在斯威夫特身上寻找到了罗马时代希腊语讽刺作家卢奇安(Lukianos)的影子[⑤],认为他“大意仿希腊 Lukianos 之信史(Alethes Historia),而设想奇肆,寄意深刻尽过之”。周作人还以比较的视角将笛福和斯威夫特的小说作比,认为它们“多言涉险,故事迹虽非神怪,亦殊异于寻常”[⑥]。周作人对斯威夫特的解读多半借鉴欧美文学史的评价,还不能完全称为独立的研究。这一时期的外国文学史著作主要以推广普及为目的,担当思想启蒙的工具,还远不能达到学术研究的高度。尽管如此,它的影响和意义仍不可小觑。它第一次系统地介绍了西方的文学体系,提供了全局视角,开后世文学史写作风气之先。

二、艺术审美的现代对话:在中西讽刺传统之间

中西讽刺文学来自不同的美学传统和写作范式,随着 19 世纪之后异域性因素的增强,西方文学的讽刺经验进入了中国讽刺文学传统之中,并影响了中国作家的讽刺创作。斯威夫特作为英国讽刺文学史上的关键人物,其笔下呈现出了夸张、滑稽、粗鄙和戏拟模仿等讽刺的一般性特征,而这些也多少在一定程度上代表了西方的讽刺文学传统。而《儒林外史》则承接了“主文而谲谏”的

讽刺方式,代表着含蓄蕴藉、客观冷静的中国讽刺传统,这与西方讽刺传统是完全不同的。鲁迅在《中国小说史略》中“清之讽刺小说”一篇中专门分析了这部小说,并对其进行了准确的评价:“婉而多讽”“旨微而语婉”“无一贬词,而情伪毕露”“烛幽索隐,物无遁形”。以斯威夫特为代表的西方讽刺文学传统进入中国之后,与中国的讽刺文学传统发生激烈的对接与碰撞,周氏兄弟试图在两者之间积极寻求对话的可能性。

鲁迅十分推崇斯威夫特的讽刺才能,他说同样的材料“假如到了斯惠夫德(J. Swift)或果戈里(N. Gogol)的手里,我看是准可以成为出色的讽刺作品的。在或一时代的社会里,事情越平常,就越普通,也就越合于作讽刺”⑦。1934年,鲁迅在《花边文学·奇怪》一文中提到眼下中国的种种现象,希望“现在有一个英国的斯惠夫德似的人,做一部《格利佛游记》那样的讽刺的小说”⑧来惊醒这些人。鲁迅在《华盖集》里的论辩文章几乎篇篇都是匕首和投枪,抓住对方的矛盾点,直击痛处,毫不留情。与此类似的是,斯威夫特在作品中也擅于抓住时机对讽刺对象毫不留情地进行抨击。在20世纪20年代鲁迅与梁实秋的论战中,梁实秋在《文学批评辩》(1926)一文中提到“绥夫特谓批评家乃狗,乃鼠,乃蜂,充其量不过智识阶级中之蠢夫”。而后鲁迅以多篇文章回击,并给其加了“丧家的资本家的乏走狗”的名号,这种回击也是颇得斯威夫特的讽刺文才。《肥皂》里的讽刺更是被运用到了极致,处于新旧文化转型中的伪道学家四铭一面叫嚣着新文化,一面又抱残守缺。他故作姿态地骂那些光棍和流里流气的人,却又怀揣光棍的淫念,这些滑稽的细节与斯威夫特的讽刺多有几分相像。周作人曾指出《狂人日记》的冷嘲笔调,“多理性而少热情,多憎而少爱,这个结果编造成了 Satyric Satire‘山灵的讽刺’,在这一点上却与‘英国狂生’斯威夫德有点相近了。”⑨

鲁迅讽刺笔调的形成有多种来源,在外来讽刺传统中,斯威夫特的影响是绝对不能忽略的,鲁迅在接受外来影响的同时又以其独特的话语构建了中国现代讽刺文学，因此有学者将中国现代讽刺文学的传统归纳为三个主要来源：一是以《儒林外史》为代表的古典传统；二是以斯威夫特、果戈理等为代表的外国传统；三是以鲁迅为代表的现代传统。[10]鲁迅既受益于讽刺文学的传统，又缔造了现代讽刺文学的传统。然而，鲁迅对中西文学讽刺传统的态度却是值得玩味的。他高度评价代表中国讽刺传统的《儒林外史》，贬评带有西方讽刺成分的《官场现形记》和《二十年目睹之怪现状》等谴责小说，他认为谴责小说虽"与讽刺小说同伦"，但"辞气浮露，笔无藏锋，甚且过甚其辞，以合时人嗜好，则其度量技术之相去亦远矣"[11]。且不论实际情形中谴责小说的真实文学价值，单就鲁迅的评价而言，可以看出他对中国讽刺传统是十分推崇的。但从鲁迅的讽刺性杂文创作来看，"锋利而切实"，如"匕首和投枪"，这似乎又与中国隐约含蓄的讽刺传统相悖，而更趋同于西方。鲁迅的讽刺创作确实在很大程度上受到了西方的影响，周作人在评价《阿 Q 正传》写作成功的原因时提到了果戈理对鲁迅讽刺创作的影响，在喜剧中表现惨烈的悲剧，"用幽默的笔法写阴惨的事迹"。[12]但鲁迅在对"讽刺"进行界定时，既流露出对西方讽刺传统的叛逆和变异，同时还有对中国讽刺传统的继承和借鉴："一个作者，用了精练的，或者简直有些夸张的笔墨——但自然也必须是艺术的地——写出或一群人的或一面的真实来，这被写的一群人，就称这作品为'讽刺'。"[13]

周作人对讽刺技法也十分推崇，在这一点上他和斯威夫特保持同调。他在《小说的回忆》(1945)一文中特地将《镜花缘》《天方夜谭》和《格列佛游记》三者加以比较，最后认为还是斯威夫特的讽刺手法技高一筹。他曾于 1925 年给青年人开了一系列的必读书单，《格列佛游记》就位列其内。他发表的《碰伤》(1921)一文以斯威夫特式的冷嘲笔法讽刺北洋政府对待索薪教员的残暴行为，晚年的他曾在《知堂回想录》中说这样的笔法"是我喜欢的，后来还时时使用着"。

周作人还在《欧洲文学史》(1918)中触及了讽刺创作的言辞特征,“即经转变,旧质仍有,故不避嘈杂粗鄙之辞”。其实,讽刺文学的粗鄙之辞在中西民间文学资源中都能找到各自的根基。从词源学上来说,讽刺原指希腊神话中的神祇时常在酒醉的状态游荡和欢舞,流露出粗鄙和下流。巴赫金从民间节庆仪式的视角追溯讽刺,认为节庆中的粗鄙的嘲笑和秽语是讽刺语言的最初来源。在斯威夫特的笔下还时常看到一些粗鄙性的讽刺语言,例如在《格列佛游记》中斯威夫特用大段篇幅描述了格列佛在大人国遭遇侍从女官色情调戏的片段,她们将他“当做一个微不足道的生物”,毫无忌惮地在他面前剥得精光,并且小便。[14]中国的讽刺传统中有文人讽刺创作与民间讽刺娱乐之别,“雅”的一面发源于《诗经》的讽刺诗,而“粗鄙性”的一面主要来自民间的诙谐文化。中国作家也常常向民间文化寻求资源,将民间叙述与知识者的话语结合起来,造成戏谑的效果。《儒林外史》中的“公子妓院说科场”“呆名士妓馆献诗”等章节都有反高雅的倾向。

斯威夫特对周作人的影响更多地体现在他的杂文创作上。周作人的散文大致可分为三类:杂文、小品文和书话。他的杂文充满了讽刺和戏谑,表现出他浮躁凌厉的一面。他的《前门遇马队记》《吃烈士》和《碰伤》等杂文都不无受到斯威夫特的影响,充满反讽的机智。《真的疯人日记》以疯人的疯言疯语讽刺当下的情形,但在文末的编者跋中,作者说疯人也许并不疯,在这篇游戏之作中寻找出几分可靠也未尝不可。周作人自己认为“我写这种文章,大概系受一时的刺激,像写诗一样,一口气做成的,至于思想有些特别是受英国斯威夫德(Swift)散文的启示,他的一篇《育婴刍议》那时还没有经我译出,实在是我的一个好范本,就只可惜我未能学得他的十分之一耳”[15]。周作人的《修禊》一诗描述了吃人腊的百姓投奔临安宋主之事,诗中有云“犹幸制熏腊,咀嚼化正气”,义民的忠义正气和吃人形成了绝妙的讽刺。周作人说这两句古体诗是“非意识的由其《育婴刍议》中出来亦未可知”,他说自己“平常喜欢和淡的文字思想,有时亦嗜极辛辣的,有掐臂见血的痛感,此即为我喜欢那'英国狂生'斯威夫德之一理由"[16]。1926年,段祺瑞执政府杀害游行请愿的学生,酿成了"三一八"惨案,周作人先后发表多篇文章控诉段祺瑞执政府的罪行。《死法》发表于1926年5月第81期的《语丝》上,全文作者以极其冷静的语调一本正经地叙述古今中外各种各样的死法:钉十字架、吞金喝卤、怀沙自沉、吊死……最后认为枪毙是现代文明社会里最理想的死法。文章通篇反语,在压抑中透露着悲愤,深得《育婴刍议》写作风格的精髓。

从讽刺技法上来说,鲁迅与斯威夫特更为接近,但鲁迅的讽刺是要唤醒"铁屋子"里的人,用冷峻的笔勾画国民的灵魂,在阴冷中笑得深沉,这也是与斯威夫特的不同之处。从接受程度来看,周作人对斯威夫特的接受和了解更为全面,除了小说之外,还涉及散文的译介,这也许和他本身的英文基础较好有关。"五四"时期的讽刺文学承担着民族化和现代化的重任,以鲁迅和周作人为代表的一批作家真正开启了现代讽刺文学的发展,这完全不同于师法西方讽刺精神的谴责小说,谴责小说多半是过渡性质的讽刺小说,处于现代讽刺文学的初级阶段,它在描摹种种怪现状之时,却不能深究社会根源。鲁迅则吸收了中外讽刺文学的创作经验和技巧,完成了讽刺文学现代化和民族化的双重任务,将讽刺文学推向了新高度。正如他在《〈木刻纪程〉小引》(1934)所说,要么"采取外国的良规,加以发挥",让"作品更加丰满",要么"择取中国的遗产,融合新机,"让"将来的作品别开生面"。

三、启蒙的困境:传统与现代的二元张力

"启蒙"在东西方语境中有不同的价值内涵,西方的"启蒙"通常是指兴起于17世纪的欧洲思想文化潮流,追求科学理性和人道主义。中国语境下的"启蒙"更多地导向开悟,带有教化色彩。在现代性话语规制下,"文明与愚昧""现代与传统"的二元结构背后凸显的是"文明"对"愚昧","现代"对"传统"的启蒙。

在大多数的文学史定位中,斯威夫特是个启蒙主义作家,但他作为启蒙作家身上表现出的矛盾性又让他与其他的启蒙思想家区别开来。西方启蒙文学继承并发展了文艺复兴以来的人文主义传统,带有政治性、民主性和理性色彩。斯威夫特既信仰理性,又批判理性;他既拥护现代,同时又持古典立场。这个特点贯穿了他的一生,并在他的创作中得到了强化。在18世纪的古今之争中,斯威夫特站在了古代立场上。他早年的抒情诗喜效仿品达和贺拉斯,对古典主义有着执着的追求。《书的战争》(*The Battle of the Books and Others*, 1704)也是在为古代学问的优越性而辩驳。作为一个启蒙时代的先锋作家,斯威夫特信仰理性,在慧骃(Houyhnhnm)国里他对人类的野蛮进行了嘲笑,对人类社会进行了抨击,将具备人形的"耶胡"(Yahoo)描绘得充满淫欲、堕落和凶残。但他一面又表现出对理性的嘲弄,斯威夫特早在卢梭之前就已经开启了对启蒙理性的怀疑。他在《格列佛游记》中关于理性的表述实际上是对启蒙时代人类自我膨胀的理性的一次反攻。他对西方传统中关于"人是理性动物"的说法不以为然,他在给蒲伯(Alexander Pope)的一封信中说,人类并非生而理性,而仅仅是具备理性的能力。[17]斯威夫特力图在理性和感性、理智和情感之间寻找平衡点,对理性的批判多少填补了特定时代人类心灵的空虚。由此引发的斯威夫特的科学立场也一度成为关注的热点,其实关于斯威夫特科学与反科学的争论很大程度上源于他对待科学的矛盾态度。譬如,他在飞岛国中塑造出了一个对现代科学表示厌恶的格列佛,在《书的战争》中他流露出对现代学问的鄙夷。

在周氏兄弟的身上甚至在其他很多中国现代作家的身上似乎也能看到斯威夫特所持有的这种矛盾性:在继承西方现代性的同时又对现代性进行批判,在反传统的同时又对传统有所眷恋。"五四"时期的作家处于西方强大的话语系统中,当时的中国知识分子既想启蒙,同时又对启蒙持有一定的批判和怀疑。鲁迅的身上就深刻地体现出这种矛盾性,他的弃医从文在一定程度上代表着从科学救国转向文学救国。《摩罗诗力说》和《文化偏至论》奏响了20世纪中国文学的启蒙号角,然而他从身体疗救转向精神疗救就意味着是把文艺置于科学之上,沿袭了传统知识分子轻科学的心理。但是鲁迅在《人之历史》《科学史教篇》等文章中又是认同现代科学的,并称之为“神圣之光,照世界者也”,同时他又对科学和物质文明容易造成文化偏执和人性遮蔽持保留态度。小说《伤逝》饱含了他对启蒙的反思,当启蒙主义者的理想与困顿的日常发生冲突时,启蒙的局限性便显现出来了。主人公涓生从最初的启蒙觉醒者,到后来变得冷漠,最后成了一个悔恨的叙述者,这种转变本身也体现出鲁迅对启蒙者自身局限性和矛盾性的思考。而同样作为启蒙者的周作人,他的身上则自带一种矛盾型的文化人格,由于身处转型动荡的时代,加上自身的怀疑主义,这种独特的文化心态让他逐渐陷入了人生的绝望和消极之中,这也不难解释他后期人生的逆转。

中外知识分子在面对本国的传统与现代、古与今的问题时,国民性成了他们的话语模式和思考方式之一,从中我们似乎找到了沟通中西价值二元对立的桥梁。“五四”时期的鲁迅率先举起批判国民性的大旗。自鲁迅起的一个多世纪以来,关于国民性的批判已经成为文化建构方式之一。斯威夫特也对爱尔兰的国民性进行了激烈的批判,这对于我们反观国民性话语的真正内涵具有重要的学术价值。在对国民性的清算中,普世的思想话语和人性的共通弱点得以显现,特别是一些在中国人和西方人身上兼具的负面人格特征,比如自私狭隘和麻木不仁。斯威夫特的《一个小小的建议》用戏谑讽刺的笔调分析怎样才能从婴孩身上赚取高额的利润,行文有如鲁迅描写无知的国民将人血馒头当作药一样的震慑人心,同时还能读出《狂人日记》中“救救孩子”的呐喊声。周作人的《奴才礼赞》正话反说,对奴性进行辛辣的嘲讽。在分析这些国民性的背后渗透着中西知识分子们的价值理想和追求,一种“哀其不幸,怒其不争”的情怀让他们以这样的方式去唤醒国人。

此外,格列佛历经的种种海外遭遇折射出近代个人的独立冒险精神,这与中国传统的"父母在,不远游"的文化精神截然不同,鲁迅在《北京通信》《家庭为中国之基本》等文中也曾批判过中国人安于家庭,缺乏向外冒险和求索精神,只能苟活求安稳。

有学者争辩鲁迅与斯威夫特都是恨世者的形象。斯威夫特在1725年给蒲伯的信中吐露了自己的爱与恨:"我恨一切国家、工作和社会,我所有的爱只给个人……我尤其憎恨人类这种动物,但我对约翰、托马斯他们都是真诚的……"[18]周作人在《欧洲文学史》中也谈到斯威夫特在游记中"意在诅祝其所'深恶痛绝之禽兽',即人类是也"。斯威夫特在这里憎恨的并不是具体的个人,鲁迅同样也如此,他对正人君子之流多有攻击,他在《写在〈坟〉后面》(1926)一文中说自己的目的就是要让"憎恶我的文字的东西得到一点呕吐,——我自己知道,我并不大度,那些东西因我的文字而呕吐,我也很高兴的",[19]而这和斯威夫特给蒲伯信中的表达几乎如出一辙:"我的时间一直花在……修改《游记》上……费这么大工夫就是要惹得世人鸡飞狗跳,而不是供他们消遣。"[20]致力于将鲁迅介绍到西方的翻译家王际真评价《狂人日记》是继"斯威夫特将人说成是最卑劣的动物之后,对人类社会最猛烈的攻击"[21]。他在1939年用英文编写的《鲁迅年谱》导论中,将鲁迅称为"中国的斯威夫特":"他和斯威夫特一样对人类的堕落和愚昧痛心疾首,并加以猛烈攻击。"

周氏兄弟和斯威夫特身上散发出的这些共性源于启蒙知识分子相似的内在心理气质和文化风格,这是他们对启蒙理性进行批判和怀疑的内在主体因素。这种启蒙批判思想的生成与他们那深刻的忧患意识、奔放的性格和浪漫的气质密切相关,在他们那里,政治、文学和人生都是融化在一起的,启蒙者既是文学家,也是思想家,文学家的浪漫气质和思想家的深邃洞察密切联系在一起。他们对现实的抨击正是忧患意识的体现,在这种忧患意识下,他们实际上又是以现代性思维为导向,思考并批判着传统。在他批判和怀疑的气度中,浸透着自己对现代的思考。

四、结　语

在注重思想启蒙的“五四”文化语境中，周氏兄弟以西方文化为参照，并将其融入自身的文化中，对斯威夫特的译介和接受正是他们进行文化选择的结果。他们对文学寄予引领人生的厚望，试图通过西洋小说所蕴含的叙事内容、艺术技巧和思想意识来更新中国传统文学的格局和观念，并加速中国文学的现代化进程。但是周氏兄弟在追求启蒙现代性的同时，又不时地彰显出矛盾的文化心理。一方面，他们对斯威夫特的译介和接受是为了满足中国文学现代化发展的需要；另一方面，中国传统的文化心理始终潜伏在他们的心灵深处，他们其实仅仅是在借西方文化对传统文化进行改造。这种困境和张力实际上是中国文学不断现代化的过程，也是中国走向世界的过程。它彰显了传统与现代的融合和对立，构成了中国现代性发展进程中的重要一面。

（外交学院基础教学部汉语教研室讲师）

［本文系教育部人文社科基金青年项目“乔纳森·斯威夫特在中国的传播与接受研究项目”（18YJC751020）阶段性研究成果］

注释

① 周启明：《鲁迅的青年时代》，中国青年出版社 1957 年版，第 79 页。

② 鲁迅：《鲁迅全集》第十二卷，人民文学出版社 2005 年版，第 23 页。

③ 钟叔河编：《周作人文选 1898—1929》，广州出版社 1995 年版，第 230 页。

④ 周作人：《林琴南与罗振玉》，《语丝》1924 年 12 月 1 日第 3 期。

⑤ 卢奇安《真实的故事》（*A True Story*）一书被追溯为西方科幻小说的最早萌芽，以航海游记的形式记录了一系列神秘怪异离奇之事。这种海外奇谈的题材在罗马时代风行一时，《格列佛游记》的创作深受此书影响，两书中的很多细节都如出一辙，如：卢奇安笔下的太阳国以遮蔽阳光降服月亮国，让月亮国终日生活在黑暗中；斯威夫特笔下的飞岛国经常飞到某个地

方的上空遮蔽阳光和降雨,来惩罚这些刁民。

⑥ 周作人:《欧洲文学史》,商务印书馆1918年版,第62页。

⑦ 鲁迅:《什么是讽刺》,《鲁迅全集》第六卷,人民文学出版社2005年版,第113页。

⑧ 鲁迅:《奇怪》,《鲁迅全集》第五卷,人民文学出版社2005年版,第572页。

⑨ 仲密(周作人):《自己的园地(八):阿Q正传》,《晨报副刊》1922年3月19日。

⑩ 王卫平:《现代讽刺文学与鲁迅传统》,《鲁迅研究月刊》1997年第2期。

⑪ 鲁迅:《中国小说史略》,译林出版社2014年版,第245页。

⑫ 周作人:《关于鲁迅之二》,鲍风,林青选编:《周作人作品精选》,长江文艺出版社2003年版,第232页。

⑬ 鲁迅:《鲁迅全集》第六卷,人民文学出版社2005年版,第340页。

⑭ [英]斯威夫特著,主万、张健译:《木桶的故事　格列佛游记》,人民文学出版社2000年版,第275页。

⑮ 周作人:《知堂回想录》下,河北教育出版社2002年版,第514页。

⑯ 钟叔河编:《周作人文选》,广州出版社1995年版,第514—515页。

⑰ "I have got materials towards a treatis proving the falsity of that definition animal rationale, and to show it should be only rationiscapax." See *To Alexander Pope*, September 29, 1725.

⑱ "I have ever hated all nations, professions, and communities, and all my love is toward individuals … I hate and detest that animal called man, although I heartily love John, Peter, Thomas, and so forth." See *To Alexander Pope*, September 29, 1725.

⑲ 鲁迅:《鲁迅全集》第一卷,人民文学出版社2005年版,第299页。

⑳ "I have employed my time … correcting … my *Travels* … the chief end I propose to myself in all my labours is to vex the world rather than divert it." See *To Alexander Pope*, September 29, 1725.

㉑ Chi-Chen Wang, "Lusin: A Chronological Record", *China Institute Bulletin*, Vol.3, No.4, 1939, p.112.

创造社与湖畔诗社的交集
——郭沫若致汪静之信查考

高方英

在上海鲁迅纪念馆馆藏中有一封郭沫若致汪静之的信。这封信没有注明写作年份，署名沫若，时间署 4 月 24 日。信的内容非常丰富，主要涉及三个方面：一是郭沫若与湖畔诗人汪静之、应修人的交往；二是学艺社及其出版物；三是 1925 年创造社的艰辛历程。

一、郭沫若与湖畔诗人汪静之、应修人的交往

1921 年 8 月，郭沫若创作的新诗集《女神》由上海泰东图书局出版。1922 年 8 月 5 日晚，《女神》出版周年纪念会在上海一品香旅社举行。汪静之和应修人就是在此纪念会上认识郭沫若的。该纪念会由郁达夫发起，参加者有郑振铎、沈雁冰、谢六逸和庐隐等，汪静之和应修人一起代表湖畔诗社与会。据应修人日记："晚静来，六点半，同到'女神生日纪念会'到者约三四十人。上海知名的，大概都到。沫若、达夫都诚挚而和蔼。"[①]1922 年 3 月，汪静之、潘漠华、应修人、冯雪峰等组织了我国现代文学史上最早的新诗社团——湖畔诗社。他的诗集《蕙的风》于 1922 年 8 月由上海亚东图书馆初版，朱自清、胡适、刘延陵作序。该诗集的出版在全国掀起巨大反响，成为"五四"新文化运动后最早出版的诗集之一，与

其同一时期的是胡适《尝试集》(1920年初版),郭沫若《女神》(1921年初版),俞平伯《冬夜》(1922年出版),康白情《草儿》(1922年)。20岁的汪静之也因此一举成为“诗人”。对于汪静之,鲁迅也很赏识,并对其诗集《蕙的风》等作品给予较高的评价,也曾亲自为他修改作品,多次给他教诲和鼓励。

之后,汪静之、应修人与郭沫若交往频繁,相互评诗,一起游玩,友谊日深。据1924年2月29日汪静之给女友符竹因的信,他和郭沫若在上海还曾同枕而眠:“我在沪时是和郭沫若哥同枕睡,我是他的小弟弟,他用手腕给我做枕头,抱着我睡,并且亲吻:望你不要起醋意,我们同性的人亲亲吻是不要紧的,即如你和你的姐妹亲一万个嘴,我也不会吃醋。”[②]这应该是指1922年《女神》纪念会后,汪静之在上海吴淞中国公学补习英文期间和在上海宏文英文专修学校读书时与郭沫若一起游海滨、一起唱新诗、彼此评诗、同塌而眠等亲密的交往情景。应修人在其日记中也有类似的记录:“晚静来,同出外,我买《新诗年选》3本(1.20)。用点。八点同到沫若、达夫处。唱诗,读诗,议诗,解诗,快乐而尽情的。想回,留我睡。谈到二点多。”[③]应修人因此还作诗《偕静之夜访沫若、达夫留宿》。此封信也提及了应修人:“我前一礼拜生了一个女儿,这可满足了修人的希望。”大概在彼此的交往中,应修人曾跟郭沫若说过希望这一胎是女儿之类的话。女儿即郭沫若长女郭淑瑀,在此之前,郭安娜已经为郭沫若生育有三个儿子。由郭沫若“我前一礼拜生了一个女儿”可以确定此信应写于1925年。

“李太白及其诗”指的是汪静之撰写的文章,曾托郭沫若向《晨报副刊》投稿。据1925年2月13日郭沫若致《晨报副刊》编辑刘勉己的信中说:“在西湖有友人汪静之兄交来《李太白及其诗》一篇,明天当由邮寄上,以备采择。”[④]这是指汪静之符竹因夫妇新年里在杭州西湖边接待郭沫若,陪他一起去孤山赏梅花。其间,汪静之请郭沫若帮忙向《晨报副刊》投稿。信中提到的“竹英”

即符竹因,她是汪静之一口气写了13封情书追求的恋人,两人于1924年4月4日结为夫妻,最终白头偕老。郭沫若将这趟杭州之行写成《孤山的梅花》一文分3期发表在1925年4月3日、4日和7日《晨报副刊》。此时,郭沫若正住在上海环龙路44弄8号[⑤]。郭沫若是1924年11月16日携家眷由日本回到上海,借住环龙路44弄的。据周全平回忆说:"我从南翔移家到上海城内后,曾又一次因避战祸同母亲到环龙路他家中楼下前间住了好几天。"[⑥]而写此信时,汪静之已经在河北保定育德中学里担任了国文教员。汪静之是于1925年2月底赴河北保定的。他途经上海时,又去郭沫若家里做客。郭沫若当时还问起他在西湖时第二天符竹因为什么没有去同游,是不是生气了。[⑦]

事实上,汪静之的《李太白及其诗》分多期发表于1925年6月至8月的《晨报副刊》上。这发表的《李太白及其诗》是汪静之1924年撰写的长文《李太白评传》的一部分。[⑧]与此同时,1925年6月《晨报副刊》上还刊登了湖畔诗社当年创办的文学月刊《支那二月》第三期已出版的广告信息。《支那二月》于1925年2月18日创刊于上海,应修人编辑,湖畔诗社出版,同年5月出至第1卷第4期后终刊,共出版4期。该刊是湖畔诗社主办的同人刊物。此广告的刊登可能也有郭沫若推荐的原因。

二、学艺社及其出版物

学艺社全称为中华学艺社,成立于1916年12月3日,由留日学生陈启修、王兆荣、周昌寿、郑贞文等47人发起,因年属丙辰,当时定名为丙辰学社,社址设在日本东京小石川原町。后来随着社员逐渐回国,丙辰学社事务也逐渐移入国内。1922年底,社名改称"中华学艺社",上海事务所代行总社职权,同时公选郑贞文为首席干事,暂行总干事职权。[⑨]郭沫若于1923年被推举为学艺社编辑科干事。由此信可知,汪静之想参加学艺社。郭沫若在其干事会上推荐,但被保留了,郭沫若认为其原因与"胡适之替你做过一篇序文”有关。胡适之应安徽同乡汪静之之请,于1922年6月为其诗集《蕙的风》作序。既然学艺社进不去,于是郭沫若希望汪静之加入创造社,并给他寄去了简章。

汪静之在1925年2月28日致符竹因的信中也阐述过想加入学艺社并说明了原因:“学艺社的书都由商务出版,我想我先去入社,明年或后年你也入社,你赞成么?……学艺大学下半年开办,沫若对我说有大学预科(高中部),我想可托沫若设法,我打算明天写信给他。……沫若似乎说他是学艺社的编辑委员主任(或者只是编辑委员,并无主任),他有一部小说已由商务排印,我入了社随便出什么书都很便当。”⑩学艺社依托当时国内最大的出版机构商务印书馆,不仅《学艺》杂志稳定,按时出版,而且还出版学艺丛书、学艺汇刊等。郭沫若是学艺丛书委员会委员。

由“学艺大学我任了文科主任”也可以确定此信写作时间为1925年,学艺大学即1925年由学艺社在上海创办的中华学艺大学,地址在静安寺路320号的一座公馆里,学生只有30多人,但老师却是上海极有名的:“法科主任范寿康,文科主任郭沫若,语言学教师方光焘,德文教师常云湄,社会学教师李剑华,数学教师何鲁,国文教师曾琦。”⑪李剑华《缅怀郁达夫先生》开头回忆说:“我和达夫先生在日本虽先后同学,但相识还是到了上海以后的事。一九二五年我回国后,在上海中华学艺社主办的学艺大学讲授社会学,校长王兆荣,教务长范寿康,郭沫若担任文学系主任。达夫先生常到学校来找郭老,经郭老介绍而相识。”⑫许杰在《郁达夫在记忆里》说:“我和郁达夫的第一次见面,要迟到一九二五或二六的某一天。那时,我正在中华学艺社创办的中华学艺大学当一个资料员。这学校的校址,就在静安寺附近,现在已成了公安局的花园洋房里,我到现在还是记得清楚。中华学艺社的成员,大部分都是留学日本的学生,在国内学术界,都有一定的地位。当时的校长,记得是王宏实,理学院院长是郑贞文,文学院院长,则是郭沫若。我之所以能进这个大学当一名小职员,是由于范寿康和蒋径三的推荐与介绍的缘故。”⑬许杰的这篇文章写于 1983 年 2 月,“王宏实”即王兆荣。

“你下半年是准定南下了吗?在那边太不舒服的时候,我想就不做事情也不要紧,就回上海来我们一道讨口也好呢。”“一道讨口”相当于说我有一口饭吃,就不会让你挨饿。可见,郭沫若对汪静之是极为爱护、关怀备至。说明两人关系极好,郭沫若希望和汪静之一起努力工作,一起为美好的生活而奋斗。这是彼此视作兄弟的交情。汪静之在给符竹因的信中提到过:郭沫若将其视作小弟弟看待。果然,这一年快放暑假的时候,汪静之辞职了。汪静之在学生中演讲了《东方文化与西方文化》并将这演讲词印发给学生。这篇演讲词引起了校长的不满:“以为我是个大逆不道的人,怕要把他的学生教坏;便对各班学生训话,说我的话全是错的,相信不得,并命令学生把那篇文章缴还校长烧毁。”⑭于是,汪静之离开保定在北京住了一阵,9 月初秋时节回到上海,住在横浜路。郭沫若告诉汪静之商务印书馆的“百科小丛书”买稿有 5 元 1 000 字,于是汪静之用 3 个星期时间,参考了《苦闷的象征》《自己的园地》《诗学》《诗之研究》《文学评论之原理》《文心雕龙》以及本间久雄《文学概论》和托尔斯泰《艺术论》,写了一本《诗歌原理》部分卖给了商务印书馆,编入“万有文库”。另外,汪静之已经发表的《李太白及其诗》在内的《李太白评传》和新撰写的《杜甫评传》《李杜比较轮》合编成《李杜研究》,卖给商务印书馆作为“国学小丛书”出版,编入“万有文库”。⑮可见,汪静之虽然没有能够加入学艺社,但因为郭沫若的关系,他依旧实现了想在商务印书馆出书的愿望。

三、1925 年创造社的艰辛历程

此信还提到创造社当时的情形,提及友人郁达夫、成仿吾、应修人。1921 年 6 月,郭沫若、郁达夫、成仿吾、张资平、田汉、郑伯奇等留日学生多次在上海和日本协商,并在日本东京帝国大学第二改盛馆的郁达夫寓所中成立了“五四”新文化运动早期的文学团体——创造社。早期的创造社通过上海泰东图书局出版刊物和社员的文集——“创造社丛书”。直到1924年5月19日,《创造周刊》第52期上刊登了创造社将与太平洋社合办新周刊的预告。《创造周刊》随即宣告停刊。这也标志着创造社初期活动的结束。8月20日,周全平等人编辑的《洪水》一期由泰东书局出版,之后,创造社和泰东书局的关系到此也告结束。所以,1925年的创造社已经名存实亡。正如郁达夫在创刊号《尾声》中描述了创造社近两年的情形:“创造社自从受了书贾的虐待,同时代的文人的虐待,社会上的有地位的诸公的虐待之后,丛书停了,季刊停了,日刊停了,周报也停了。我们潜声息影,默默的只好任人唾骂嘲弄。几个人又为饥寒所迫,不得不散而之于四方,勉强保持著装聋作哑,若存若亡的态度。像这样的状态,继续到现在,已将两年了。”[16]但创造社人并没有放弃,他们始终想着如何重振和重启创造社的出版事业。

信中“月刊大概六月内可以出版”应该指的是创造社正在准备出版的《创造月刊》,为此,在广州工作的成仿吾、在武昌工作的郁达夫计划都将到上海。为了实现创造社的出版计划,1925年5月,成仿吾到武昌,与郁达夫、张资平商议设立创造社出版部。据郁云《郁达夫传》中叙述道:“为了继续与反动势力作斗争,郁达夫很想重新建立起创造社这个阵地。他到武昌时,张资平正在武昌师范大学担任理科生物系教授,于是两人便开始讨论恢复创造社的打算。郁达夫吸取了上一次的教训,这回竭力主张自己筹办出版部,不再寄人篱下任凭摆布,免受出版商的中间剥削。后来成仿吾在这年夏天来到武昌,三人又进一步商定了计划。他们一面把意见转告上海的郭沫若和周全平等人,希望在上海开展活动,一方面就在武昌印章程、集股金。但是,由于提出的股金数额太大(小股十元,大股五百元),终于没有成功。”[17]另外,信中提到寄给汪静之的简章就是在武昌印制的关于创造社再办的章程。

创造社出版部的房子于1925年12月找好，地址在闸北宝山路三德里A字11号。选这个地址的原因是“因为三德里有一个不同寻常的通信图书馆，我曾去过几次，房子就是图书馆的友人介绍的。出版部最初的小伙计，除了叶灵凤、潘汉年和我之外，徐耘阡、丘韵铎二人，我记得都是通信图书馆介绍的。”⑱其实，与郭沫若关系密切的湖畔诗人应修人就是这个通信图书馆的重要成员，而且还是创办人之一；在“五卅”运动时期，应修人还是该图书馆团支部第一任支部书记。⑲从郭沫若与应修人无话不谈的友谊看，这个地址很可能就是应修人推荐的。

《创造月刊》于1926年3月在上海正式创刊。该刊以登载文学创作和评论为主，兼收翻译论文，其中，新诗创作占有重要地位。《创造月刊》1卷1、2期由郁达夫主编，3、4期由成仿吾主编，5、6期由郁达夫主编，7、8、9、10期由王独清主编，11期又由成仿吾主编。《创造月刊》未能如郭沫若在信中所计划的在1925年6月出版，而是延期至1926年3月出版，其原因与当时的政局、革命运动的发展、主要成员的个人经历是有密切关系的。

1925年上半年，郁达夫任湖北武昌师大文科教授，开出选科：文学概论、小说论和戏剧论。当时，张资平也在该校任理科生物系教授。4月中旬，因婆媳关系不和，郁达夫妻子孙荃携龙儿从浙江富阳老家去北京郁达夫哥哥郁曼陀家中暂住。5月底，郁达夫去往北京，在北京什刹海北沿河8号官房口东租下一所住宅，和妻儿迁入。郁达夫在北京度过暑假于9月底回武昌。11月，校长石瑛因与教授黄侃之争加剧而离职，郁达夫也因受到排挤而离职回到上海。接着，郁达夫又因为肺结核病而到杭州肺病疗养院疗养，第二年2月出院回到上海。这时候创造社出版部已经落成，他与郭沫若等开始着手《创造月刊》的出版。

《创造月刊》没有按计划出版，但是，1925年9月1日，创造社复刊《洪水》，并改为半月刊，由周全平等人编辑，光华书局出版。

当创造社出版部于1926年3月成立后,《洪水》自第2卷第13期起改由创造社出版部出版。《洪水》曾经是1924年8月创造社创办的周刊,仅出一期即停刊。郭沫若在《创造十年》中说:"从《洪水》半月刊的刊行,要算是第二期创造社的事实上的开始。(注意:还有第三期。)这个开始可说是创造社的第二代。因为参加这一期活动的人,都是由国内新加入的一群青年朋友。在那时,第一期的一些成员……只有我一个人在上海,但我却是最不出力的一个。"[20]但据周全平回忆说:"但就我记忆所及,当时我丝毫也没有感受到郭老的旁观冷淡态度,因为我衷心对他是十分敬佩而又极其感激的。"[21]

创造出版部成立后,即出版《创造月刊》,郁达夫承担了创刊号和第2期的编辑工作。在1926年4月《创造月刊》1卷2期上,发表了郭沫若的新作——爱情诗《瓶》。此组诗中每首诗题名为:《献诗》《第一首》《第二首》……《第四十二首》,共43首爱情诗,其中第16首另拟题名为《春莺曲》。信中提到了该组诗《瓶》的创作情况:"我做的那些诗,做到四十三首以后便做不出了。最后一句是'一个破了的花瓶倒在我的墓前'。"《瓶》是郭沫若创作于1925年2月—3月的爱情组诗。由此也可印证此信的写作时间是1925年。全诗的最后一句刊登时改为"一个破了的花瓶倒在墓前",删除了"我的"二字。郭沫若在《瓶》的《献诗》中有一段写道:"我攀折了你这枝梅花/虔诚地在瓶中供养,/我做了个巡礼的蜂儿/吮吸着你的清香。"这段表现了诗人对女子的无限爱慕之情。但结局显然是个悲剧:花瓶破了,再也无法供养梅花般的女子,"我"也已经被埋葬于坟墓。郁达夫在这一期的《编辑者言》中说:"但是沫若的《瓶》,光赤和全平的小说,都是一时的力作,大约可告无罪于读者诸君的。……沫若在近一年中,思想上起了变革,完全把方向改了过来,而我哩,思想却完全消灭了。"[22]可见,郭沫若在诗歌创作上的这一改变是得到同行的肯定的。而这一组诗的创作进展情况,郭沫若在信中应该不只这一次告知汪静之,诚有交流之意,正如以往汪静之、郭沫若、应修人一起评诗、论诗。特别是汪静之是新诗中爱情诗创作的一枝奇葩。并且,此诗内容情节显然与1925年新年里郭沫若的杭州之行有关。汪静之是这一组诗内容的知情者、旁观者或参与者。郭沫若在此信中谈及《瓶》,除了交流诗歌创作之外,也是向友人敞开心扉,诉说自己爱而不得的苦闷吧。

在《创造月刊》第2期《编辑者言》中,郁达夫透露了他和郭沫若将离开上海前往广东的消息:"我和沫若,为饥寒所迫,明日扬帆,想到广东去找一个息壤。下一期的月刊编辑,打算到广东之后,就把仔肩卸往仿吾的身上去"。[23]这也反映出郭沫若致汪静之信中提到的"仿吾要到上海来专办创造"一事是郭沫若自己的打算或者是创造社内部同仁的计划。郭沫若视汪静之为知己好友,两人无话不谈,拉家常、谈理想、谈未来的打算、谈事业发展的计划等。接着,《创造月刊》第3期的《编辑后话》就是由成仿吾于4月18日在广州写就的。很显然,成仿吾接编了《创造月刊》。因为革命在广州的大发展,创造社的成员被吸引了,郁达夫、郭沫若、王独清、穆木天都去了当时"革命的策源地"广州,并准备在广州开办创造社出版部分部。到了广州后,郭沫若直接参加了革命军队,随同北伐。成仿吾则任教于广东大学,并在黄埔军校任职。

书信是我们深入了解历史的第一手资料。这封信,我们不仅能被书信中所传递的奋斗精神、积极的人生观、价值观所激励,也能感悟到写信人与受信人率真的个性、诗书气质以及流露出的真性情。笔者深深感动于这份深厚的友谊。通过对这一书信内容的查考,1925年,中国现代文学史上两个早期社团——创造社和湖畔诗社的交集逐渐清晰。这两个社团有着彼此促进、相互学习,共同发展的一段历史轨迹。这两个社团的主要成员因为诗歌而成为朋友、知己,他们之间深厚、真挚的友谊值得传扬。

附:4月24日郭沫若致汪静之信释文:

静之:

我一直到现在才回你的信,你请原谅我罢。《李太白及其诗》一文我在两礼拜前写信去催问过晨报,回信我寄你一阅,我此地向无副刊寄来,不知已登出否?为此事我心里很焦急。竹英不知已经动身否?还有介绍入学艺社的事情,我前回在干事会提出,竟被他们保留了,我想来怕是胡适之替你做过一篇序文的原故在那里作祟。只有创造社我虔诚地介绍你进来,武昌定就的简章我寄你。月刊大概六月内可以出版,你有诗请寄来罢。仿吾不久要到上海来专办创造的事情,达夫下半年也恐怕要来上海,我们又可以不孤了。学艺大学我任了文科主任,但年内只能办一班专修科,连大学预科也还不能开办呢。你下半年是准定南下了吗?在那边太不舒服的时候,我想就不做事情也不要紧,就回上海来我们一道讨口也好呢。我前一礼拜生了一个女儿,这可满足了修人的希望。你有暇望能常写信给我,我做的那些诗,做到四十三首以后便做不出了。最后一句是"一个破了的花瓶倒在我的墓前"。

沫若　四月廿四日

注释

① 上海鲁迅纪念馆编:《应修人日记》,上海书画出版社2003年版,第284页。

②⑦⑩ 转引自邓牛顿:《汪静之与郭沫若》,《郭沫若学刊》2012年第4期。

③ 上海鲁迅纪念馆编:《应修人日记》,第285页。

④《晨报副刊》1925年2月28日。

⑤ 郭沫若:《关于创造周报的消息》,《晨报副刊》1925年5月12日。

⑥ 周全平:《忆创造社出版部成立及〈洪水〉半月刊创刊》,《新文学史料》1981年第1期。

⑧ 汪静之:《出了中学校》,《中学生》1930年第11期。

⑨《社报》,《学艺》杂志第 4 卷第 7 期,欧阳亮:《中华学艺社研究》,华东师范大学硕士学位论文 2004 年。

⑪ 欧阳亮:《中华学艺社研究》。

⑫ 李剑华:《缅怀郁达夫先生》,陈子善、王自立编:《回忆郁达夫》,湖南文艺出版社 1986 年版,第 151 页。

⑬ 许杰:《郁达夫在记忆里》,陈子善、王自立编,《回忆郁达夫》,湖南文艺出版社 1986 年版,第 155 页。

⑭⑮ 汪静之:《出了中学校》,《中学生》1930 年第 11 期。

⑯《尾声》,《创造月刊》1926 年第 1 卷第 1 期。

⑰ 郁云:《郁达夫传》,福建人民出版社 1984 年版,第 73 页。

⑱㉑ 周全平:《忆创造社出版部成立及〈洪水〉半月刊创刊》,《新文学史料》1981 年第 1 期。

⑲ 曾岚:《战斗的一生——回忆应修人烈士》,浙江人民出版社 1959 年版,第 11—15 页。

⑳ 转引自郭文友:《千秋饮恨——郁达夫年谱长编》,四川人民出版社 1996 年版,第 586 页。

㉒㉓《编辑者言》,《创造月刊》1926 年第 1 卷第 2 期。

让文学“沉”下去

——鲁迅藏陈炜谟《炉边》

阿其拉图

陈炜谟(1903—1955),浅草社、沉钟社重要成员之一。1921年考入北京大学英文系预科,在校期间曾旁听鲁迅《中国小说史略》课程。《炉边》是陈炜谟在北京大学时期创作的第二部小说集,作为“沉钟社丛书”收录《破眼》《月光曲》《寻梦的人》《夜》《旧时代中的几幅新画像》《写实主义与理想主义》《寨堡》等五篇小说和一篇散文序《proem》,其中《破眼》《夜》《寨堡》收入《中国新文学大系》小说二集中。陈炜谟是作品被选入最多的作家之一,由此可见鲁迅对他创作才华的肯定。《炉边》出版后,陈炜谟赠鲁迅一本,并在扉页上写“呈　鲁迅先生　炜谟　一九二七年,八月,四日,北京”。1927年11月11日,鲁迅日记中对此也有记载:“得陈炜谟赠《炉边》一本”。

《炉边》不免让人联想到浅草社成立时的“围炉聚话”。1924年,陈炜谟在《给读者》中提到:“我们的历史,只是一部艰苦的历史。杂志的题名在二年前,如稷与石君围护聚话时已定了局,然后出版是一年以后的事”[①]。从这段回忆可以推测浅草社成立于1922年,《浅草》杂志创刊于1923年。虽然《浅草》季刊只出版了4期,但其真诚的抒情创作风格,在文学史上留下了一抹浅绿色。《浅草》创刊号《卷首小语》写道:

在这苦闷的世界里，沙漠尽接着沙漠，瞩目四望——地平线所及，只一片荒土罢了。

是谁撒种了几粒种子，又生长得这般鲜茂？地毡般的铺着：从新萌的嫩绿中，灌溉这枯燥的人生。

荒土里的浅草啊，我们郑重的颂扬你；你们是幸福的，是慈曦的自然的骄儿！

我们愿做农人，虽是力量太小了；愿你不遭到半点蹂躏，使你每一枝叶里，都充满——充满伟大的使命。[2]

为何是“苦闷的世界”？新文化运动倡导的“科学”“民主”“个性解放”等思潮为古老的中华民族带来了新的曙光。然而，袁世凯窃取辛亥革命果实，军阀混战，让觉醒的青年陷入了“彷徨”。有志青年们希望用文学在“苦闷”的世界里播种一颗种子，待它成“浅草”时呵护它，使它充满“伟大的使命”。《浅草》作为新诞生的文学刊物，陈炜谟等人“不敢高谈文学上的任何主义”也“不愿受‘文人相轻’的习俗熏染”[3]。当时文学研究会与创造社关于文学“为艺术”还是“为社会”争论不休。文学研究认为文学应该“有血”“有泪”，不能一味地无病呻吟，个人情感宣泄，为此郁达夫专门创作一篇小说《血泪》，对文学研究进行反击。其实，文学的艺术性与社会性是血与肉的关系，两者不可分割。对于这种争论，浅草社希望文坛应“相爱”“相砥砺”而不是互相攻击，文坛上的各种主义也应“像雨后春笋般的萌茁”[4]。因此《浅草》季刊特意取消了批评栏，概不理会别人的评价。陈炜谟认为宽阔的文学园地：“这里面有人生：有躺憩在爱人的怀里微笑着的人生，有挣扎在命运的网里呻吟着的人生，有沉湎在‘阿不醒’ABsinthe 里享乐的人生。这里面有社会：有抱妾拥姬的豪华社会，有卖妻鬻子的贫苦社会，有僵尸似的麻木的社会，有可以找着你和我影子的社会。”[5]可以看出，陈炜谟主张文学既要关注个人也要反映现实社会。

陈炜谟作为浅草社创始人之一，为《浅草》季刊做了很多的努力。他不仅在《浅草》上发表多篇文章,而且在仅出版的4期中,任第2期和第4期的编辑。鲁迅在《一觉》中写道:“两三年前,我在北京大学的教员预备室里,看见进来了一个并不熟识的青年,默默地给我一包书,便出去了,打开看时,是一本《浅草》。就在这默默中,使我懂得了许多话。阿,这赠品是多么丰饶呵!可惜那《浅草》不再出版了……”[⑥]文中提到的“不熟识的青年”便是陈炜谟(冯至在《鲁迅与沉钟社》中提到赠送鲁迅《浅草》的是他本人。但有学者根据林如稷在《微薄的谢意》中同样回忆送鲁迅《浅草》一事,论证“不熟悉的青年”应该是陈炜谟[⑦])。当时,陈炜谟作为北京大学英文系的一名学生,经常旁听鲁迅《中国小说史略》课程。那时的浅草社是一个新生的文学团体没有什么名气,所以陈炜谟出于礼貌和对鲁迅的尊重,选择用“默默”的方式赠《浅草》,希望得到鲁迅对《浅草》的关注。鲁迅也从“默默”中“得了许多话”,肯定了《浅草》的“丰饶”。鲁迅在《中国新文学大系》小说二集序中评价浅草社:“‘为艺术而艺术’的作家团体”“向外,在摄取异域的营养,向内,在挖掘自己的魂灵,要发见心里的眼睛和喉舌,来凝视这世界,将真和美歌唱给寂寞的人们。”[⑧]可以看出,浅草社的成员是一群纯粹的文学青年,他们用灵魂为苦闷的世界增添色彩。

《炉边》的开篇小说《破眼》是陈炜谟在浅草社期间创作。文章回忆一次“我”去游艺会的经历。游艺会人潮拥挤,“我”和前面的女生发生了轻微的身体上的接触,这让“我”感到“赤热的气息”,当她们走后“我”有一种“茫漠的感觉”。之后,“我”的朋友和几位女生因座位而产生争执,这情景让“我”沉思起来。当朋友再一次邀请我去看女校游艺会时,我拒绝邀请,选择了国外书籍。这是一个描写青年情窦初开时对异性幻想的小说。陈炜谟在文章的标题下附英文题目“my friend story”,正是通过朋友的经历打破了“我”对异性的幻想。这篇小说创作于1924年3月,此时的陈炜谟是北京大学的一名学生。作为一名在校的文学青年,自然缺少与社会的接触，所以创作来源多数来自个人体验。陈炜谟认为小说的“第一使命是个人的传”因为“把赤裸裸的一个‘我’显示给人看，小说便是最有力的工具。他所映出作者所要呻吟的痛苦和悲哀，他只能给出作者所憧憬的理想世界。”[9]从这句话可以看出，陈炜谟的小说观是受了郁达夫的影响。当时郁达夫创作了以《沉沦》为代表的青春文学，与文学青年们产生了强烈的共鸣，从《破眼》中的“我”可以看到郁达夫小说人物的身影。当然陈炜谟写的没有郁达夫那么赤裸裸，相对含蓄地表达了“我”对异性幻想的破灭。这篇小说从故事情节，内心描写等都没有太出彩的地方，但贵在真实，几乎把每一个情窦初开青年男女对异性的幻想的微妙感受写了出来，这也许就是鲁迅收入《中国新文学大系》的原因之一。《月光曲》同样是一篇抒情小说。中秋之夜，哇达生走出公寓，看见月光洒在地上，让他感到一种烂漫的气氛。原本回家的他，此时去意全无，在朦胧的月光下一切有种诗意美。乞丐的一句“先生，过节呢”让他想起今晚是中秋之夜。月光下的各色行人让他想起了母亲、妹妹、妻子。他虽然不爱他的妻子，但今晚“他却觉得第一次爱起他的妻子来”。回到家中，月光洒在屋里的每个角落，洒在妻子的脸庞，两人沉默了许久，在月光中他看见妻子在落泪。屋子里钟的摇摆声，让他觉得这声音来自妻子的眼睛、头发、鞋子。半夜，他们互相依偎着睡着了。他们的灵魂在今晚的月光下，有了短暂的安息，但是月光终将会离去。这篇抒情小说，几乎没有什么故事情节，作者借着中秋月光的浪漫，抒发婚姻中没有爱情的片刻温暖。然而中秋的满月和今晚的月光只属于今夜，此后月圆月缺，忽明忽暗，一切都是未知数，那么今晚的“月光曲”是否只属于今晚？该文虽然涉及封建婚姻，但陈炜谟并没有直接批判，而是借月光来表达在婚姻中没有爱情的复杂情绪。这篇小说氛围感十足，从全文营造出的朦胧美，可以看出陈炜谟是一位文学审美较高的文学青年。这篇小说也是这部小说集中艺术性较高的一篇。

但是,文学作品过度的自我关注,过度的情感宣泄,很容易陷入无病呻吟的境界。1925年10月31日,陈炜谟给杨晦的信中提到:"每一个作家都是'写景,对话,写点性格,心理','写景,对话,写点性格,心理',不太单调么?总要有点新的东西——至少要有点新的写法。"[10]他认为文学创作需要新意。此时的《浅草》季刊,也因时局、印刷等原因,陷入停摆的状态。当时的文坛如陈炜谟所说:"国内近来的出版界情形,表面似乎很热闹,实际却很空虚""那一段段的散文!那一篇篇的浮面小说!那吹涨的轻气球似的,蒙着批评的假皮的一节节的 Mutual admiration"[11],这种文坛的气氛自然不是一棵"浅草"可以左右的。在这种背景下,浅草社的同仁们于1925年在北京成立沉钟社,他们借用德国戏剧家盖哈特·霍普特曼《沉钟》希望:"为纯文艺而出版的刊物的原故,就纵然向深渊里往下更沉没一点,和再潜藏一点也是可以的,只消将来,不至于果真如'亨利'般的,因听见了一声由于一个死女人的手将'沉钟'敲响时,而至于百事皆废就行。"[12]同年十月,《沉钟》周刊由北新书局代发行,作为一个新诞生的刊物,北新书局"不曾予以丝毫的注意——有时候,甚至于到下期的刊物已经出版时,而上一期却还留在屋角里,原封未动"[13]。对此沉钟社成员陈翔鹤还专门写《彳彳彳》表达对北新书局的不满。这种行为也影响了《沉钟》的后续发行,加上北新书局总店移到上海,导致《沉钟》周刊停刊。

1927年,新北书局出版了4本"沉钟社丛刊",其中包括陈炜谟的小说集《炉边》。《炉边》出版后不久陈炜谟便赠鲁迅一本,在扉页上写"呈　鲁迅先生　炜谟　一九二七年,八月,四日,北京",对此鲁迅在1927年11月11日的日记中也有记载"得陈炜谟所赠《炉边》一本"[14]。陈炜谟自称是鲁迅的"小小一个文友",经常"同几个朋友,是常常到他的寓所"[15],这里所说的朋友是陈翔鹤、冯至等人,他们的到访在鲁迅日记中都有记载。据鲁迅日记中记载,1924年7月3日"夜郁达夫偕陈翔鹤、陈厶君来谈。"[16]1926

年 7 月 23 日“上午陈炜谟、陈翔鹤来”[17]，从这两次的到访记录可知他们是通过郁达夫认识的鲁迅。陈炜谟与鲁迅有过书信来往，但鲁迅在日记中没有写具体内容。陈炜谟曾提到《沉钟》是“全自费印行(中间有一段时间，由于鲁迅先生的介绍，交由北新书局印行，但后来仍旧收回来自印。)鲁迅先生对于我们的刊物很热心扶助，他是每期必读，而且还随时奖掖。”[18]《沉钟》复刊后，鲁迅曾找陶元庆为其设计红色麦穗图案封面。虽然鲁迅没有在《沉钟》上发表过文章，但他对文学青年们的关怀和帮助却从未吝啬过。鲁迅在《中国新文学大系》小说二集序中引用《炉边》中《proem》的最后一段“但我不要这样；生活在我还在刚开头，有许多命运的猛兽正在那边张牙舞爪等着我在。可是这也不用怕。人虽不必去崇拜太阳，但何至于懦怯得连暗夜也要躲避呢？怎的，秃笔不会写在破纸上么？若干年之后，回想此时的我，即不管别人，在自己或也可值眷念罢，如果值得忆念的地方便应该忆念。”[19]认为沉钟社是“中国的最坚韧，最诚实，挣扎得最久的团体。它好像真要如吉辛的话，工作到死掉之一日；如‘沉钟’的铸造者，死也得在水底里用自己的脚敲出洪大的钟声。然而他们并不能做到，他们是活着的，时移世易，百事俱非；他们是要歌唱的，而听者却有的睡眠，有的槁死，有的流散，眼前只剩下一片茫茫白地，于是也只好在风尘洞中，悲哀孤寂地放下了他们的箜篌了。”[20]正因如此，鲁迅在《中国新文学大系》中选用了浅草社、沉钟社 7 名成员的 12 篇小说，其中陈炜谟的《破眼》《夜》《寨堡》《狼筅将军》等 4 篇小说被选入，是作品最多的作者之一。

《炉边》中的《寻梦人》《夜》《旧时代中的几幅新画像》《写实主义与理想主义》《寨堡》等 5 篇小说是陈炜谟在沉钟社成立之后创作，与浅草社时期创作的《破眼》《月光曲》在风格及主题上有着明显的区别。如果说以爱情婚姻为主题的《破眼》《月光曲》中，陈炜谟是用抒情的方式来表达对爱情对婚姻的苦闷，情感渲染比较多，那么同样主题的《寻梦人》《写实主义理想主义》则把主人公放在现实的社会中,表达爱情婚姻在现实面前的不堪一击。《寻梦人》中的抱云是一名沉默寡言的法政专业学生,经姨母的介绍与不满家人订婚的怀璘成了恋人。然而,家人的来信告知怀璘若不与富商儿子结婚将会面临高额的诉讼费,这让她陷入为难。抱云从姨母那儿知道怀璘的事后,梦想用自己的专业来解救怀璘,他默默地努力学习法政,没有把梦想告诉任何人。然而,抱云的努力并没有得到怀璘的理解,反而被认为是一个冷漠、冷静的人,最终导致两人的分离,梦想破碎。爱情和婚姻一直是小说创作的主题之一,尤其在个性解放的思潮下,产生了许多婚恋主题的小说。这篇小说没有太多的故事情节,全文没有任何冲突,更多的是在刻画人物的内心世界。对于封建包办婚姻,陈炜谟的处理方式显然和同时代其他作家不同,他没有从外部因素找原因,而是从人物的性格出发,塑造了一个孤僻、不善言辞的抱云,也正是他的这种性格最终导致与恋人的分离。可以说,打败这场封建婚姻的是抱云的性格,不是外部因素,如果抱云把自己解救怀璘的想法告诉她,那么结局是否会有其他的可能性?当时许多作家塑造新青年形象时都让主人公把诗和远方挂在嘴巴,陈炜谟与他们截然相反。同样是新青年,抱云沉默寡言,更务实,默默努力。陈炜谟打破了传统的新青年印象,塑造了一个性格内敛的新青年。这篇小说与同样描写封建包办婚姻的《月光曲》不同,从单纯的情绪渲染转变到把人物放到具体故事背景下,通过塑造人物性格来表达对封建婚恋的批判。虽然陈炜谟从人物性格作为切入点,另辟蹊径谈封建婚姻,但小说篇幅过短,导致故事不够饱满,人物性格刻画也不够深入,没有跳出郁达夫塑造的“忧郁”青年形象。《写实主义理想主义》中的胡吻月同样是一名新青年,他虽然有过一段旧式婚姻,但渴望一次新式婚姻。胡吻月非常善于分析人与人之间的关系,特别是男女之间的关系,经常与“我”分享心得。例如住在他隔壁的母女可能不是真正的母女,公园里看似父女的一对男女实则是夫妇等。几个月后,当“我”再一次见到胡吻月时,他已步入了一段新的婚姻。然而生活上的琐事和孩子的降临,打破了他们的爱情。最终胡吻月决定独自去长沙教书,与妻儿离别。如果说《月光曲》中的哇达生被旧式婚姻束缚没有得到爱情,那么勇敢追求新式婚姻的胡吻月,最终也是没有得到自己想要的爱情。这就让人深思,爱情和婚姻到底是什么关系,"理想"能不能照进"现实"。这篇小说很容易让人联想到鲁迅的《伤逝》。1926 年 9 月,陈炜谟给杨晦的信中提到:"我先把自己的这一册《彷徨》寄给你,明天我自己另自买一本。上边一篇《伤逝》好极——就单为了这篇也值得把此书寄你。"[21]可见,陈炜谟创作《写实主义与理想主义》在一定程度上应受到了鲁迅《伤逝》的影响。两部小说都在探讨在个性解放下的爱情与婚姻。鲁迅用涓生内心独白的方式来表达爱情婚姻的悲剧。陈炜谟则以人物性格特征作为切入点,给出婚姻失败的原因。胡吻月擅长分析男女关系,但在自己的婚姻中他的这种特长似乎消失了。那么婚姻中的男女关系到底需要什么来维持,这是陈炜谟给读者的提问。可以看出,陈炜谟没有把整个故事放在大的社会背景下进行展开,而是把自己擅长的分析人物性格特征作为切入点,来谈论爱情婚姻这个宏大的话题。但是这篇小说中陈炜谟放弃了自己擅长的情绪渲染写法,而是以故事来构架整篇文章,因情节没有太多的冲突和转折,显得小说不够精彩,也不够深刻。

如果说,上述的几篇小说的主题是爱情与婚姻,那么在《夜》《旧时代中的几幅新画像》《寨堡》的主题便是故乡。故乡是很多作家的创作源泉,记忆中的故乡为他们提供了许多创作素材。"五四"后的文学青年们离开故乡来到大城市求学,在新思想、新文化的熏陶下,他们对故乡有了一种复杂的情感,除了眷恋更多是对故乡里封建愚昧人们的叹息。鲁迅笔下的"故乡"有阿 Q、孔乙己、华老栓、闰土等一系列中国文学史上的经典人物形象,在陈炜谟的"故乡"里也有很多封建残余下的人物,当然这些人物没有鲁迅笔下的人物那样生动、饱满,具有代表性。《夜》描写了箴婶婶难产而死的故事。在这个封建没落的地主家族中,有难产时候大喊见到鬼的箴婶婶,有枪打“产难鬼”的信哥、蕙哥,有把晓弟叫到猪圈旁撒尿做成药给箴婶婶喝的母亲,有阻止女儿哭泣,吓唬她“换朝了”的蕙姊,有希望箴婶婶晚点生,从而可以吃到更多好吃的“我”等一系列封建家族中的人物。故事背景设立在中华民国成立后,虽然封建统治被推翻,但封建思想依然在他们的脑海里根深蒂固。面对难产他们选择的不是医学而是迷信,同华老栓给华小栓治病选择人血馒头一样,最终的结果都是死亡。《旧时代中的几幅新画像》同样塑造了封建没落家族的群像。陈炜谟通过“我”暑假在堂姊家的所见所闻,刻画了一群爱财,丝毫没有亲情可言的封建家族人物。如果说,陈炜谟之前的创作是以个人感受、情感作为核心,那么上述两篇小说的创作则以现实生活中的人物、故事作为出发点,从而探讨社会、人性的丑陋。陈炜谟认为“要小说引起各种人的注意,最好是其中的人物是一个民族的结晶,是一阶级的类型”[22]。陈炜谟通过“我”在故乡的所见所闻,刻画了在新旧交替之际没落的封建地主阶级群像。时代的变更在地主阶级身上有没有丝毫的痕迹,他们思想言行依旧停留在旧社会,因此地主阶级的没落是时代发展的必然结果。《寨堡》同样以故乡为切入点,讲述熊震东为了解救毁婚的妹妹返乡的故事。他本以为故乡是他的“寨堡”可做防御,然而故乡经过战乱人烟稀少,在他的眼中已经变得模糊不清。熊震东把妹妹从故乡解救出来,安排到P城女子师范大学后,自己也决定辞职,去P城寻找新的“寨堡”。陈炜谟用“寨堡”来表达“五四”觉醒后的青年找不到精神家园的失落。

《炉边》是陈炜谟在北京大学就读期间创作的第二部小说集,其主题是婚恋和故乡。在描写婚恋主题时,他通常用个人情感抒发和人物性格作为切入点表达“五四”后的青年知识分子,在个性解放的思潮下对婚姻爱情的迷茫。在描写故乡主题时,则用塑造群像的方式来展现封建没落地主阶级的愚昧和人性的丑陋。虽然陈炜谟的小说在语言、结构、故事情节等方面有很多不足之处,但在刻画人物性格和气氛渲染方面有鲜明的个人特色。1927年,陈炜谟从北京大学毕业,先后在河北女子师范学院、哈尔滨第一中学、中法大学、孔德学院、重庆大学外文系、四川大学外文系等地任教。鲁迅逝世后,陈炜谟公开发表多篇文章,回忆与鲁迅相识的经过,称"通过鲁迅先生的著作而发出来的是'中国之声'"[23]。陈炜谟虽然没有留下名作,但作为浅草社、沉钟社的重要成员,其"为艺术而艺术"的纯粹的文学精神,在现代文学史上留下了属于自己的名字。

[北京鲁迅博物馆(北京新文化运动纪念馆)]

注释

① 陈炜谟:《给读者》,《文艺周刊》第41期,1924年7月8日。

②《浅草〈卷首小语〉》,《鲁迅研究资料23》,中国文联出版社1992年版,第24页。

③④ 林如稷:《编辑缀语》,《鲁迅研究资料23》,第25页。

⑤ 陈炜谟:《非审美的文学批评》,《陈炜谟文集》,成都出版社1993年版,第521页。

⑥ 鲁迅:《一觉》,《鲁迅全集》第二卷,人民文学出版社2005年版,第229页。

⑦ 郑成飞在《冯至送鲁迅〈浅草〉四期给鲁迅质疑》中论证"不熟悉的青年"应该是陈炜谟。

⑧ 鲁迅:《〈中国新文学大系〉小说二集序》,《鲁迅全集》第六卷,人民文学出版社2005年版,第250—251页。

⑨ 陈炜谟:《小说的使命》,《陈炜谟文集》,第522—523页。

⑩ 陈炜谟:《致杨悔(二十七封)》,《陈炜谟文集》,第139页。

⑪ 陈炜谟:《与有人书》,《陈炜谟文集》,第134页。

⑫⑬ 陈翔鹤:《关于〈沉钟社〉的过去现在及将来》,华夏出版社2009年版,第256页。

⑭ 鲁迅:《日记十六》,《鲁迅全集》第十六卷,人民文学出版社2005年版,第46页。

⑮ 陈炜谟:《我所知道的鲁迅先生》,《陈炜谟文集》,第260页。

⑯ 鲁迅:《日记十三》,《鲁迅全集》第十五卷,人民文学出版社2005年版,第519页。

⑰ 鲁迅:《日记十五》,《鲁迅全集》第十五卷,人民文学出版社2005年版,第629页。

⑱ 陈炜谟:《我所知道的鲁迅先生》,《陈炜谟文集》,第260页。

⑲ 陈炜谟:《〈炉边〉序》,《陈炜谟文集》,成都出版社1993年版,第189页。

⑳ 鲁迅:《〈中国新文学大系〉小说二集序》,《鲁迅全集》六卷,人民文学出版社2005年版,第252页。

㉑ 陈炜谟:《致杨晦(二十七封)》,《陈炜谟文集》,第139页。

㉒ 陈炜谟:《小说的使命》,《陈炜谟文集》,第524页。

㉓ 陈炜谟:《鲁迅先生与新中国》,《陈炜谟文集》,第274页。

赵景深与北新书局的前尘往事

贾川琳

上海鲁迅纪念馆在今年推出的“一纸书信　万千情怀——上海鲁迅纪念馆藏名人书信展”中，展出了一封赵景深致林辰的信，是1956年6月23日所写，内容涉及《元人杂剧钩沉》《北新周刊》等问题。信中的后半部分写道：

> 北新书局没有存留“北新周刊”，此刊大约出过不到两年，前期李小峰编，后期孙福熙编，时间约在1926年，32开本。后来小峰再接编，就改为25开本的半月刊了。“北新周刊”有合订本，各期封面还有孙福熙的荷花，陈学昭和我都在此刊写稿，近于宣传品和图书汇报之类，只是文章较多。

此处提到的“北新周刊”，是指《北新》，1926年8月21日创刊于上海，孙福熙编辑，初为周刊，1927年第二卷起改为半月刊，由北新杂志编辑部编辑，上海北新书局发行，主要撰稿人有郁达夫、赵景深、鲁迅、袁文彰、孙福熙等人。

一、推动“北新”进入顶峰时期

起先，赵景深只是以撰稿人的身份与北新书局产生着联系，他在《北新》杂志上发表了大量的文章，受到了广泛的关注与认可。例如他在1927年6月写了评论文章《鲁迅的〈弟兄〉》，刊登在《北新》杂志的1927年第39、40期,他用精神分析学的方法解读《弟兄》中的梦。真正的转折是在1928年,李小峰赏识和看重赵景深的才华,于是写了信邀请赵景深:“我们虽然未见过,也未通过信,但你的朋友如赓虞、菊隐、先艾却都是同我很熟悉的,我们可以算作间接的朋友呢。……你有来沪之意,那是很好的。到沪之后,你如愿意,想请你到书局帮忙。今奉上洋念元,以作川资。人都难免有患难的时候,患难时得朋友的帮助是算不了什么的。”[①]赵景深与李小峰素未谋面,这位北大哲学系毕业的出版家以十分友好谦和的态度,诚邀赵景深加盟,无疑与他笔耕不辍和在文坛上获得的成就是分不开的。

赵景深早年依靠好友郑振铎、黎锦晖的介绍,辗转去了湖南、广东等地工作,于1927年下半年来沪并进入开明书店。经过李小峰的再三邀请,最终在1930年进入北新书局工作,担任总编辑。自此,赵景深与书局共成长,书写了北新书局的辉煌,他借助于这个平台和自己的不懈努力以及人格魅力,得以亲历了现代文学的历史进程。

赵景深在他人眼中一向谦和诚恳,是一位规规矩矩做人、兢兢业业做事的好人。著名的儿童文学作家、出版家、教育家陈伯吹在1930—1933年与赵景深在北新书局的同一个编辑室内共事过3年,他曾在《一位勤奋的多面手作家——忆赵景深先生》中描述道:“他律己严格,公事公办,认真负责。每天夹着书册准时进办公室,除非在工作上与人有必要的联系,绝不浪费时间。只有在午休时,他才和同事们谈笑风生……赵先生的书桌上,工具书和参考书,分别列队成行,二行崭齐,稿纸、钢笔、墨水瓶、吸水器等,都摆得端端正正,望过去十分舒服顺眼。”[②]由此可见赵景深严于律己、认真严谨的性格特点。

在这种性格的影响下,赵景深将北新书局的出版方针精炼地概括为16个字——“以质取胜,面向大众;尊重名家,不薄新人”[③],相比赵景深加入之前,书局更加注重出版物的品质和普适性等原则，收文、出书均立足于质量，不盲目追求数量，更可贵的是，在接收文稿时，既尊重名家，又十分关注新人。据统计，北新书局的著作人约有130位之多，包含鲁迅、郭沫若、老舍等。

赵景深对于来稿非常重视，认为所有来稿均凝聚着作者的心血，因此虽然稿件众多，但他仍然坚持每篇亲自审稿，并经常为之修改润色，尽可能刊登。对于实在不能用的稿件，他也每次复信指出不足之处，并且予以鼓励。赵对于校对工作也十分看重，每次出版必经过多次校对，因此印刷品包括标点符号在内几乎找不到错别字，在当时，这样"人手少而质量高的情形，恐怕只有北新书局才做得到"[④]。除此之外，书局契合了消费者和作者的价值取向，因此运作得有声有色。

许钦文曾说："纯粹的新书业，可以说就是由北新书局开始的，其次是未名社，都是以鲁迅先生的著作为基础而逐渐发达起来的……"[⑤]赵景深在北新书局就职的时候，正值"民国成立后，由于政治控制和出版条件较清王朝统治时有了相当程度的放松，国民经济有了恢复，在市场经济和文化教育界爱国图强的激情促进下，伴随着中国近代第二个出版高潮的发展，民营出版企业也得到了飞跃的发展"[⑥]。由于北新书局的前身是北京大学新潮社，因此书局一直坚定地印行各种进步书刊，其中不乏鲁迅的著作。根据北京图书馆、上海图书馆、重庆图书馆三家单位合编的《民国时期总书目·文学卷》所记载："北新书局所出版的，仅新文艺图书就在320种以上，给现代文坛以震撼。其中鲁迅19种、瞿秋白1种、郁达夫12种、郭沫若4种、冰心9种、周作人12种、林语堂2种、刘半农5种，赵景深17种、许钦文12种、蒋光慈6种、柔石1种、徐志摩1种、沈从文2种、阿英2种、柳亚子2种、沈端先(夏衍)1种……"[⑦]从数据中可以看出，鲁迅、许钦文等人为北新书局给予了极大的支持和鼓励，当时文坛上有名望、有地位的大家无不云集北新书局，书局由此进入了顶峰时期。

二、在“北新”喜结良缘

在北新书局担任总编辑后，赵景深不但收获了事业，也收获了美好的爱情。李小峰的夫人蔡漱六对赵景深的印象很好，因此由她做媒，促成了赵景深和李小峰的妹妹李希同的婚事。

1929年，赵景深译成了《柴霍甫短篇杰作集》(《契诃夫短篇杰作集》)八大卷共计100万字，历时两年。在这一年，其妻子马芝宝病故。

郁达夫的妻子王映霞女士在自传中曾写过这样两段话：

> 赵景深自1930年6月起任北新书局总编辑，并主编《青年界》，其时北新书局的主持人李小峰的妹妹李希同也在北新书局工作，专管钱财，李小峰很看重赵景深，将自己的妹妹嫁给他。
>
> 1930年4月19日，他们在四马路(福州路)振华旅馆举行婚礼。主持婚礼的好像就是李希同的两个哥哥李小峰和李志云，李志云也在北新书局工作。前往祝贺的大部分是北新书局的同人，其他人有鲁迅、许广平、郁达夫和我，鲁迅在这天的日记中写道：“李小峰之妹李希同与赵景深结婚，因往贺，留晚饭，同席七人。”

婚后，赵景深夫妇入住海宁路新乐村，7年后入住四明里，据李小峰的表兄李中法回忆：“七叔(李小峰)与姑父、同伯(即景深夫妇)是1937年冬入住四明里的。最初住四明里14号，那是好伯(即李小峰长兄李志云)的房子。……不久，七叔病了，同伯便急着另觅住房，才找到6号。……约1946年，底楼做了北新书局的办公室。”赵景深一家定居四明里6号后，再未迁移。

四明里均为3层楼的新式里弄，共有5排，房屋约有80多幢。整个四明里是由宁波人投资建造的，之后有大量文化界、金融界的人士搬入此地，让这里成了沪上金融业、出版业和医疗业的地标。就拿出版行业来说，除北新书局外，四明里靠近兴安路的一侧还有现代外国语文出版社，重庆南路上有东新书局和两家文具图片社。据说当年若想在戏曲小说研究上有一番作为，赵景深的住所是非去不可的，曾一度成为中国古典戏曲研究中心，后来四明里动迁，旧址如今变成了绿地。

赵景深从 1930 年进入北新书局，直至 1951 年离开，在此期间共写了 60 本书，并且都是当时的畅销书。20 多年的辛勤耕耘，使他成了北新书局真正的策划者和代言人，他与北新书局铸就了享誉文坛的一段佳话。

注释

① 赵易林:《赵景深的学术道路》，山西古籍出版社 2004 年版，第 50 页。
② 赵易林:《赵景深与李小峰》，《新文学史料》2002 年第 1 期。
③ 胡淑娟:《赵景深与北新书局》，《文艺评论》2016 年第 5 期。
④ 赵易林:《赵景深与李小峰》，《新文学史料》2002 年第 1 期。
⑤ 许钦文:《鲁迅先生与新书业》，《青年界》第 10 卷第 4 号，1936 年 11 月。
⑥ 叶再生:《中国近代出版通史》（第二卷），北京华文出版社 2002 年版，第 333 页。
⑦ 李平、胡忌:《赵景深印象》，上海学林出版社 2001 年版，第 28—29 页。

鲁迅藏书室

杨　琳

1933 年 3 月 21 日，鲁迅决定从拉摩斯公寓迁居至大陆新村，所存的藏书于 6 日后先移至狄思威路藏书室。[①]日记中提到的藏书室位于狄思威路（今溧阳路 1359 号）。狄思威路以上海公共租界工部局总董英国人狄思威名字命名，是越界筑路的产物。该路原是贯通全区南北的主干道，南起虹口港，沿港口东侧与其美路（今四平路）相交，又向西与北四川路（今四川北路）相交，沿路与东大名路、东长治路、东汉阳路、北四川路等相连。[②]狄思威路（今溧阳路）、施高塔路（今山阴路）、千爱路（今甜爱路）属于越界筑路区域，租界与华界争相管理，反而使这里成为管理上的“真空地带”。

20 世纪末 20 世纪初，上海居住建筑的发展主要表现在里弄住宅与私人花园住宅两类建筑上。自 19 世纪 70 年代上海开始出现里弄住宅后，各老牌洋行纷纷将业务重点转向这种利润极高的房地产经营。针对不同的市场需求，建造不同物业，并用于出租，有的是直接租给住户，有的是租给企业或机关，再由企业或机关分配给雇员居住。

藏书室的地理位置

鲁迅生平酷爱书籍，甚于一切身外之物。在上海，月必大量添购书籍。[③]其中包括大量进步书籍。1931 年“九一八事变”后，国民政府强化法西斯统治，鲁迅的处境更加险恶。“一·二八”抗战发生时，有日本海军陆战队10多个人，拥到鲁迅寓所去搜查。“此地也变化多端，我是连书籍也不放在窝里。”④为安全起见，鲁迅决定把寓所与书库分开。在鲁迅迁居至大陆新村后，为了能妥善存放珍爱的藏书，他通过日本好友内山完造，租了一间房间来存放，即今溧阳路1359号2楼东前间。

图1 鲁迅藏书室今址

溧阳路1359号是一幢红瓦灰墙砖木结构的3层新式里弄房屋，坐北朝南，占地面积140平方米，建筑面积386平方米，建于1920年。⑤1933年间，该幢房屋的实际管理者为内山完造的朋友，日本人，姓坂本。在《鲁迅日记》中曾有支付藏书室房租的记载：1933年5月2日“付坂本房租六十，为五月及六月分。”⑥关于这间藏书室当时的门牌号，据横地刚回忆是狄思威路766号。⑦但木村重在回忆录里记载的却是狄思威路776号。⑧经查，英商字林洋行1934年出版的《字林西报行名录》里有：776, Dixwell Road Y.Sakamoto，中文意为狄思威路776号的住户为坂本。⑨所以，笔者更相信狄思威路776号是这间藏书室当时的门牌号。

内山完造几经细心考察，才决定选择此地作为鲁迅的藏书室。一是藏书室的地理位置十分“优越”，自此步行至内山书店、大陆新村寓所都十分便利。鲁迅可将从内山书店购置的书带到大陆新村寓所阅读，近期翻阅的书籍放置在家中，将已经阅读完，抑或是不便存放于家中的书籍、杂志等搬移至藏书室。而藏书室和内山书店、大陆新村寓所的位置刚好构成了一个近似等腰三角形。二是整栋房屋除了鲁迅之外,租住着日本侨民。日常有所照应,亦可增加安全系数。

藏书室内陈设

图 2　根据上海市房产管理局资料室制的溧阳路 1359 号二楼平面图绘制而成,原图保存于上海川北物业有限公司。标"☆"为鲁迅藏书室

鲁迅藏书室面积 20.5 平方米,内有两扇门,朝北的门通向楼梯间,平时由此门进出,另一扇门通向 2 楼中间阳台,因阳台属邻居所有,此门常年关着。藏书室东、南两面有窗,南窗下有书桌和椅子,中间一张方桌。方桌上放着一个文具盒和一个烟灰缸。靠墙是用本色无漆的木板制成的书箱叠成书架,由上而下,几乎到顶,存放着鲁迅从寓所移存的马、恩、列、斯著作及其他社会科学、文学、美术等方面的书籍约 6 000 册,并珍藏着瞿秋白、柔石等人的手稿和纪念物。据许广平回忆,瞿秋白同志研究中国语言文学问题的原稿"几经改动、誊抄完整……他临行前交给鲁迅一份,鲁迅妥慎保存于离寓所不远的旧狄思威路专藏存书的颇为秘密的一个书箱内。里面还存放着一些鲁迅的书籍和柔石等同志的遗著"[⑩]。

鲁迅在 1933 年 3 月 29 日、30 日的日记中,分别记录着"午后理书""下午理书籍",花了两天的时间整理藏书室。[⑪]藏书室内的书架全部是用粗糙的原木板钉成的,鲁迅曾对朋友说:"这些书架全部是木箱,装满书就是书箱,打开来成了书架,任何时候都可以装上汽车运走。"[12]书箱是由鲁迅自己设计的,用书箱叠成书架,外有活门,并可加锁。关上活门可以减少尘土,迁移搬运,书籍也不致散失混乱。周海婴曾跟随鲁迅去过藏书室,据他回忆,这个藏书室虽是白天也光线昏暗。只有一盏不过25瓦的普通白色灯泡的电灯吊在屋子中间,罩着圆伞形的灯罩,灯罩也未见裹上纸筒。室内没有可供长时间阅读的桌椅,房内因为久不住人,感到有点潮湿阴冷,且因久不开窗,有一股发霉的气味。待不多久,即感到有点寒气袭人,沁入肌肤。[13]1936年3月2日,鲁迅因至狄思威路藏书室翻书受寒,发热并发支气管炎,后引发肺气肿。[14]所以,这间藏书室是不可能长时间看书的,鲁迅到这里去主要是拿要看的书,或者存放已经看过的书。

据《鲁迅日记》年底书账统计,自鲁迅于1926年8月底离开北京至1936年10月14日逝世前五天,共买书及收友人赠书画册计6 888册,除去在寓所保存的一部分,藏书室约存书6 000册。(1926年9月至年底325册;1927年497册;1928年569册;1929年560册;1930年474册;1931年514册;1932年395册;1933年482册;1934年1 265册;1935年987册;1936年1月至10月14日820册。)

图3 藏书室外景

图4 藏书室内景(局部)

住在藏书室楼下的日本邻居——木村重

溧阳路1359号的3楼住着坂本一家。2楼除了朝南小间为鲁迅藏书室外,两个大间被日清汽船株式会社上海分公司的职员小岛正七郎租住着。1楼居住着当时任职于上海自然科学研究所的木村重先生。鲁迅如果要去2楼藏书室,一定得通过木村重房间边的阶梯。自此,他看到鲁迅进进出出,有时能听到楼上传来搬动椅子找东西的声音,但听不到说话声。但木村重借书不能去2楼,必须到内山书店交接,有事也在内山书店办理,无论什么场合,关于书库的存在和与鲁迅的交往,这些日本邻居在20世纪30年代期间未向任何人透露过。"尽管一些包括日本人在内的'可疑的人'拐弯抹角寻问,一楼和我们的女佣人也能很快地把他们赶走。"⑮

这位日本侨民木村重与鲁迅颇有渊源,两人交往前后有3年,在同一幢楼的时间仅1年多。木村重生于1903年,毕业于日本东京帝大水产学院。1928年,木村重由日本外务省资助来到四川省。根据中日签订的文化协定,参与完成在上海建立自然科学研究所的任务。1931年,在成立上海自然科学研究所之际,他前往上海。在位于施高塔路11号(现四川北路2048号)的内山书店,木村重第一次见到了鲁迅。据他回忆,内山书店的读者来自四面八方,"常常有一位身穿蓝长袖衫,脚穿棉布鞋,留着胡须的老人坐着","嚯罗罗吸着烟"的老人,那就是鲁迅。两人交谈后,木村重发现鲁迅不仅仅是一个文豪,他对动物、植物、中药等领域都有所涉猎。熟识后才知道,鲁迅曾在日本仙台学过医,后弃医从文。从日本回国后,曾在浙江两级师范学堂传播新知,担任化学和生理学的教课,还兼任博物科植物学教员铃木珪寿的翻译。木村重在上海工作期间,需要调查海洋生物的习性作研究,而中国的古籍中有对应详细介绍,但有些书却很难买到。鲁迅不但向木村重介绍书的内容,还指出去哪里买,甚至还带着他去买书。鲁迅还经常托内山书店店员打电话告诉木村重,发现了研究自然科学的新书,以便他去买。

1932年"一·二八抗战"后,木村重家属返回日本。1933年春,战火稍有平息,一家三口又在上海重聚。在内山完造的帮助下,租住到了狄思威路766号1楼。这年二月末三月初,木村重去内山书店,内山完造对他说:"周先生住你那二楼房子,请多关照。"他当即表示:"可以,可以。"木村重曾在《在上海的鲁迅》一文中提到:

> 有时鲁迅也来我的房间,大约喝上一杯茶。鲁迅很喜欢孩子,常常抚摸我孩子的头。孩子们高兴地叫他"周先生"。当然,对于伟大的鲁迅先生,孩子们是不知道的。女佣人只知道他是"周先生"。[16]

木村重与鲁迅平均每周有1小时于内山书店在一起畅谈,在他的印象里,鲁迅说话镇静、慢条斯理,态度温厚。鲁迅常常把手放在口袋里,燃着香烟走路。但鲁迅决不走马路中央,而是在路边悠悠地走着。

1934年12月,木村重因二儿子患赤痢过世,悲伤不已,搬离了狄思威路。后因参加广岛大学动物学会会议,匆忙返回了日本。木村重还请鲁迅为其二儿子写了悼文,可惜的是因战后混乱丢失了。在上海自然科学研究所工作时,木村重曾出版《自然》同人杂志。在创刊前,曾请鲁迅为刊物题签,亲书"自然"二字。而后木村重赠鲁迅《自然》

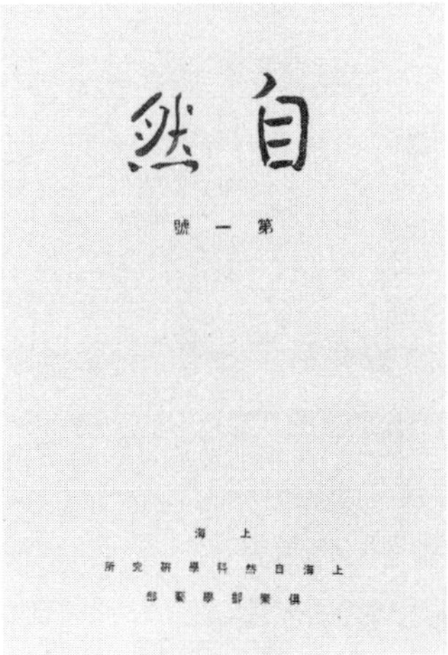

图5 《自然》杂志创刊号

创刊号一册。1936年7月29日,《鲁迅日记》载:“得《自然》(三)一本。”[17]鲁迅遗物中还珍藏着《自然》1—3期。创刊号的目录上,注明“自然”由鲁迅书写。《自然》及其题签,就是鲁迅与木村重交往和友谊的物证。

藏书室的“名义”租客——镰田诚一

鲁迅顺利完成藏书搬迁,有一位日本友人不得不提,那就是镰田诚一。1930年3月,镰田诚一进入内山书店工作,初识鲁迅。在白色恐怖的笼罩中,国民党将鲁迅作为“堕落文人”提出逮捕申请。1930年4月6日,鲁迅到内山完造家中避难,夜寄宿在此。[18]镰田诚一自觉地承担了帮助鲁迅的义务。一来二往,他成了鲁迅信任的友人之一。内山书店是鲁迅对外联络的场所,信件、手稿也通过这里寄出,当鲁迅不亲自前往的时候,许广平会将信件、手稿交由镰田诚一。据镰田寿回忆,鲁迅全家迁居拉摩斯公寓,也是镰田诚一帮忙搬家的。1933年3月的藏书搬家也仍然是镰田诚一一人帮助的。木村重看见诚一运书箱,“当时诚一一件一件地搬行李,行李也没什么重量,但他每次却拿得很少,大概运了两天或三天。我每天去研究所,晚上回来都能看到他在搬家”[19]。

1961年7月,上海鲁迅纪念馆在馆藏鲁迅遗物中发现了一块长方形木牌,长23.3厘米、宽11.5厘米、厚17厘米,本色无漆,墨书“镰田诚一”字样。遂向周建人请教,周老回忆说,此木牌系挂在溧阳路鲁迅藏书室门口,以迷惑敌人。[20]周海婴曾在《鲁迅与我七十年》中记载:

> 1980年11月中旬的一天,我去看望叔父周。……问起那块“镰田诚一”木牌的来历,他说,鲁迅住在景云里的时候,柔石、雪峰常来交谈。后来柔石被捕,国民党进一步搜捕,风声很紧,鲁迅就携带全家人到花园庄避难。中间似乎还在内山先生家里住过一夜。等到稍稍平静一点,鲁迅回家,看到门

> 口钉了一块木牌，上写“镰田诚一”，大概是内山先生出于好意，利用这种方法，借以掩人耳目的。鲁迅立即拆下，收藏起来。……我问叔叔，溧阳路藏书室外边，是否也钉过写着“镰田诚一”的木牌，他说，倒没有注意到有这么一块木牌。[21]

图 6　写着“镰田诚一”名字的木牌，上海鲁迅纪念馆二级文物

两个时间段的回忆有所出入，一段是说挂在藏书室门口；另一段则说是鲁迅在他处避难时，挂在家门口。但无论如何，都是通过镰田诚一的名义，默默保护着鲁迅。横地刚此前在研究文章中提到木牌为镰田诚一手迹，但这个说法无法考证。这块木牌虽历时久远，但风雨之迹不甚明显，大约正像周建人所说的，在室外钉的时间不太长的原因吧。

镰田诚一喜欢绘画、电影，与鲁迅共同话题很多。两人常常探讨爱罗先珂的故事，俄国艺术、日本文艺家论思想问题，毕加索、珂勒惠支画家等。1933 年 7 月 14 日，镰田诚一因病回国，次年 5 月去世，年仅 28 岁。1934 年 5 月 17 日鲁迅在日记中记载：“午后闻镰田政一君于昨日病故，忆前年相助之谊，为之黯然。”[22]翌年 4 月 22 日，鲁迅又为之作墓记。这是鲁迅为日本人写的唯一的一个碑铭。鲁迅在碑铭里把镰田诚一作为“朋友”，深表哀悼之意。

鲁迅藏书搬移及藏书室保护

1936 年 10 月鲁迅逝世后，夫人许广平迁往霞飞路霞飞坊 64 号，这些鲁迅的藏书也随之移往，存放在 64 号 3 楼。1950 年 10 月许广平来上海协助筹建鲁迅纪念馆之际，将经过抗日战争劫余的鲁迅藏书计 41 箱、2 691 种，携往北京交鲁迅博物馆保管。[23]因鲁迅藏书绝大部分北移,鲁迅藏书室未按原状恢复,现为居民住房。但溧阳路1359号房屋基本上保持了历史原貌。1977年12月,鲁迅藏书室由上海市革命委员会公布列为上海市文物保护单位。1979年8月,经上海市委批准鲁迅藏书室的保护范围,除溧阳路1359号藏书室旧址外,还包括溧阳路1367、1373、1365号以及1359—1373号前面马路和东北面弄堂。[24]1981年9月,在鲁迅诞辰100周年之际,在溧阳路1359号鲁迅藏书室旧址东门边墙上,由上海市文物保管委员会镶立汉白玉文物保护单位标志一块。[25]

(上海鲁迅纪念馆)

注释

① 1933年3月27日,鲁迅在日记中写道:"下午移书籍至狄思威路。"《鲁迅全集》第十六卷,人民文学出版社2005年版,第368页。

② 上海市虹口区档案馆:《虹口(1843—1949)》,上海人民出版社2017年版,第235页。

③ 许广平:《鲁迅手迹和藏书的经过》,《许广平文集》第二卷,江苏文艺出版社1998年版,第422页,第425页。

④《331021致曹靖华》,《鲁迅全集》第十二卷,人民文学出版社2005年版,第242页。

⑤《上海文物博物馆志》,上海社会科学院出版社1997年版,第138页。

⑥《鲁迅全集》第十六卷,人民文学出版社2005年版,第375页。

⑦ [日]横地刚作:《译介　鲁迅与镰田诚一》,王惠敏译,《鲁迅研究资料14》,天津人民出版社,第239页。

⑧ [日]木村重作:《在上海的鲁迅(节译)》,季昌华译,《鲁迅研究资料17》,天津人民出版社1986年版,第249页。

⑨ Shanghai Street Directory, *The North-China Desk Hong List 1934*, North-China Daily New & Herald, p.426.

⑩ 许广平:《回望鲁迅　十年携手共艰危——许广平忆鲁迅》,河北教育出版社2001年版,第214页。

⑪《鲁迅全集》第十六卷,人民文学出版社2005年版,第368页。

⑫ 长尾景和:《在上海“花园庄”我认识了鲁迅》,《鲁迅在上海(三)》,第136页。

⑬ 周海婴:《鲁迅与我七十年》,南海出版公司2009年版,第7页。

⑭《鲁迅全集》第十六卷,人民文学出版社2005年版,第595页,第599页。

⑮ [日]横地刚作:《鲁迅与镰田诚一》,王惠敏译,《鲁迅研究资料》14,天津人民出版社1984年版,第241页。

⑯ [日]木村重作:《在上海的鲁迅(节译)》,季昌华译,《鲁迅研究资料》17,天津人民出版社1986年版,第250页。

⑰《鲁迅全集》第十六卷,人民文学出版社2005年版,第614页。

⑱《鲁迅全集》第十六卷,人民文学出版社2005年版,第191页。

⑲ [日]横地刚作:《鲁迅与镰田诚一》,王惠敏译,《鲁迅研究资料》14,第240页。

⑳《上海鲁迅纪念馆大事记》,《四十纪程　1951—1991》,上海鲁迅纪念馆1990年版,第99页。

㉑ 周海婴:《鲁迅与我七十年》,第8页。

㉒《鲁迅年谱》第四卷,人民文学出版社2000年版,第203页。

㉓ 唐弢:《草创之忆》,《高山仰止——鲁迅逝世五十周年纪念集》,上海文艺出版社1986年版,第124页。

㉔ 上海市文物保管委员会《关于划定市级文物保护单位保护范围的请示报告》及市委1979年8月8日沪委办抄字(79)第455号批文。

㉕ 1977年立碑为“鲁迅藏书室”,2014年上海市人民政府立碑为“鲁迅存书室旧址”。

《鲁迅全集》人物注释补充两则

裘士雄

一、美籍华裔作家、翻译家梁社乾

梁社乾(George Kin Leung, 1899年7月17日—1977年1月11日),祖籍广东新会(梁,在粤语中通常拼作"Leung"即为证据)。其父母均出生于香港,后移民入籍美国。戈宝权可能被上海《密勒氏评论报》1936年发行的《中国名人录》(*Who's Who in China*)所误导,把梁氏生年误作1889年,致使1981年、2005年《鲁迅全集》亦以讹传讹。《异域的体验 鲁迅小说中绍兴地域文化英译传播研究》一书作者汪宝荣曾通过梁氏在美国的直系亲属核实,梁社乾于1899年7月17日生于美国新泽西州大西洋城,1977年1月11日在纽约去世。1918年,梁社乾在大西洋城中学毕业后,考入加州某大学攻读戏剧和音乐,后因家庭变故,在大西洋城从事进出口贸易的父亲过世,给他留下一大笔遗产。遂于1920年代初返回祖国,根据个人的兴趣爱好,致力于中国传统戏剧的英译与研究,一生勤于笔耕,是一位多产的作家、翻译家和学者。1924年,梁社乾用英文翻译了苏曼殊的小说《断鸿零雁记》,上海商务印书馆出版后销量不错,很快便再版。正是鲁迅在国内外享有的盛誉、作品的主题和语言风格等,促进了他从1925年开始对《阿Q正传》的首次英译和介绍。4月29日开始和鲁迅联系,鲁迅5月2日收到梁社乾来信,又于6月14日收到他的第二封来信和两本《阿Q正传》"誊印本"。鲁迅费时6天为其审订

图1　梁社乾小像

校阅,于6月20日将校正稿寄还梁氏。鲁迅还应梁社乾的请求,于7月4日去中央公园同生照相馆摄影两张,并在13日选取一张寄给他供出书需用。1926年梁译《阿Q正传》由商务印书馆出版,为感谢鲁迅的支持和帮助,他于12月11日特寄赠样书6本。据《鲁迅日记》统计,从1925年5月2日至1926年12月11日,两人书信等往还12次,梁社乾给鲁迅写信7封,鲁迅给他复信4封释疑;梁社乾与鲁迅互赠过照片,《呐喊》出版后,鲁迅也赠他一册存念。梁社乾首次英译《阿Q正传》是成功的,1927年、1929年先后出了第2、3版,1933年在听取包括鲁迅在内等人的意见,梁氏又作了修订,出了第4版。在该版基础上,于1936年、1946年重印。2002年,致力于出版成名作家作品的美国Wildside出版社据此版英译本出版发行,足见梁社乾的这一英译本近一世纪来仍有较大的影响力和地位。

鲁迅本人对梁社乾的《阿Q正传》英译本持基本满意的态度。1926年12月3日他致许广平信中说:"《阿Q正传》的英译本已经出版了,译得似乎并不坏,但也有几个小错处。你要否?如要,当寄上,因为商务印书馆有送给我的。"他在同一天撰写的《华盖集续编·〈阿Q正传〉的成因》中又说到认可的态度并指出两处"小错":"英文的似乎译得很恳切,但我不懂英文,不能说什么。只是偶然看见还有可以商榷的两处:一是'三百大钱九二串'当译为'三百大钱,以九十二文作为一百'的意思;二是'柿油党'不如译音,因为原是'自由党',乡下人不能懂,便讹传他们能懂的'柿油党'了。"确实,梁译本固然以直译见长,但他在20世纪20年代中叶,在毫无前人资料可资借鉴的情况下从事英译,已实属不易,我们不可求全苛求于他。作为《阿Q正传》的第一个英译本,当是厥功至伟的。

1926年,梁社乾致力于中国传统戏剧(尤其是京剧)的研究和翻译。他在梅兰芳家里寓居数月,是梅兰芳的英语老师,参与梅氏访美访苏剧目的选定与翻译。梁社乾之所以深得梅兰芳信任,是因为他精通中英两种语言,比一般老外的"中国通"更具广阔的戏曲视野和中国视野,当然,与梁社乾被欧美人士和海内外学术界视为中国戏剧艺术的权威很有关系。有人统计,梁社乾出版了《梅兰芳:中国的顶尖演员》《中国今日戏剧》等7册英文图书,在中外英文报刊上发表38篇关于中国戏剧和园林艺术的文章,还有21次英文讲学和演说,为中外文化和学术交流作出了重大努力和贡献。

1937年,卢沟桥抗战发生后不久,梁社乾返回美国,在康奈尔大学、耶鲁大学等高校举办中国传统戏曲讲座。1940年代后期在华盛顿特区菲利普斯陈列馆参与中国戏曲演出。他晚年定居纽约,担任纽约市法院专任口译,为不会说英语的中国移民提供翻译等服务,1977年1月11日在纽约逝世。

二、首位将鲁迅作品介绍到法语世界的作家、翻译家敬隐渔

敬隐渔(1901—1930?),原名显达,四川遂宁县城文星下街人。父母均系虔诚的天主教徒,父亲敬天文是中医,又经营一间中药铺。敬隐渔有四位哥哥和一位姐姐,生活十分贫困。1909年,未满10岁的他由母亲拍板送进四川彭县白鹿乡无玷修院当修生。敬隐渔在白鹿修院7年,聪颖的他又勤奋,不仅掌握法语和拉丁语以及西学知识,而且背着修士们学习中文,打下坚实的双语基础。1916年,敬隐渔外出闯荡,在杭州天主教堂逗留期间,结识了戴望

舒等亦通法文的文人。在上海徐家汇天主教堂学习和工作时,又结识了郭沫若、成仿吾等创造社元老,并在郭沫若的“怂恿”下,开始从事文学创作和翻译。法国作家罗曼·罗兰(Romain Rolland, 1866—1944)是1915年诺贝尔文学奖得主,聪明的敬隐渔将他的代表作《约翰·克里斯多夫》部分章节译成中文,后在1926年1月—3月《小说月报》第17卷第1、2、3期连载。大概在1925年夏秋之交,在罗曼·罗兰的资助下,敬隐渔远赴法国留学。在留法期间,他出于对名作家作品翻译的喜好,也因生活所需,将鲁迅《阿Q正传》《故乡》《孔乙己》译成法文,在《欧罗巴》等法国报刊上发表、出版。1926年1月26日,在敬氏所译《阿Q正传》获罗曼·罗兰荐介得以发表前3个月,他从里昂第一次致函鲁迅(鲁迅2月20日才收到此信),通报《阿Q正传》将在法国发表的信息,并恳请鲁迅同意他翻译。据《鲁迅日记》记载,从1926年2月20日至1927年10月15日,敬隐渔与鲁迅有11次书信等往还,其中敬隐渔写给鲁迅的信有7通,也赠鲁迅刊有《阿Q正传》译文的1本《欧罗巴》和4张画信片;鲁迅亦复信3通,赠寄他4本《莽原》和花15元购得的33种小说。可是,不到30岁的敬隐渔患了忧郁症,并且病情发展很快。1928年10月,敬隐渔已被里昂中法大学录取为津贴生,据说1929年7月24日至11月2日的几个月里,曾8次给罗曼·罗兰写信,内容语无伦次,已有越来越明显的精神分裂症,以致1930年初被校方勒令退学,送回上海。敬隐渔回国

图2　敬隐渔像

后,饱受病魔折磨,幻觉严重,颇有"生不如死"的厌世语言流露。20世纪30年代初,有人说他失足溺死,而更多的人认为他投水自尽,以求解脱。据是年2月24日《鲁迅日记》关于敬隐渔的最后一次记载:"敬隐渔来,不见。"笔者分析,鲁迅不愿见敬氏并非是他患病的缘故,很可能另有隐情。旅法作家张英伦在古稀之年,辗转中国、法国和瑞士三国,还深入遂宁敬氏故乡调查采访,钩沉了他的许多史料,基本上分析厘清了敬隐渔其人其事。据张英伦分析,鲁迅和敬隐渔之间心存芥蒂,是"一封信的神秘失踪"。1926年2月20日,在北京的鲁迅收到敬隐渔寄自法国里昂的信。信中虽谈及法国文豪罗曼·罗兰对《阿Q正传》甚为称赞,但此信中所说的寄给创造社的罗曼·罗兰评《阿Q正传》的原文却久久不见刊登,这导致原先对创造社已有意见的鲁迅对创造社更加不满,也连累到敬隐渔。关于罗曼·罗兰这一重要的"一封信",张英伦作了一番调查,认为:

第一,这封信不是罗曼·罗兰给鲁迅的,而是给敬隐渔的。因为如果是给鲁迅的信,"敬隐渔无权,也不会不转给鲁迅而把它擅自公布。更不可能把它转寄给创造社发表。"而且他查遍了罗曼·罗兰的书信总目,里面并没有致鲁迅信的记载。

第二,也不可能是评论文章,因为罗曼·罗兰的文章记录中也无此记载。

第三,这是罗曼·罗兰写给敬隐渔的一封信。有证据表明,1月12日罗兰写信向巴扎勒热特热情推荐了《阿Q正传》,1月23日敬隐渔写信给罗兰表示:"感谢您让人发表我的翻译作品。"同日,罗兰修改完敬隐渔的《阿Q正传》译文,感觉"读了第二次"以后比第一次"更觉得好",于是写信给敬隐渔称赞了《阿Q正传》。24日,敬隐渔又致信罗兰说:"感谢您费心修改我的翻译。感谢您对我的夸奖,特别是您的批评。”同日,敬隐渔致信鲁迅,告知了这一切。

第四,关于敬隐渔“原文寄与创造社了”的考察结果是:1月24日这天,敬隐渔分别给罗兰、鲁迅和创造社写了信,而给创造社丢失的信,很可能是因为创造社地址的搬迁而在转递过程中丢失了。

敬隐渔生前创作有《玛丽》,译有罗曼·罗兰巨著《约翰·克里斯多夫》和巴比塞长篇小说《光明》等。是他,第一个将《阿Q正传》等鲁迅作品翻译、介绍到法语世界去,又是他,将罗曼·罗兰、巴比塞等法国大作家的作品翻译、介绍到包括中国在内的华语世界来,在鲁迅与罗曼·罗兰这两个中法文豪之间,在中法两国人民和华法两大世界中架设了友好的桥梁,应当为后人所铭记。

《越城周氏支谱》周作人藏本的史料价值与文学意义（下）

丁　文

三、《越城周氏支谱》对周氏兄弟研究的意义

不难看到，周作人的添注，既为鲁迅研究提供了史料，又可见出他通过重读、梳理家族脉络，寻找自身与传统家族关系的意图。作为"五四"时期有力反叛传统文化的两位先锋，颇能代表传统文化谱序的家谱材料为考察周氏兄弟文学资源中"旧文化"源头提供了一个富有张力的视角。

第一，对于年代相隔较远的家族先祖，周作人尽可能提供生平细节。如第五世周胜祖"字茂先，行　四"中原有空白，周作人添上了"一"字，成为"行一四"[①]，提供了这位"竹园房分支之祖"的五世祖排行情况。又如寿一公第九世周靖"娶世戚李翰林女"，周作人在旁边添"山左"二字，改为"娶山左世戚李翰林女"[②]，为这位"宋宣和甲辰进士"的寿一公九世祖的婚姻情况做了补充。又如添入高祖周珄"号则山"[③]也是如此。

第二，家谱体例只记载人物生卒年月，但周作人却添注了50多位家族成员的寿命，显示出对人物命运的关注。这些人中既有覆盆桥周氏的始迁祖逸斋公，周作人在其卒年旁加"享年七十三"[④]；也包括周氏兄弟的曾祖父苓年公，周作人在其卒年旁加"享年四十八"[⑤]。既有像周氏兄弟的高祖周珄那样"享年八十一"[⑥]的长寿者，也有像周渭（字熊占）次子国莲这样仅得"年十二"[⑦]的

早夭者。大多数人在太平年月中正常死亡,如周宗翰“享年六十三”[⑧];也有一些人在战乱中不幸丧生,像周之镩“年五十三”便“殉难”于太平天国战争[⑨]。除了关注男性家族成员的寿命,也关注女性成员的寿命,如标注周崧“享年三十二”、妻王氏“卒年五十五”,由此揭示出家谱上“钦旌节孝”[⑩]四字的沉重分量。周作人的添注将枯燥叙述中的家谱人物转换成可知可感的生命形态,揭示出家谱在鲁迅家世研究中的丰富价值。

第三,周作人的添注修订,表现出重修周氏家谱的愿望。据鲁迅族弟周锡三老人回忆,“周氏原有打算,修缮周氏宗祠,重印《越城周氏支谱》,后因抗战爆发,绍兴于1941年4月陷入敌手”“重印《越城周氏支谱》计划落空”[⑪]。计划虽未实现,但在第二十号家谱上,周作人的添注已经在为重订家谱进行资料准备,如亲笔修订原谱上的人名,力求准确:原谱将周氏兄弟曾祖父周渭误作“態占公”,周作人将“態”字下的“心”改成四个红点,改为“熊占公”[⑫];周绍鹏名“昇”,周作人在原字上用毛笔作了描摹[⑬],这些客观上为鲁迅家世研究提供更多信息。

第四,周作人在家谱中的补充,与鲁迅的生平与文本相互印证。在鲁迅早年经历中“家道中落”构成了鲁迅生平的一个重要背景[⑭]。造成“家道中落”的直接原因是1893年祖父科场贿赂案。笔者曾分析过,癸巳年(1893)可视作鲁迅家世的转折点:祖父科场案、父亲生病、父亲去世等一系列对周氏兄弟人生具有重大影响的事件都在此年份及以后发生[⑮]。周作人便明确提出:“光绪癸巳年,这一年很重要,因为在鲁迅的生活中是一个重大关键。”[⑯]由此来看周作人在家谱中所添注的曾祖母戴氏的卒年:“卒光绪壬辰十二月三十日午时,享年七十九。”[⑰]便显得相当重要了。周作人于1951年所言:“她于壬辰除夕去世,只差一天就是八十岁了。”[⑱]因为“光绪壬辰十二月三十日”(1893年2月16日)是壬辰年的除夕,第二天便是癸巳年的正月初一。曾祖母于这一天去世,不仅是家族重大事件,也象征着周氏家族平静生活的结束。此后便是周福清从北京回来奔丧,当曾祖母满“五七”之后便去行贿考官,大风暴由此掀起。周建人的回忆也印证了曾祖母去世的转折点意义:曾祖母的同辈十五曾叔祖曾叹息道:“这样的老太太死不得啊!她活着,三台门毕毕静,她一死,我看台门里从此多事了!”[19]周作人为曾祖母卒年信息的添入,为鲁迅早年生平提供了具有标志意义的时间节点。

如果说曾祖母去世之后接连发生的家族变故是“家道中落”的直接原因,那么清后期太平天国战争对于江浙一带产生的毁灭性打击则是家族走向衰落的历史背景。有论者“通过文献记载中的人口死亡比例与战后人口数据的分析”,指出“太平军与清军在浙江长达六年的战争给浙江人口带来巨大影响”[20]。1861年11月—1863年3月,“太平天国在绍兴建政……凡一年四个月”[21]。周氏三台门蒙受了巨大损失,老台门曾做为“慕王(谭绍光)的行宫”[22],一些家族成员在兵乱中丧生。战争结束之后很多年,兵燹残余仍然是台门日常生活中随处可见的痕迹[23]。在周氏家谱中“咸丰辛酉”(1861年)也是一个多次出现的年份,一些家族成员于咸丰辛酉年间“殉难”或“被掳”。太平天国这一历史事件在周氏兄弟的文本中出现了多次。鲁迅在第一篇小说《怀旧》中便写到了王翁的“长毛”记忆,战乱被化作小说中怪异凌厉的历史远景。而《白光》中陈士成的原型周子京,其父周永年(1827—1861)便死于战乱,而父亲的死加重了子京的精神疾病[24]。鲁迅从周子京的悲剧中提炼出陈士成这一典型形象,为穷途末路的传统士人画像写真。周作人在家谱中添入了周永年“享年三十四”[25],并补入了周永年的妻子梁氏“卒光绪戊戌九月十五日”[26]、周子京“卒光绪乙未六月二十七日酉时”[27]。周作人的补充,不仅还原出《怀旧》主人公陈士成原型周子京的生平:生于道光癸卯十二月十七日[28](1844年2月5日),卒于光绪乙未六月二十七日(1895年8月16日);而且还顺带指出子京母亲梁氏的生平:她生于道光壬午七月十八日卯时(1822年9月3日),卒于光绪戊戌九月十五日(1898

年10月29日),丈夫周永年遇难时她只有39岁,守寡37年之后,76岁去世。后者又是一段小说之外的哀史,而家谱中类似于梁氏命运的女性还有不少,这对研究周氏兄弟的女性问题论述提供了一个观察角度。

在第二十号家谱中,在“御集”《清道房公允公派三支世录》中,有一段对族人周官(1806—1857)死亡疑点的补充。有论者提出,这段文字的“字体与谱中其他的笔补文字不一样”,“不知是不是周作人亲笔所写”[29]。但无论添注者是否周作人,这段批注对周官究竟死于何人之手所提出的质疑都值得注意。原谱中关于周官的生平叙述为:

> 字隐渔,行四,绍兴府学附生,生嘉庆丙寅九月初六日未时,咸丰丁巳三月初六日在福建殉难,恩恤云骑尉世职……按公幕游十闽,历襄郡邑理治有司皆倚赖之。丁巳春,就邵武娄啸严太守之聘,值粤匪围城,公与太守督兵民固守,城陷犹巷战,力竭死难。[30]

而此页页眉处的批注为:

> 曩寓京都,与啸岩太守之子秉衡主事朝夕相遇,谈及乃翁在邵武,城外为贼所戕,心窃疑之。后有陆某田幕得官,入都引见,谈及贼临太守肩舆潜逃,民有受其虐者,挥刀死之,并殓藏其尸。此谱于之皆饰说焉。陆某寓阅见,阅甚确。[31]

根据原谱的叙述,周官死于太平军;但批注指出周官死于“受其虐”的百姓。鲁迅曾回忆道:“同族里的人也有几个被杀掉的,后来封了‘世袭云骑尉’……久而久之,由于自己的阅历,证以女工的讲述,我竟决不定那些烈士烈女的凶手,究竟是长毛呢,还是‘短毛’和‘花绿毛’了”[32]。“长毛”“短毛”“花绿毛”等五花八门的名词,反映出民众心理对一轮又一轮的历史动荡中官匪不分的深层恐惧。这一补充为我们探讨鲁迅思想提供了注脚,并展现出从家族史视角研究太平天国历史的可能性。由于鲁迅文本与家族人物关系密切,家谱与周作人补注的人物生平,不仅为进一步理解鲁迅小说提供了人物原型与本事资料,也为打通鲁迅文本内外的空间提供了线索。

四、结　语

《越城周氏支谱》及周作人以家族成员身份对其所作的史料补充,为鲁迅研究提供了重要资料,但目前《越城周氏支谱》在鲁迅研究中并未得到充分利用。作为一种家族文献,家谱包含了大量丰富细致的家族史料,在提供人物生平资料上的可信度上是比较高的。

有论者在梳理鲁迅家世时,只注意到了周作人在20世纪50年代写作的鲁迅回忆文章,没有进一步采用家谱中的材料,因此出现了叙述模糊乃至不准确的地方。[33]倘若回到家谱,则很多讹误可以避免。又如有论者曾利用大内档案,指出周福清生于道光二十四年十二月二十七日,理由是周福清在参加庚寅恩科(1890年)会试与壬辰科(1892年)会试的试差人员考试时,分别将年龄呈报为47岁、49岁,因此倒推其生年为1844年(道光二十四年)[34],但并未关注家谱中对周福清生年的记载。实际上,周福清在参加试差人员考试时,为了更容易被录取、将年龄少报几岁,档案则根据本人申报来记载年龄是完全有可能的,而家谱在叙述人物出生年月时则没有作伪的必要。我们仍然应当根据家谱记载来确定周福清的生年:“道光丁酉十二月廿七日”,即道光十七年十二月廿七日(1838年1月22日)。

对于鲁迅这样出身于传统大家族的现代作家来说,其家世背景中所包含的错综复杂的历史因素和人际脉络正是其文本生成的重要因素。在现代文学学科走向经典化的今天,学界应利用这些材料对《鲁迅年谱》以及《鲁迅全集》的注释[35]进行修订，并在《年谱》前设立鲁迅“家世”“前传”，以客观描述鲁迅与中国文化的关系。并且，应进一步采用家谱资料进行鲁迅生平与作品研究，从“来源”的视角重新看待一些被反复探讨的话题，其中一些问题或许可以得到新的辨析角度。

由于《越城周氏支谱》第二十号的添注者是周作人，由此可以透视出周作人与传统家族建立联结的明确意识，再来看待周作人后期文学形态中的“复古”特征，很多问题可以钩连贯通。而作为姿态更为决绝的传统文化的反叛者，鲁迅与传统家族的关系“天然”呈现为断裂与诀别的形态，鲁迅的言与行则不断强化这一印象。然而，鲁迅文本与传统家族的紧密关联，又使这一近乎“天然”的判断出现内在矛盾：对传统家族猛烈抨击乃至彻底否定的作者，如何又将自己的文学与思想形态建立在对传统资源与家族人脉的热切观察与缜密思考之上？与传统文化既浸透又悖离的关系，使鲁迅文本既出现了与“传统”的紧密关联，又在通常所谓的接受传统或反叛传统的二元抉择之外展示出更多选项。可以说，“传统”在融入鲁迅文学形态的过程中，在表层与内核、理智与情感等诸方面都出现了分离与融合的双向作用力。在这一意义上，周作人为家谱进行添注，可以视作经由周作人所表现的“鲁迅”的另一种可能性。

（中国社会科学院大学文学院）

注释

① “乐集”，《世表》，1a。《越城周氏支谱》（以下不另注）。

② “礼集”，《周氏寿一公世系表》，2a。

③ “御集”，《清道房允派四支世录》，5a。

④ “射集”，1a。

⑤ “御集”，《清道房允派四支世录》，9b。

⑥“御集”,5b。

⑦⑧“御集”,2b。

⑨“御集”,12a。

⑩“御集”,6b。

⑪绍兴鲁迅纪念馆编著:《鲁迅在绍踪迹掇拾》,杭州大学出版社1991年版,第218页。

⑫“数集”,《一斋公年谱》,1a。

⑬“御集”,《清道房允派四支世录》,1a。

⑭刘润涛:《鲁迅“家道中落”考》,《鲁迅研究月刊》2018年第2期。

⑮丁文:《笺注与重构:周作人“解说”百草园》,《鲁迅研究月刊》2018年第6期。

⑯周启明:《鲁迅的青年时代》,第14页。

⑰“御集”,《清道房允派四支世录》,9b。

⑱周遐寿:《鲁迅的故家》,第31页。

⑲周建人:《鲁迅故家的败落》,第72页。

⑳曹树基、李玉尚:《太平天国战争对浙江人口的影响》,《复旦学报》2000年第5期。

㉑王明前:《试论太平天国在绍兴的农村政治》,《中国越学》(第七辑),第351页。

㉒王鹤照:《回忆鲁迅先生》,《鲁迅回忆录》(散篇)上册,北京出版社1999年版,第17页。

㉓丁文:《“鬼园”与“百草园”:周作人的家族史叙述》,《新文学史料》2018年第4期。

㉔周遐寿:《鲁迅的故家》,第27—28页。

㉕“御集”,《清道房允派四支世录》,10a。

㉖“御集”,10b。

㉗㉘“御集”,17b。

㉙张廷银:《族谱藏书题记三则》,《文献》2004年第2期。

㉚“御集”,《清道房允派三支世录》,7b—8b。

㉛“御集”,《清道房允派三支世录》,8a—8b。

㉜鲁迅:《病后杂谈之余》,《鲁迅全集》第六卷,人民文学出版社2005年版,第192—193页。

㉝ 周启祥、谢励武:《鲁迅家族世系表》,北京鲁迅博物馆、鲁迅研究室编:《鲁迅研究资料 10》,人民文学出版社 1982 年版。

㉞ 秦国经:《内阁中书周福清——新发现的关于鲁迅祖父的档案材料》,《故宫博物院院刊》1981 年第 1 期。

㉟ 如《鲁迅全集》第二卷第 311 页注释〔37〕便将周庆蕃(椒生叔祖)的生年写成了 1845 年,根据《越城周氏支谱》周庆蕃"生于道光癸卯四月十九日亥时"("御集",《清道房允派四支世录》,19b),即 1843 年 5 月 18 日。假如依照《鲁迅全集》注释为 1845 年,则身为兄长的椒生年龄比弟弟玉田("生于道光甲辰五月十五日"("御集",《清道房允派四支世录》,20a),即 1844 年 6 月 30 日)要小,有误。

1938年版《鲁迅全集》出版时间考

北　塔

1938年版《鲁迅全集》具体出版于这年的几月份呢？目前有多种说法。这些说法大致可以分为两类。

一、单月说，即在一个月里出版，而且是6月份

如邢科在《关于“孤岛”时期上海复社的几个问题》一文中说：“1938年4月，全集的编辑出版工作开始由复社承担。5月16日汉口《文艺阵地》半月刊刊登《〈鲁迅全集〉发刊缘起》。6月，全集出版。”①再如余越人在《胡适与〈鲁迅全集〉的出版》一文中说：“经历了曲折多磨的第一部《鲁迅全集》终于在1938年6月问世。”②他俩都没有说“全集部分”，也没有说“开始出版”；因此，可以理解为全集全部出版于6月。两人都认为是6月，但没有说日子。王应平在《拓荒与垂范：1938年复社版〈鲁迅全集〉编纂论》给出了具体日子：“1938年6月15日，中国第一部《鲁迅全集》在上海出版。”③

“6月说”很可能源自胡愈之。他在晚年撰写的回忆文章中自豪地说：“各地把书款很快寄到上海，上海马上买纸开印。这样，从2月到6月，仅历时四个月，就将一套全集六百余万字，多达二十卷的丰厚文学瑰宝，送到广大读者手中。”④他的意思是2月开印，经过装订等过程，6月全集20卷全部面世。由于胡愈之是《鲁迅全集》出版的当事人而且是主要负责人，即许广平所说的“总揽其成者”⑤，他的说法被很多人不加思量地接受。

然而,胡愈之他们真的6月就把多达20卷的丰厚文学瑰宝送到广大读者手中了吗?

答案是绝无可能。

我们先用胡愈之自己早年文章里的说法来否定他的“6月说”。他的晚年记忆与事实有很大的出入,与他自己早年的说法也相差很大。他在全集才问世之后不久写的文章《〈鲁迅全集〉刊行的经过》里说,“这一个计划,现在总算全部实现了。普通本和纪念本各二十巨册,于九月十五日完全出书。”[⑥]可见,他的晚年回忆把《鲁迅全集》完全出齐的时间从9月提前到了6月。

我们还可以用许广平的说法来否定“6月说”。她写的《〈鲁迅全集〉编校后记》收在全集最后一卷中,而其落款是“1938年7月7日写于卢沟桥纪念周年,许广平。”也就是说,全集出齐的日期绝对不可能早于“1938年7月7日”。尚未写出的文字就被出版,这是很荒唐的。

二、多月说,即出版过程不止一个月

胡愈之的弟弟胡仲持当年也直接参与全集工作。他在《回忆一九三八》一文中说:“全集每出一批就是一连四、五卷。出了四、五批就出齐了。”[⑦]每批到底是四卷还是五卷?如果是四卷,那么要出五个批次;如果是五卷,那么只需要四个批次。胡仲持大概记不清具体的出版月份了,所以没有明说几个批次的起讫时间。

关于第一批的出世时间,胡仲持笼统地说:“1938夏天,上海法租界巨籁达路二号,一幢三层楼房的客堂间里显得活跃起来……《鲁迅全集》出版的风声就传开了。素不相识的人们陆陆续续地进来,他们就是鲁迅的忠实读者。他们凭着预约券领到第一批红色封面的新书……”[⑧]“夏天”至少涵盖3个月,到底是哪一月呢?

当时在重庆的叶圣陶给上海开明书店的老同事们(“诸翁”)写信,请其中的徐调孚帮他代为预约购买《鲁迅全集》。1938年

5月18日夜,他在给徐调孚的回信里说:"新出书迟寄不妨。鲁翁全集第一回发送本,不知何时可以出版?"[9]也就是说,在5月中旬,全集尚未出版。1938年6月,徐才委托朋友芷芬把《鲁迅全集》第一批5卷带给叶圣陶。这说明第一批出版于6月份。

陈福康在《郑振铎传》中说:"《鲁迅全集》皇皇二十大卷,以奇迹般的速度在6月至8月间陆续出齐。"[10]意思是从6月就开始出了。

因此,我们可以推断,第一批次出版的时间是6月。邢科、王应平等人的问题就是把第一批次当成了全部。

那么,最后一批次即全部出齐的时间点是在几月份呢?目前有两种不同的说法。

1. 8月说。如上引陈福康在《郑振铎传》中的说法,即8月就全部出齐了。再如金洪远在《王任叔与初版〈鲁迅全集〉》一文中说:"1938年8月,距鲁迅先生逝世一年零十个月,中国第一部《鲁迅全集》600万字煌煌巨著,共20册,便在上海'孤岛'奇迹般地全部出齐。"[11]金说8月全部出齐云云,意味着之前就已经开始出版,不过,他没有更具体的交代(比如到底是从哪个月开始出版的、过程如何)。

2. 9月说。如陈漱渝在《许广平传》一书中说:"1938年9月15日,一部收集完备,售价低廉的二十巨册《鲁迅全集》……全部出齐了。"[12]他没有说什么时候开始出版的,也没有说是否分批出版。9月15日是最终出齐的日期。

以上两种说法的分歧到底在哪里?孰是孰非呢?

上海鲁迅纪念馆前副馆长王锡荣不愧是知情人。他在《许广平为出版〈鲁迅全集〉奔忙》一文中说得比较准确全面:"《鲁迅全集》总共20卷,出版的时候,是分成四批出书的。每批五册。从6月15日第一期出书,8月15日普通本出齐,再到9月15日纪念本出版,前后延续了3个月。"[13]这与当事人胡仲持"四、五批"的说法比较一致。胡在1946年发表的一篇回忆文章中说:"不到四个月,《鲁迅全集》的三种版本都出齐了。”[14]“不到四个月”可以理解为“三个多月”。这与《鲁迅全集》研究专家王尔龄先生的说法在2/3的程度上是一致的:“《鲁迅全集》就在1938年以五个月时间出了初版,二十巨册,六百万言。”“普通本在当年八月印成,上距发稿只有四个月。”[15]总共5个月,以8月为基准,去掉之前即发稿前四个月,那么往后就只有一个月了,就可以推算出纪念本问世暨全部出齐是在9月。

可见,全集出版是分批进行的,第一批出来的时间是1938年6月,普通本在8月全部出齐,纪念本则在9月出炉。金洪远和陈福康他们如果指的是普通本,则没错。陈漱渝的话中如果去掉“售价低廉”4个字,也说得过去;否则,应该改为“1938年8月15日”。

顺便说一下。在关于《鲁迅全集》出版时间的各种说法中,有些人把出版前的准备时间混算入了出版时间。

王尔龄所说的5个月比王锡荣所说的3个月多了即早了2个月,恐怕就是因为他把准备出版的时间算作正式印制的时间了。这种时间算法的始作俑者恐怕还是胡愈之。他在《〈鲁迅全集〉刊行的经过》里说,复社“这工作从四月初开始,由广平先生主持编辑(蔡元培先生撰序,许寿裳撰年谱,本来约定茅盾先生写传,茅盾先生谦逊不答应写。)复社担任印刷发行。”“这一个计划,现在总算全部实现了。普通本和纪念本各二十巨册,于九月十五日完全出书。”[16]按照胡的算法,《鲁迅全集》的出版从4月初开始9月15日完成,是5个半月(接近于王尔龄所说的5个月)。他这么算,就是把“印行”前的“编辑”时间算在内了。

笔者以为,这样的算法不合理而且容易引起混淆。说到许广平开始编辑的环节,最初可以追溯到1936年底1937年初。胡愈之此处所说的年谱事实上不是许寿裳独撰,而是由许寿裳与周作人和许广平三人合撰。他们开始撰写的时间是在1937年3月。许寿裳3月30日致函许广平,说:“年谱事已催岂明,尚未脱稿,大约字数不多。年表裳略有增损(兹附上)因被禁字样易于触目,仍希弟酌定。”[17]意思是:他之前已经催过周作人,周的答复是尚未完成,意思是3月30日周已经开始撰写了。6月3日,许寿裳又给许广平写信,说:“裳廿五寄上一缄附年谱……统请从速酌定示知。《新苗》十八期即将付印,拟将年谱稿登入也。”[18]意思是:1937年5月25日之前,年谱稿大致已经完成,准备要发表了。许寿裳他们撰写年谱的时间是在复社担任印刷发行《鲁迅全集》一年多前。怎么能说是1938年4月开始呢?! 再说,胡愈之《〈鲁迅全集〉刊行的经过》一文的主题是“刊行”,把编辑环节包含进刊行过程是不合适的。

总之,笔者倾向于认为:第一个中文版《鲁迅全集》的出版时间是从1938年6月15日开始、9月15日结束,历时3个月。

注释

① 邢科:《关于“孤岛”时期上海复社的几个问题》,《中国出版史研究》2021年第3期。

② 余越人:《胡适与〈鲁迅全集〉的出版》,《新文学史料》1991年第4期。

③ 王应平:《拓荒与垂范:1938年复社版〈鲁迅全集〉编纂论》,《鲁迅研究月刊》2017年第9期。

④ 胡愈之:《我的回忆》,江苏人民出版社1990年版,第48页。

⑤ 许广平:《〈鲁迅全集〉编校后记》,《鲁迅全集》第20卷,花城出版社2021年版,第359页。

⑥ 复生:《〈鲁迅全集〉刊行的经过》,上海社会科学院文学研究所编:《上海“孤岛”文学回忆录》上,中国社会科学出版社1984年版,第26页。王尔龄在把此文编入《上海“孤岛”文学回忆录》时,加了一条非常合理的按语,说“从了解内情之深与所署笔名来看,作者当是复社成员。复社之主要成员而当时已由上海到武汉者为胡愈之同志。此文疑出于他的手笔”。他把这个笔名中的“复”与“复社”联系起来,当然是合乎逻辑的;不过,笔者提供另一条证据来证明“复生”是胡愈之的笔名。1930年代,胡愈之协助邹韬奋经办《生活周刊》,为《生活》写国际问题文章,用的是“伏生”这一新的笔名。“伏生”与“复生”高度谐音。

⑦ 胡仲持:《回忆一九三八》,上海社会科学院文学研究所编:《上海"孤岛"文学回忆录》上,第 29 页。

⑧ 胡仲持:《回忆一九三八》,上海社会科学院文学研究所编:《上海"孤岛"文学回忆录》上,第 27 页。

⑨《叶圣陶集》第 24 卷,江苏教育出版社 2004 年版,第 174 页。

⑩ 陈福康:《郑振铎传》,北京十月文艺出版社 1993 年版,第 380 页。

⑪ 金洪远:《王任叔与初版〈鲁迅全集〉》,《档案春秋》2017 年第 2 期。

⑫ 陈漱渝:《许广平传》,人民日报出版社 2011 年版,第 95 页。

⑬ 王锡荣:《许广平为出版〈鲁迅全集〉奔忙》,《世纪》2008 年第 5 期。

⑭ 宜闲:《〈鲁迅全集〉出世的回忆》,上海社会科学院文学研究所编:《上海"孤岛"文学回忆录》上,第 26 页。"宜闲"是胡仲持的笔名。

⑮ 王尔龄:《一九三八年版〈鲁迅全集〉的出书与发行》,《鲁迅研究资料》第 15 辑,天津人民出版社 1986 年版,第 3 页。

⑯ 复生:《〈鲁迅全集〉刊行的经过》,上海社会科学院文学研究所编:《上海"孤岛"文学回忆录》上,第 26 页。

⑰ 周海婴编:《鲁迅、许广平所藏书信选》,湖南文艺出版社 1987 年版,第 303 页。

⑱ 周海婴编:《鲁迅、许广平所藏书信选》,第 313 页。

由《丁玲小说手稿三种》(影印本)想到

乐　融

首先祝贺《丁玲小说手稿三种》(影印本)的出版,这是丁玲走上文坛、奠定在中国文坛地位的开篇。丁玲一生传奇而又曲折,鲁迅和毛泽东两位伟人都曾为她写下诗篇,在中国作家中也许绝无仅有;其中鲁迅为她而作的《悼丁君》手迹,2011 年捐赠入藏我馆,并多次展出,述说着一段丁玲的艰难人生,下面我来为大家介绍,鲁迅为何会写《悼丁君》,如何影响丁玲的一生的。

1904 年 10 月 12 日,丁玲出生在湖南常德外祖父家,1 岁多才回到祖籍湖南安福(现临澧县)黑胡子冲,丁玲 4 岁时,父亲去世,家中田地早已抵债,女性在封建大家庭没有地位,孤女寡母处境更是艰难,但母亲余曼贞性格坚强,先读师范速成班,后入省立第一女师攻读,成为一名教师、校长,经济独立,丁玲在母亲的熏陶影响下,学习成绩一直名列前茅,15 岁考入桃源县湖南省立第二女子师范学校,与王剑虹同校,后一起来到上海进入中共创办的第一所培养妇女干部的学校——平民女校学习,初步接收了马克思主义理论学习和社会革命的实践,埋下红色的种子,后在瞿秋白鼓励介绍下进入上海大学学习,扩展了视野。但在寻求人生道路上历经曲折,有过很多迷茫,一度进入电影圈,也想做画家。理想很丰满,现实很骨感。最后,她把所经历的迷茫人生,漂泊的感受,倾注在她的小说《梦珂》里,恰在此时,叶圣陶代理《小说月报》主编,想一改过去只专注理论、翻译，重视文学创作，这时候文坛正处于疲软状态，一方面“五四”高潮过后，文学创作萧条；另一方面文学革命后，“革命文学”口号虽然响亮但缺少创作实绩，缺乏作品。为挽回这种局面，为改变《小说月报》那种刊物内容驳杂，作者队伍单一的局面，叶圣陶接编后第一期就办“创作专号”，也就是不刊登论文译作，专出创作。大量发表新人新作，因此，丁玲恰逢其时，在叶圣陶的扶持下，在《小说月报》这块文学阵地冉冉升起。

丁玲第一篇小说《梦珂》投给《小说月报》后，被叶圣陶慧眼识中，以头版头条位置，发表在第 18 卷 12 号(1927 年 12 月)上，受到极大的鼓舞。然后，丁玲佳作迭出，第二篇小说《莎菲女士日记》又被刊登在 19 卷第 2 号(1928 年 2 月)的头版头条，排在已经成名作家陈望道的译文与茅盾连载小说《动摇》之前。第三篇小说《暑假中》也在头版头条，第四篇《阿毛姑娘》仍是头版头条，四发四中，开创了《小说月报》创办以来的先例，而后，叶圣陶又主动帮丁玲把这四篇小说汇成一册，由开明书店于 1928 年 10 月出了一本《在黑暗中》的短篇小说集，自此，丁玲在文坛上声名鹊起，钱杏邨等批评家赞之为“新进的一鸣惊人的女作家”。当时，丁玲和胡也频夫妇曾数次到景云里叶圣陶家造访，受到叶圣陶殷勤款待，1928 年秋天，叶圣陶与丁玲、胡也频、王伯祥、徐调孚、郑振铎等同往海宁观赏钱塘江潮，一时传为文坛佳话，直到几十年后，叶老回忆起这件事，记忆犹新，留下诗句：“更忆钱塘午夜，共赏潮头雪。”

其中 3 篇小说的手稿被上海鲁迅纪念馆收藏，是我们今天拿到的《丁玲小说手稿三种》(影印本)的蓝本。

就在丁玲开始专注写作，她的丈夫胡也频却被国民党杀害，丁玲的精神几乎崩溃，正在此时，“左联”使她从悲痛中抬起头来。

当时由于屡遭打压的“左联”刊物需要有一个新面貌出现，丁玲身份正适合担任新刊物《北斗》主编，经冯雪峰引荐，她第一次面见鲁迅，得到鲁迅支持和赏识，为左翼文学打开新的局面，由于工作积极出色，丁玲加入中国共产党，后担任“左联”党团书记。

就在她满怀着信心投身左翼文学运动中去的时候,发生了震惊中外的丁潘绑架案。

1933年5月14日中午一时左右,一群国民党特务在叛徒马绍武的带领下,闯进上海昆山花园路7号丁玲的住处,绑架了丁玲与来访的潘梓年,来访的应修人也中了敌人埋伏,在争斗中坠楼牺牲,这就是著名的"丁潘绑架案"。

按照当时的规定,中国当局不得在外国租界捕人,否则属于绑架,是违法的。丁玲的被捕就属于这种违法的秘密绑架。因此有关当局封锁消息,极力否认,上海的中文报纸得不到确切消息,都没有及时报道。直到5月17日,先得到消息的英文报刊《大美晚报》才第一次作了披露。

中共上海地下组织立即开展营救活动,对于丁玲的被绑,鲁迅与其他朋友一样,都积极投入营救活动,但他却保持一份清醒头脑,认为光抗议是不中用的,其实,当丁玲被捕后的第三天,鲁迅即托郑伯奇带口信给良友图书公司编辑赵家璧,建议把丁玲未完成的长篇《母亲》立刻付排,要在各大报上大登广告,给予国民党当局压力。鲁迅时刻关注丁玲的消息,由于前年已经发生了"左联"五位年轻作家的被捕遇害事件,近期有杨杏佛突遭暗杀,关于丁玲的各种谣言满天飞,社会上盛传丁玲被杀害,使鲁迅不得不对丁玲已经遇害的传言深信不疑,所以,当收到出版的《母亲》时,不禁触景生情,写下了《悼丁君》:"如磐遥夜拥重楼,剪柳春风导九秋,湘瑟凝尘清怨绝,可怜无女耀高丘。"寄托鲁迅对于丁玲的悲悼和思念,为中国文坛失去这样一位有才华的女作家而感到惋惜。

丁玲被捕后,敌人尽管有所怀疑,但并未掌握丁玲是共产党员身份的证据,一开始认为丁玲一个年轻女子是经不起威逼利诱,逼问丁玲供出我党的秘密情报和自己身份,遭到丁玲否认和拒绝回答,这对于国民党当局,无疑是一个不大不小的难题。因此,敌人既不能公开宣布和审讯,也不敢完全不顾中外舆论将其秘密杀害。于是,一计不成又生一计,准许她上街,要她写小说。敌人想用这些假象，让朋友们和地下党组织误以为她已叛变，并借此败坏左翼作家的名誉，离间丁玲与组织的关系。由此埋下了她后半生曲折人生的伏笔，她曾说"要让历史证明我并非一个有罪的人"，这是丁玲并不是说给敌人而是说给自己的同志听的，也是对鲁迅说的。在党组织营救下，丁玲挣脱国民党的牢笼，奔赴延安，当丁玲离开西安前夕，传来了鲁迅溘然长逝的噩耗，悲痛难已，当即给许广平发一唁函："……无限的难过汹涌在我心头。尤其是一想到几十万的青年骤然失去了最受崇敬的导师，觉得非常伤心。我两次到上海，均万分想同他见一次，但为了环境的不许可，只能让我悬念他的病躯，和他扶病力作的不屈的精神！现在却传来如此的噩耗，我简直不能述说我的无救的缺憾了！……这哀恸真是属于我们大众的，我们只有拼命努力来纪念着这世界上一颗殒落了的巨星，是中国最光荣的一颗巨星！"结尾署名"耀高丘"，取自《悼丁君》一诗的最末的3个字，这是对鲁迅的敬献与哀悼，更是丁玲一生的遗恨，在两次去上海时，没有能最后再见鲁迅一面，没有能当面给他释疑，得到他的完全谅解和信任。

从鲁迅的"悼丁君"到丁玲的"耀高丘"唁函，从一个侧面表现鲁迅对丁玲的欣赏和惋惜以及丁玲对鲁迅的崇敬，鲁迅一生对年轻作家所作的悼念七绝诗并主动要求发表的恐怕仅此一首，这是两代伟大作家心灵的共振、心声的呼应。

到了延安之后的丁玲始终没有背叛自己的誓言，始终相信党，保持饱满的创作热情，毛泽东为此写下《临江仙·给丁玲同志》："壁上红旗飘落照，西风漫卷孤城。保安人物一时新。洞中开宴会，招待出牢人。纤笔一枝谁与似？三千毛瑟精兵。阵图开向陇山东。"给予她"昨日文小姐，今日武将军"的高度评价。她创作的反映土地革命运动的长篇小说《太阳照在桑乾河上》荣获苏联斯大林文学奖，与鲁迅、郭沫若、茅盾、巴金、老舍、曹禺、冰心等同列为中国当代十大文学名家。今天，我们出版这本书，对丁玲文学创作过程中的文献学、手稿学的研究创造更好条件，让更多学者、爱好者能够近距离地、仔细地观看,更是为今后对更多中国现代文学作家的研究提供范本。

丁玲的光辉业绩和文学成就,永远镌刻在中国革命和中国文学的史册上。

俄罗斯鲁迅研究历史的回顾与总结

——评《俄罗斯鲁迅研究精选集》

马轶伦

由叶·谢列布里亚科夫、阿·罗季奥诺夫、王立业教授联合主编，光明出版社出版的《俄罗斯鲁迅研究精选集》囊括了一批俄苏鲁迅研究的力作，包括苏联时期重要的鲁迅学学者：艾德林、彼得罗夫、索罗金、谢曼诺夫、波兹德涅耶娃、谢列布里亚科夫、瓦西里耶夫、凯瑟尔、史萍青、哈尔哈托夫、费德林、弗里德以及新一代俄罗斯汉学家谢列布里亚科夫和罗季奥诺夫。

俄罗斯的鲁迅研究可以上溯至20世纪20年代，从对鲁迅著作的翻译起步，翻译作品和研究成果层出不穷。阿列克谢耶夫院士的弟子瓦西里耶夫最早通过俄罗斯文学研究专家曹靖华与鲁迅取得直接联系，开始从事中国现代文学研究。本书收录的《鲁迅〈阿Q正传〉序》一文，正是瓦西里耶夫在翻译《阿Q正传》时撰写的，其中谈到瓦西里耶夫对中国现代小说的理解与看法。开篇提到："我们对已有几千年历史的伟大中国古典文学还知之甚少，但令人不可思议的是，我们对中国现代文学也一无所知。同时，我们没有比革命后文学作品更好的资料来了解邻国人民的生活，来了解这段与旧文化割裂，新文化复兴的新时期。文学作品是反映这个新生的中国最实际的体现。"瓦西里耶夫继承了阿列克谢耶夫院士之传统，开创俄罗斯研究中国现代小说的先声。《鲁迅中短篇小说集〈阿Q正传〉》后在1929年由列宁格勒海浪出版社出版，收录作家的8篇中篇小说，是向苏联读者介绍鲁迅及其作品的第一部文集。

1936年10月,鲁迅逝世后涌现出一批苏联时期重要的研究文章,本精选集选译了1938年苏联科学院出版社出版的《鲁迅(1881—1936):纪念伟大的中国现代文豪论文译文集》中史萍青的《鲁迅和中国语言文字问题》以及发表在苏联《外国文学》1938年第7期凯瑟尔对该文集的书评。这一文集由列宁格勒汉学家和苏联科学院东方学研究所共同编译,其中包括关于鲁迅的纪念文章和鲁迅作品译文,是苏联鲁迅学研究的重要文献资料。

从20世纪50年代起,"鲁迅学"研究的说法便已经被俄罗斯汉学家罗果夫提出。自20世纪60年代起,苏联中国文学研究者便出版了多部重要的鲁迅研究专著。本精选集收录并选译的一批研究文章,如彼得罗夫1960年出版的《鲁迅创作与生平概览》,从翻译活动和翻译思想、文学创作及创作方法研究、鲁迅创作与俄苏文学的关系研究、思想史和世界观研究等方面,构建出了俄苏鲁迅学研究的体系,并对俄苏鲁迅学及世界鲁迅研究产生了广泛而深远的影响。其中,谢曼诺夫的《鲁迅及其先驱者》曾被美国学者查·艾伯译成英文,波兹德列涅娃的《鲁迅生平》曾翻译成日文在东京出版,当时都取得了不错的反响。同时,自20世纪60年代以来,俄苏鲁迅研究者也在不断涉猎新的领域,获取新材料、新文献,对鲁迅研究的书评反映了苏联不同时期对鲁迅研究的新进展。仅以莫斯科世界文学研究所研究员谢曼诺夫为例,他所撰写书评的几部鲁迅研究论著便来自英法德俄等多个国家,他广泛地涉猎也体现在其论著《鲁迅及其先驱者》中。

虽然这一时期的苏联鲁迅研究主要以宏观研究为主,回看这些文献,仍能从中窥得中国思想、学术、大众观念在苏联的反响,不乏对中俄文学互动的思考,也可以看出苏联和东欧国家的学者是如何在鲁迅的创作中寻找适合他们国家现行问题的论证融入对鲁迅作品的理解中去。

在谈到俄罗斯经典文学对于鲁迅这一代中国知识分子影响的

多面性时，彼得罗夫认为，俄罗斯经典文学与鲁迅的创作理念高度契合，对他的世界观塑造起到了重要作用，并从俄罗斯文学中汲取了丰富的创作源泉和艺术手法。同情普通人的遭遇，了解他们个性中的软弱，怜惜“小人物”命运，使得鲁迅与俄罗斯文学，与俄罗斯鲁迅研究专家在情感上有了更深入的连接。瓦西里耶夫在翻译《阿Q正传》时便已经关注到了“小人物”的问题，他认为鲁迅在描绘那些普通人的同时，还“嘲笑”了他们的孤立无援，而这种“嘲笑”只是含泪的笑，作家始终对那些被侮辱和被损害的小人物给予极大的同情。索罗金认为，鲁迅不仅看到了人民的悲剧，还看到了人民的伟大，发现了普通人崇高的心灵，美好的道德品质、健康的民族精神，让鲁迅对他们的未来充满信心，这种充满人道精神的行为影响力不容小觑。

鲁迅的文学成就主要在于他的独创性，即在艺术形式和技巧上摆脱了传统的束缚，开辟了新文学的发展道路。艾德林在《论鲁迅小说》中指出，鲁迅是一个极具民族特色的作家，关注中国现实的同时，西方的观点已经融入了鲁迅的思维中，两者交互共生。这种观点亦体现在鲁迅的文学手法和艺术成就上，他所擅于运用的虚构小说体裁与象征手法，与欧洲20世纪出现的小说新潮流是一脉相承的，其中也不乏俄罗斯文学的身影。20世纪初，中国开始翻译俄国文学，如普希金、莱蒙托夫、托尔斯泰、契诃夫的小说。1909年，鲁迅从德语转译了安德烈耶夫的《谩》与《默》以及迦尔洵的《四日》。他的翻译活动也促进了苏俄文学在中国的传播。

本精选集还收录并选译了苏俄鲁迅研究专家对鲁迅的纪念文章，如费德林在1955年出版的《中国笔记》中的文章。费德林是苏联科学院通讯院士，主要从事中国现代文学研究和鲁迅研究。从他对鲁迅故居的走访和纪念文章中，反映出苏联汉学家对鲁迅的新认知、新观察，也从不同的侧面反映出苏联汉学家对鲁迅的深厚感情与研究热忱。

《俄罗斯鲁迅研究精选集》中收录并选译的这些文献研究领

域广,研究内容深,具有重要的历史价值。然而其中一些文献不可避免地受到当时思想意识教条主义的影响,在鲁迅形象的塑造上,力图给鲁迅冠以“革命家”“文学家”“思想家”等头衔,比如索罗金、波兹德涅娃的文献中便能看得到这种倾向,对鲁迅创作的评价也以溢美之辞为主。然而自20世纪70年代以来,苏联中国文学研究者不断脱离观念单一化的束缚。本精选集选译了艾德林为1971年莫斯科文艺出版社出版的“世界文学文库”《鲁迅中短篇小说选》所做的题为《论鲁迅的小说》的序言。艾德林脱离了以道德为纲的窠臼,把作家放在广阔的历史背景和中国传统文化之中,考察其文学创作与中国文化之间的来龙去脉。艾德林认为:“鲁迅的文学本身实际上是接近所有人的,任何人都能读懂他的东西。在接受世界文学的基础上,作家将本国与西方的文学成就相结合,不管是在写作手法上还是在作品思想上都达到了现实主义的高峰。继承了伟大的传统并诉诸所处的时代环境,鲁迅相比于其他作家更能接近真理。在中国传统意义上的诗人、思想家之列”。由此,对鲁迅形象的拔高在20世纪后期的文献中逐渐消弭,走向对鲁迅的“平视”与重读,从一种模式化的英雄品格塑造逐渐转向对鲁迅本真形象的探究,在后期俄苏鲁迅学研究的文献中,逐步深入鲁迅思想的矛盾性与复杂性。

(北京外国语大学科研处)

深切的体察，生命的哲思
——评王兵《枣树的姿态：鲁迅思想创作论》

刘茸茸

《枣树的姿态：鲁迅思想创作论》（陕西师范大学出版社 2018 年版）是王兵近期出版的鲁迅研究论文集。全书共分为 3 个部分：上编“作品解读”对《祝福》《离婚》《风筝》《从百草园到三味书屋》《伤逝》和《野草》分别作了别具一格的解读。下编“思想探微”着重发掘鲁迅思想中潜在的传统文化因素，并涉及鲁迅与周作人兄弟失和内在思想上的分歧。附录部分收入相关文章，《周作人的文学宽容观》《左翼与自由主义文艺思潮的儒道文化渊源》《传统文化与中国现代知识分子的无神论文化选择》。全书由鲁迅作品推及鲁迅思想，推及周作人，再推及中国现代文学与传统文化渊源的整体思考，在研究视角上，着眼于中国传统文化、宗教、哲学与鲁迅、周作人乃至现代文学的关系，呈现出一种大文化视角，拓宽了鲁迅研究的范围，尤其是宗教层面对鲁迅思想创作的探索，视角独特，立意新颖。

一、探索生命之“真”

书名中“枣树”这一意象出自鲁迅散文集《野草》中的第一篇作品《秋夜》。“枣树”虽然叶子落尽，满是皮伤，“却仍然默默地铁似的直刺着奇怪而高的天空，一意要制他的死命”[①]。“枣树的姿态”即是鲁迅的姿态，“以永不停滞的姿态，冲破有限的禁锢，探索永恒的真理”，以此命名，既是对鲁迅一生的形象刻画，也是研究者探索生命之“真”的一种方式。深入鲁迅的情感世界和生命体验去体察文本,是本书研究方法的一大特色。

由鲁迅的情感体验出发,作者对《离婚》的故事原型作了别出心裁的揭秘。经过严密的分析论证,作者认为《离婚》是鲁迅情感世界里兄弟失和一事的曲折表达,“鲁迅对现实素材进行了从兄弟分家到夫妻离异的远距离转换与投射,在貌似不同的外观下蕴藏着相同的生活内容与情感体验”,是鲁迅从《呐喊》到《彷徨》,笔触由外部世界转向内部情感的表现。同一件事,在《风筝》里表达的却是鲁迅的另一种情感体验。说到哀悼“兄弟之情”,研究者往往根据周作人提出的线索,从《伤逝》中解读鲁迅对兄弟失和的情感体验,认为《伤逝》这一文本曲折表达了鲁迅对这一事件的悔恨与悲哀。《〈风筝:兄弟失和的哀悼与忏悔〉》一文却不落窠臼,通过《风筝》与《我的兄弟》文本对比,阐发鲁迅旧作重写的衷曲,认为《风筝》才是鲁迅对兄弟失和一事的曲折表达,是“灵魂深入的一种自言自语的对话”。作者分析了二周在情感体验、文学思想和人生追求等方面的差异,及由此造成的兄弟失和。鲁迅在现实生活中新的生命体验促使他重新思考兄弟失和,并由此反思他过去对周作人的“误解和偏见”,体会到人与人之间互相理解的困难,以及由此产生的人性偏狭。作者认为不同此前同类题材中知识分子心灵忏悔,《风筝》表现出“极具个人性的灵魂忏悔”,上升到了生命哲学的高度,鲁迅的自我忏悔是对人性偏狭的正视。“伟大的人之所以伟大,是敢于正视自身的偏狭并为之忏悔,这才是鲁迅真正的伟大之处。”

《野草》是鲁迅生命哲学的集中体现,写作于1924—1926年,这一期间,鲁迅创作了最具个人色彩的两篇小说:《孤独者》和《伤逝》。王兵老师独具匠心,结合《伤逝》的题材和创作背景,将其与巴金的《寒夜》和鲁迅同时期作品《野草》进行对比解读。从而扩展了《伤逝》的思想意蕴。

相比于解读《伤逝》的几种主流观点,《〈伤逝〉:个性主义与人生终极意义的探索追求》一文可谓另辟蹊径,以巴金的《寒夜》为参照,对《伤逝》中蕴含的个性主义与人道主义的消长作了精彩的分析。认为子君与汪文宣的悲剧在于"人道主义消解了个性主义的悲剧",涓生和曾树生是"新文化运动落潮后依然坚持个性主义,自觉地抵抗各种封建专制势力的少数青年知识分子",从而揭示了《伤逝》所蕴含的个性主义与道德主义的二律背反。"漫长的封建专制文化使中国成为一个个性意识贫瘠的荒原,西方的现代人道主义一经传入,便与源远流长的儒家文化的'仁''礼'相联姻,从而易于获得中国人的认同,并且,这一渗透了传统文化群体意识的所谓人道主义,常常被冠之以崇高的冠冕而受到尊崇。相比之下,个性主义传入之后,则显得有些异端,它很难被人所理解认同,并常常与个人主义的概念相混淆而遭受误解、指责,为人所不齿。"同时,文章对《伤逝》的解读始终不离鲁迅自身的生命体验,结合鲁迅自身思想中个性主义与人道主义的消长起伏,认为《伤逝》是鲁迅"渐渐倾向个人主义"的思想过程的生动表现。在这个过程中,涓生们面对的不再是外在的宗法制度、伦理道德,而是更为隐秘的、包裹在"情"与"爱"中的对个人的无声吞噬,涓生的悔恨与悲哀因之而具有了崇高的悲剧意义。《伤逝》体现了鲁迅的批判视角由外在转向内在,文章视角也因此从《伤逝》蕴含的个性主义转向更为终极的生命意义探讨。《伤逝》与《野草》的互文解读,发掘了《伤逝》的多重意蕴,也丰富了涓生的形象意蕴,他与《野草》中的"枣树""影""这样的战士""过客"等一系列意象组成了一个"象征系列",是鲁迅笔下"自为的存在"的象征,从而将《伤逝》的解读从艺术审美范畴上升到人生哲学高度。

《〈野草〉:人生哲学的突破与超越》一文,仍然从鲁迅的生命哲学进行解读,但作者将鲁迅的生命哲学置于中外古今的大历史文化视野中,认为《野草》所体现的人生哲学实际上根植于中国传统文化"对博大、无限和永恒之道的追求中","这一创造性的发现改写了中国从孔子到清末几千年绵延不断的人生哲学史,标志着中国人生哲学的探索逆向追溯,跨越了几千年,回归到了远古那博大精深、至真至纯的文化本源”。这个“本源”即对永恒、无限真理的执着,是鲁迅所秉持的“走”的生命哲学。将鲁迅的生命哲学追溯至儒道文化之前的上古传统文化本源,是这篇文章的一个创见。

灵魂的有无是哲学的终极命题。鲁迅虽然以“战士”的姿态而闻名,但“鲁迅的思考中心,总的来看,是心性层面的问题、灵魂的问题。”[②]《〈祝福〉:反讽的信仰悖论》一文另辟蹊径,由关注鲁迅的生命哲学而进一步上升至宗教层面,发掘了《祝福》的别一种意义。开篇即言:“作者从头至尾,由内到外都鲜明地围绕着一个命题,那就是宗教与信仰。”鲁镇人与祥林嫂,前者是“有宗教而无信仰的伪信徒”,后者是“一个真诚的信仰践行者和探索者”。作者认为,祥林嫂对灵魂有无的叩问,使她“打破了劳动人民与知识分子的界限,成为能够跻身于鲁迅笔下的以现代知识分子为主的反封建人物系列中的特殊形象。”鲁迅借祥林嫂之口对灵魂问题的探索,“斩断”了几千年来传统文化对生死、灵魂问题的“悬置”,解开了“阻碍真理的思想禁锢的锁链”。这一创见固然有着深厚的宗教色彩,但新颖且富有深意的探索对理解鲁迅的创作和思想开拓了新的视野。从生命之“真”到信仰之“真”的探索,既是对鲁迅生命哲学的追寻,也集聚了作者追寻生命之“真”的学术实践。

二、追溯文化之“源”

如果说上编“作品解读”聚焦于鲁迅内在的情感体验与生命哲学,那么下编“思想探微”则扩展至鲁迅与外在的历史文化的关系。论及鲁迅思想的历史文化渊源,从宏观来把握其实非常困难,进化论、尼采、马克思主义与西方现代哲学固然深刻影响了鲁迅,中国传统“儒”“道”“佛”作为鲁迅思想的根源却仍是不容置喙的,更遑论鲁迅“只是把这些智慧吸收到他的神经纤维里面”[③],任何一种思想渊源,在鲁迅思想中都已经化有形于无形,难寻其迹。下编“思想探微”却从鲁迅思想的细微处着笔,切近鲁迅思想创作与中国传统文化这一命题。

作品是作家精神世界的表现,《鲁迅长子长孙角色意识及其审美倾向》一文,从鲁迅的成长历程中发掘长子长孙这一角色对他的文学思想和审美品格的影响。个人生长历程离不开一定的社会历史文化,传统文化赋予了长子长孙“强烈的家族使命感”“危难中能挺身而出”的牺牲精神。作者详尽地分析了长子长孙这一角色意识在鲁迅独特的个人成长历程中所发挥的作用,认为长子长孙意识的家国置换影响了鲁迅文学审美倾向的基本品质,“使命感、忧患意识、坚韧执着的进取抗争精神是一以贯之、始终不变的……成为鲁迅文学创作的独特属性”。这一见解颇有新意,不仅有助于我们更深刻地理解鲁迅身上肩住“黑暗的闸门”“历史中间物”等思想品格,同时也启发我们关注鲁迅与中国传统历史文化无法斩断的血缘关系。

从鲁迅的个人成长到背后的文化传统,本书致力于厘清鲁迅与中国传统文化、哲学、宗教的复杂关系。《鲁迅笔下的国民劣根性与鬼神文化》《鲁迅笔下的三教合流与鬼神文化》《鲁迅对中国传统死亡观的揭露与批判》等系列文章,聚焦于鲁迅与传统鬼神文化的关系,将鲁迅的思想创作置于传统文化范畴内进行考察。作者追溯中国传统文化的宗教哲学,认为孔子“不语怪力乱神”“未知生,焉知死”的思维模式在知识分子中间开启了泛神与无神论的混合,为民间形成的泛神、多神为特征的鬼神文化留下了空间。因此,民间鬼神文化是鲁迅批判国民性、批判传统文化的一个重要基点。鲁迅的批判主要体现在两个方面,其一是“鬼蜮”即一般文化背景与现实环境,形成了鲁迅所说的“无物之阵”;其二是在“鬼蜮”中生成的“无特操”、瞒和骗的国民性,深深根植于鬼神文化中的功利主义。“三教合流”就是这种鬼神文化的集中体现,“以泛神、多神为特征的鬼神文化的彼此掺杂、相互调和的信仰观念,这是导致国民劣根性产生的重要因素”。从宗教信仰的层面,拨开中国传统文化鬼神信仰的重重迷障,指出“三教合流”下的鬼神文化实质上是“执着于此岸的功利主义信仰,本质上是以现世欲望的满足为目的的”。因此,中国人对鬼神的敬拜如鲁迅所说:“凶恶的是奉承,如瘟神和火神之类,老实一点的就要欺辱,例如对于土地和灶君。”④作者认为这种鬼神信仰完全失去了宗教信仰的核心要素——“道德性和超越性”,从而造成了国民性的劣根性。将鲁迅思想创作中的批判“国民性”追溯到对鬼神文化的批判,可谓一语中的,在传统宗教文化层面拓展了鲁迅研究的深度。

从微观到宏观,作者进一步发掘了鲁迅与传统文化的复杂关系。“鲁迅对传统文化的反叛并非简单的否定,而是在反叛中有继承,在背离中有复归。”从宗教哲学方面考察传统文化的形成,一方面,自孔子“不语怪力乱神”起,中国文化进入了泛神与无神阶段,形成了关注“人”和“现世”的文化传统,因此开启了后世鬼神文化,禁锢了人性的健全发展。另一方面,则追溯夏商周三代文化,认为鲁迅反叛的只是后世形成的鬼神文化,而在什么才是健全的“国民性”问题上,体现出对“真的人”的呼唤,其对“人性健全”的希冀仍可追溯到上古文明的“天下为公”“大同”等理念。在鲁迅研究中,生命哲学和国民性批判的话题并不新鲜,但从宗教文化视角给予关照,却是本书的独到之处。鲁迅对国民性的批判,既是对普遍人性的反思,同时也是“基于对自身情感心灵的深刻反省”。因此,从宗教文化层面来看,鲁迅的生命哲学具有宗教般对永恒的追求,“路漫漫其修远兮,吾将上下而求索”,“走”是鲁迅生命哲学的核心意象。同时,作者也注意到鲁迅“走”的指向与宗教信仰的根本分歧。宗教信仰将超越生命有限寄托于天国与来世,认为真理具有唯一性,而鲁迅却将生的永恒展现于“走”的生命过程,于有限的生命中参透永恒。因此,虽然我们能在鲁迅作品中体会到一种宗教式的“赎罪”精神:“我的确时时解剖别人,然而更多的是更无情面地解剖我自己。”⑤但鲁迅所赎的“罪”却不是宗教意义上的“原罪”,而是几千年历史文化之“罪”,鲁迅的“历史中间物”意识源自他的“赎罪”意识。鲁迅呼唤“真的人”,但拒绝进入“黄金世界”,“不如在黑暗里沉没”。这一点上,鲁迅与宗教信仰中的“救赎”有本质区别。

附录部分所收的三篇文章,可视为鲁迅研究的外向扩展。《周作人的文学宽容观》对周作人的文学观进行理性分析,给予了客观的评价,“周作人真正富有独特性的反封建思想在于他对封建文化一元独尊,二元对立思维方式的反叛。”并在对周作人和鲁迅不同的文学观的批判基础上,对兄弟失和提出了自己的见解,认为兄弟失和的内在原因在于严重的思想分歧。这一结论的得出建立在对二周文学思想的深刻认识之上,不失为一种合理的解释。《左翼与自由主义文学思潮的儒道文化渊源》《传统文化与中国现代知识分子的无神论文化选择》两篇既是对鲁迅与传统文化关系思考的深化,由鲁迅研究而推及整个现代文学乃至现代文化的思考,同时也是对鲁迅与传统文化关系研究的补充,从大文化视角对中国现代文学进行了审视。

鲁迅是复杂的,要切近鲁迅,只能是“回到鲁迅那里去”,《枣树的姿态》所收的文章无论是作品解读还是思想探微,始终能立足文本和鲁迅自身的生命体验,从生命体验中,而不是在理论中把握和认识鲁迅。但诚如钱理群先生所言:一切研究“只能部分地接近同时又部分地发展鲁迅本体,而不能全面地把握与穷尽鲁迅本体,……一切有创造性的研究,必定是有缺陷、有遗憾的研究”。[⑥]这本论著最大的特色即能够从多数人不大留意处发掘鲁迅的意义,辅之以缜密的论述,启发我们打破固有思维去认识鲁迅、接近鲁迅。当然,不可否认,新的视角也可能会带来新的遮蔽。如从宗教层面去理解鲁迅对“真的人”的呼唤、对祥林嫂形象的新解等,带来启发的同时也具有某些争议。然而,对鲁迅作品和思想的深切体察,又无处不浸透着研究者自身的生命体验。正如文学对于鲁迅而言,是“志业”,是求道的事业一般,此书亦体现了研究者对生命意义的追寻与关怀,是生命体验与理论思辨的统一。当然,这种浸透着生命感悟的探索,是建立在对传统文化、哲学和宗教的深刻认识之上的。

(西安电子科技大学)

注释

① 鲁迅:《秋夜》《鲁迅全集》第二卷,人民文学出版社 2005 年版,第 167 页。
② 王乾坤:《鲁迅的生命哲学》,人民文学出版社 1999 年版,第 69 页。
③ 胡风:《关于鲁迅精神的二三基点》,《胡风全集》第 2 卷,湖北人民出版社 1999 年版,第 501 页。
④ 鲁迅:《谈皇帝》,《鲁迅全集》第三卷,人民文学出版社 2005 年版,第 268 页。
⑤ 鲁迅:《写在〈坟〉后面》,《鲁迅全集》第一卷,人民文学出版社 2005 年版,第 300 页。
⑥ 钱理群:《心灵的探寻〈引言〉》,河北教育出版社 2000 年版,第 14 页。

纪念

一位值得纪念的鲁迅研究专家
——追忆刘家鸣先生

张铁荣

刘家鸣先生是一位值得纪念的鲁迅研究专家，知道他去世的消息非常吃惊。今春3月25日夜，李锡龙院长来我的研究室告知时才知道，不久刘运峰教授也来了，我们谈了家鸣师许久。后来看微信，宁宗一先生也告诉了我这个消息。记得春节给养老院打电话时，家鸣师房间的座机始终没有人接，手机也是如此，当时就有一种不祥的感觉。后来从筱平兄那里得知家鸣师住院了，他的女儿刘晨从美国回来专门守护着；他的夫人秀美老师身体也不好，在养老院雇了保姆陪护。记得一位老师说过："人进入晚年以后很可怕"。得到消息后的我不知所措，只有仰天长叹而已。

初识刘家鸣师是在1976年，那时日本学者、神户大学的山田敬三教授携其新著《鲁迅的世界》专程来访，南开大学专门举行了一次学术研讨会。山田报告以后，李何林、刘家鸣、张菊香等先生分别发言。家鸣师的发言令我印象深刻，他列举鲁迅与日本友人的交往史，桩桩件件、清清楚楚。这是李何林先生专门给家鸣师复出后与大家见面的机会，在"文革"中被下放的家鸣师借此复出，不久即调回南开大学工作。

家鸣师重回南开后担任鲁迅研究室的主任，年轻的我就在他的领导下工作。林林总总、许许多多的往事，说起来应该是几天几夜也说不完的。只记得他组织编了一册《鲁迅在文学创作上的继承革新》的内部书籍,内容都是从文学的角度研究鲁迅的文章。1981年6月,南开举行了纪念鲁迅诞辰100年的国际学术研讨会。那个时候我负责迎来送往的接待工作,在学术上的策划应该都是家鸣师和菊香师,那次会因为在全国开得比较早,影响大也很成功。以李何林先生为代表的第一代鲁迅研究专家和许多国内外著名学者都莅临南开。我记忆深刻的是两件事,一是刚进入人民文学出版社的陈早春和我坐在后排,他这个人比较低调,后来我们很谈得来,成为无话不说的好朋友,我到北京时常去找他要书。第二就是家鸣师做事十分认真,他当然有会议的各种材料,但是每一位学者的发言,他都在一个本子上作记录。身为会议的组织策划者,如此这般十分罕见,就是与会者如此认真听发言的人,那时应该也不是很多的。

家鸣师是继李何林先生之后,南开鲁迅研究的领军人物。他的研究主要在鲁迅的文学特质上,尤其关注鲁迅小说的艺术特色。1990年陕西人民出版社出版了他的《鲁迅小说的艺术》一书,是他最有代表性的重要学术著作,展示了他的研究兴趣。这是该社"鲁迅研究丛书"的一种,进入这套丛书的作者,基本上都是国内知名的一流鲁迅研究专家。李何林先生对家鸣师的评价很高,他在该书的序言中说,对于鲁迅小说的艺术性分析:"颇能显示家鸣同志做学问的特点:扎实细致","还可以看出他的治学勤奋,认真和严谨"。

我们南开鲁迅研究室在中文系,所以也要承担教学任务。我开始讲课的时候,被安排给金融系的学生讲《现代文学作品选》。过程是先备课写讲稿,写好后交给家鸣师等审阅,他批改过以后要进行修改和试讲,试讲后还要立即座谈听取意见,然后才能到课堂上给学生讲。正式上课的时候,家鸣师、菊香师等一班人专门坐在教室的后排听课,课后关于板书、教容教态等还要提一些具体意见。外系的课讲过两年以后,才可以给本系的学生开课。据说这是李何林先生立下的规矩,所有这些在家鸣师那里得到了严格的执行。家鸣师不苟言笑、丁卯分明,又是我的顶头上司,我对他有些畏惧,初期觉得他这个人有点不近人情,交往多了就感觉到他的不尚空谈、中规中矩,严厉之中带有温情。他的课无论是本科还是研究生的一般我都去聆听,甚至在天津大学的讲座我也没有落下。发现他准备非常充分,讲课十分认真,收放有度、实事求是,思想也是很解放的。

现在我的初期讲稿和一些文章的草稿上,还留着他的修改过的笔迹和意见。就是一些留言条,也都是认认真真,清清楚楚,有的文字还写得很长,绝对不是那种随意的泛泛空谈。每每翻来不胜唏嘘,即刻感到这些写有他文字的纸上的温度。

后来我被借调到北京鲁迅研究室,参加《鲁迅研究动态》的编辑工作。家鸣师来京的时候,我们几位年轻人还和他进行过彻夜长谈。那个时候我感到他有一种亲切,谈话也是很接地气的。所谈的内容大都忘记了,但是他每次来京都要买一些书回去却是印象深刻。

再后来我应邀去了日本讲学,一走就是五年有半。这期间联系不是太多,再回校的时候鲁迅研究室已经和现当代文学教研室合并了。再见到家鸣师时,只觉得他有些老了,但是严肃认真的性格一点都没有变。记得他曾对我说,要多读书、勤写东西。我知道自己的不足之处,励志以勤奋补蹉跎。

一年半以后,家鸣师就退休了。我时常去家鸣师的家里请教问题,他非常热情地谈学问、讲经历,一些纠缠不清的问题在他那里总是能够得到答复。最使我难以忘怀的有两点,一是家鸣师的书房窗明几净,大部分的书都包着书皮,书脊上有他亲笔写的书名,因此他的书柜是清一色的牛皮纸包书,别有一番风景,足见他对于书的爱护;二是家鸣师给我讲了他被下放到农村时,曾拉着板车带孩子去买煤买粮,给爱女刘晨买冰棒的情形,风霜雨雪他们一家受了很多的苦。他就是在那个时候读鲁迅、读马恩的文艺著作,绝不消沉下去,用知识的力量支撑着自己的精神生活。此情此景,讲到深处令人动容。

退休以后的家鸣师,有了更多的时间做学问。他经常来图书馆和文学院资料中心借书,每到这个时候他就来我的研究室坐坐。他写了新的文章也给我看,问问我的意见。我有什么话可说呢,只有认真地读仔细地看,从中获益颇多。文章打印出来他也送给我一份,还写上"请铁荣教授指正",使我诚惶诚恐。我写了小文、出了新书也呈送家鸣师请教,他还是那样认认真真、一丝不苟。看了以后是真提意见,绝不敷衍,他就是这样求真求实一以贯之的人。他总是激励我写大文章,觉得我的宏观文章写得少。记得"五四运动"90年纪念活动之前,他特意来找我说:"明年是五四运动九十周年,你写一篇大文章吧!"我看着这样执着的老人家,没有任何拒绝的理由。答应下来以后,就设定了一个题目:《鲁迅与周作人对五四新文化运动的贡献》。那是一种战胜自我的精神炼狱,我在其中苦苦挣扎着,终于写成这篇2万余言的宏观论文。此文适时在《广东社会科学》杂志发表以后,家鸣师比我还要高兴,特意进行鼓励。我过去真的不敢写这么长的文章,即刻感到了他的宏大视野和思想远见。我对于当代文学关注不多,家鸣师任天津鲁藜学会副会长,他推荐我任该会的理事,这使得我很是汗颜,于是就读鲁藜的诗歌和传记,后来还写了文章。我想这正是他对我的鞭策和另外的一种督促。

2011年,南开大学出版社出版了家鸣师的《中国现代文学前驱者论集》,这是一本厚重的学术性著作,是家鸣师重要的研究论文精选。其中既有经典的鲁迅研究,也有精当的冰心研究,又有独特的李何林研究,还有郁达夫、曹禺和鲁藜研究。这些充满扎实理论功底和精致文学分析的文章,是家鸣师数十年特别是改革开放以来的重要学术成果。书出版以后家鸣师送给我,我就认真拜读了。读后写了一篇评论文章,发表在当年的《鲁迅研究月刊》上。家鸣师看了以后谦虚地说,有些地方说得过了,有些地方你读得真是仔细。他就是这样本本分分，踏踏实实，埋头苦干地做学问。

家鸣师不会用电脑，他的文章都是手写的，所以很多时候是文章写好以后，先去打字店自费打印出来，先校对然后再把电子版寄出去。因此在网上买书就常来找我，我通过网络帮他买过一些书，同时也从他那里得到了不少新书信息。他也时常建议我要买什么书，认为这样的书作为中文系的教师应该有。每次买书他都是账目清楚，甚至几毛几分钱也一定要付清。我说他太客气，他说这是规矩。可是当他知道我在日本的那几年没有订阅《新文学史料》的时候，他就让我到他家把这部分杂志都拿走补齐。这件事使我感激不尽，每当提起除了感动就是感恩。

他每次来文学院都是步行，有时顺道去学校医院取药，有时是去图书馆借书。人老了免不了寂寞，所以经常来和我谈天说地。由鲁迅到现当代文学研究，从新的出版物到国家大事，从现代史到古代文献，他都是很有自己独特的想法，使我获益匪浅。碰巧我不在的时候，他就留一张纸条，认认真真写明他要买什么书，时常还有一些剪报在其中，并注明是什么报纸以及年月日等等。我们也时常通电话，谈一些主要的事情和简单的问题，他很少打长电话占用别人的时间。

他们一家住在南开北村一座楼房的 3 层，张老师身体不大好，总是家鸣师买菜、做饭。据说到了 80 多岁以后，在美国的女儿给了他三个选择：一、两位老人去美国一起生活；二、请一个长期的保姆照顾；三、进养老院生活。最终家鸣师选择了最后一个选择。

家鸣师夫妇住进养老院以后，还是很兴奋的。这是一家天津市旅游局办的高端养老机构，地点在团泊湖，各个方面的条件都很不错。他打电话让我们来参观，于是乎我和内人选择了一个好天气去了团泊湖。那天正好他们请工作人员来钉钉子，在他和师母的不同房间里，我们帮他们挂了书法镜框和挂历，家鸣师还有一个很精致的硬木办公桌，可以看书写作，我开玩笑说这个桌子质地不错只是小了点儿。他们带我们参观了周围的花园和各种设施，尤其是食堂很大,各种菜品丰富诱人,价格也很便宜。他们执意留我们一起用餐,但是由于班车的时间是在餐前,为了不影响他们饭后休息,我们就借机离开了。

再后来家鸣师打电话说带去的书太少,他要回校取书,我说如果需要可以从我这里给送过去先看,他说太麻烦算了。不久家鸣师又打了电话说,你没有来过这个养老院,一定要过来看看。我说不是那一天我给您挂的画框吗?家鸣师说我老糊涂了。

到了去年新冠疫情肆虐,全国各地严加防控,各个社区自我封闭。家鸣师来电话说养老院只能出不能进,因此他等于完全没有了外出的可能。我安慰他说疫情很快就会过去,到时候就回学校住上一阵子吧,我知道这是他最为盼望的。

最后到了今年春节时分,养老院的电话也没有人接了。

当家鸣师的爱女刘晨来学校办各种手续的时候,我从她的手机上看到了家鸣师颇有鲁迅风格的遗嘱,那上面第一条就写着“立即火化”,还有就是先不要通知单位和友人等。

家鸣师是在去世后的第二天火化的。

(2021年3月28日夜草成,4月30日修改)

综述

从丁玲手稿看丁玲小说创作

——《丁玲小说手稿三种》(影印本)出版座谈会综述

俞宽宏

2022 年是丁玲加入中国共产党 90 周年,同时也是她的长篇小说《太阳照在桑干河上》获得斯大文学奖 70 周年。为了纪念这位 20 世纪的伟大作家和党的文艺政策的杰出实践者,上海鲁迅纪念馆与中国左翼作家联盟会址纪念馆联合出版了《丁玲小说手稿三种》(影印本,上海文化出版社出版)。内容包括丁玲处女作《梦珂》、成名作《莎菲女士的日记》和小说《暑假中》三篇小说手稿。这些手稿是由上海鲁迅纪念馆第一任副馆长谢旦如先生冒着生命危险保存下来并捐赠上海鲁迅纪念馆收藏的,十分珍贵,对于学术界开展丁玲研究和 20 世纪中国文学史研究意义重大。

《丁玲小说手稿三种》(影印本)出版,是主办单位馆藏文物学术研究社会化转化的一项重要实践项目。为了更好地推进这项工作,8 月 27 日,中国左翼作家联盟会址纪念馆和上海鲁迅纪念馆联合主办"从丁玲手稿看丁玲的小说创作——《丁玲小说手稿三种》(影印本)出版座谈会"。来自中国社会科学院、清华大学、北京大学、复旦大学、上海交通大学、同济大学、华东师范大学、上海师范大学、北京鲁迅博物馆、北京新文化运动纪念馆、中国艺术研究院、中国现代文学馆、上海市党史研究室、上海鲁迅纪念馆、巴金纪念馆、中国左翼作家联盟会址纪念馆、湖南丁玲纪念馆的 30 位专家学者就丁玲的小说创作和影印本的出版进行了学术交流。座谈会采用线上和线下相结合的方式进行,中共上海市虹口区委宣传部副部长、虹口区文化旅游局党组书记赵明,上海鲁迅纪念馆馆长郑亚,上海文化出版社有限公司总经理姜逸青,上海作协党组专职副书记马文运和中国左翼作家联盟会址纪念馆馆长何瑛到会讲话。

一、《丁玲小说手稿三种》(影印本)出版的价值

(一)小说手稿出版的文化价值

座谈会充分肯定了《丁玲小说手稿三种》(影印本)的文化价值。王中枕、陈子善、何吉贤、孙晓忠、姜异新、吴海勇、王增如等研究者都认为丁玲一生漂泊动荡,她的早期手稿存世不多,这三种小说手稿能完整保存下来并出版,非常令人震惊。这是丁玲小说手稿第一次结集出版,两个馆做了一件功德无量的大好事,是上海文化界值得庆贺的盛事。

王锡荣和陈子善教授强调了丁玲小说手稿的文化出版价值,认为小说手稿同时存在着文物价值、文献价值、收藏价值和研究价值。丁玲早期小说手稿是很重要的历史文献,非常珍贵。对于已经出版的著作,通过校勘,手稿可以给研究者提供更多方面展开的可能。这些年来手稿出版取得了相当成绩,但现代作家早期手稿的保存不尽如人意,如鲁迅早期小说手稿都没留下来。王锡荣认为,手稿学发展今后会有两个倾向——应用手稿学和理论手稿学。从理论手稿学的角度来看,这三部丁玲小说手稿,是一个中国现代经典写作者,最初登上文坛的系列性经典手稿样本,提供了一个具有标本意义的手稿案例,手稿学样本价值非常高。周立民研究员认为,如果没有手稿,丁玲早期小说发表过程中编辑的很多工作就完全淹没了。

罗岗、贺桂梅和张闳三位教授都认为,今天人类已进入数字时代,印刷文化都快要被抛弃了,手稿成了一种非常珍贵的文物。手

稿是作家创作的物质化载体，研究者要格外关注它的物质性。比如手稿的书写工具、稿纸质量，书法如何，甚至是否有折痕等。手稿跟已经发表的作品之间，可以使研究者通过手稿上面的修改、涂改等痕迹，和已经发表的初刊本、初印本，以至最后选录的全集本，作很多比较、对勘等，很具有文学史意义。

张闳教授特别强调，手稿是写作者存留的一种物质性遗迹，显示了一个作家全部的精神活动。读者对丁玲小说手稿的认知，首先不是对文字、文学和语言声音的认知，而是她的自信和书写节奏带来的一种震撼、亲切感、忧郁感，甚至是跟书写活动相关的一种肢体感知。手稿的出版，还原了一种写作不断地生成、改变，甚至扭转的过程，有一种现场感。且编辑也加入其中，也有手迹。让我们感到那种文学写作，是个体生命的在场活动，会唤醒我们一种对书写和创作的冲动。现在的出版业，切断了个体书写、审美活动同读者之间的关联性。丁玲小说手稿是一种视觉文本，使读者与文化之间不仅仅有了一种观念上的关联，而且使读者与作者的生命意识活动之间，也有了一种更紧密的关联性。

吴海勇处长、何吉贤研究员、丁玲纪念馆馆长毛雅琴和《丁伶传》作者王增如等研究者，都强调了丁玲小说手稿的美学价值。吴海勇和毛雅琴认为丁玲小说手稿里的丁玲字迹，是自然书写出来的女性书法，呈现出闺秀之气、清雅之风和典型的文人书法特征。吴海勇认为虽然三部手稿工整程度不一样，但呈现出了齐正结合、繁简结合和个性化书写等三个不同特点，令人非常亲切震撼。何吉贤认为，这部手稿中的丁玲手迹娟秀、整齐，同她晚年洒脱奔放、刚劲、有沧桑感的字迹形成了强烈的反差，但从中可以窥见丁玲人生的沧桑。

李浩研究员认为文学作品的作家手稿的一个重要价值在于能使读者身临其境，易于与作家产生共鸣。通常情况下读者阅读作家的手写文字比阅读印刷体文字更易获得鲜活和深切的文学体验。策划影印出版上海鲁迅纪念馆藏丁玲手稿，最主要的目的就在此。在此过程中得到了何瑛馆长的大力响应与支持,这是值得欣喜的。希望学者和一般读者能够通过阅读手稿,对丁玲这三部早期作品产生不同于以往的全新认知。

(二)小说手稿出版对于学科建设的意义

座谈会论述了此次影印出版对于丁玲研究和20世纪文学学科建设的意义。王中枕、贺桂梅、董丽敏等教授认为,丁玲研究的学科化和系统资料整理,是20世纪80年代开始的。《丁玲全集》不全,很多作品是从文集转化过来的,很多校勘注释也不是很精细。21世纪丁玲研究,首先要整理丁玲的创作文献和研究文献,在文献整理的基础上再阐释,然后把丁玲研究向前推进。同鲁迅研究、萧红研究、茅盾研究等相比起来,丁玲研究这方面做得还不是很深入。丁玲小说手稿是现代文学独具的一种文献,作为祖文本较之于小说初版本具有它独特的价值。随着今后研究者的探索,手稿中潜藏着的信息,肯定会不断地释放出来,成为丁玲和现代文学研究的新课题,这无疑会对现代文学学科建设带来影响。

王中忱、罗岗教授强调,丁玲手稿的重新发掘,使丁玲研究面临着不同的文本,会带来一些比较复杂的问题。处理文本之间关系,需要做进一步考虑。2001年出版的《丁玲全集》是在原《丁玲文集》的基础上编成并做了大量的改动。将来重编《丁玲全集》,这些改动究竟怎么处理?《丁玲全集》不可能简单地回到初版本。丁玲作品文献学不仅要处理版本之间的差异,也要深挖版本差异背后的文学史含义。丁玲留下了庞大的手稿、文献资料,对于这些手稿、文献的研究,是有利于推进丁玲研究和现代文学学科建设的。《丁玲小说手稿三种》(影印本)出版让研究者意识到,全面整理校勘丁玲作品,已经是丁玲研究的一个紧迫课题。

孙晓忠教授强调了作家手稿的价值,认为通过单篇小说手稿和不同时期小说手稿的校勘,研究者可以看出作者修改的原因、心态变化和创作风格的不同。丁玲小说手稿出版,是对于丁玲研究非常重要的推进，她的全部手稿都值得出版。何吉贤研究员就《梦珂》《暑假中》手稿，对照开明版和《丁玲全集》，做了很多细致的校勘工作，认为《丁玲小说手稿三种》的出版，为丁玲研究奠定了一个基础，划了一个重要边界，为以后进一步作校勘、考察版本的变化，起到一个非常大的促进作用。

（三）小说手稿出版对于虹口文化史研究的价值

虹口是海派文化的发祥地和中国先进文化的策源地，座谈会认为，本书出版，对于虹口文化史研究和文化强区建设，也非常重要。

王锡荣教授认为，丁玲跟虹口有很多渊源。当时小说编辑叶圣陶就住在虹口景云里。丁玲出任“左联”党团书记，也住在虹口，之后又在这里被捕。现在左联会址纪念馆和收藏丁玲文献的上海鲁迅纪念馆都在虹口。所以本书出版，不但对于丁玲研究，对于虹口文化史研究来说也相当重要。“左联”会址纪念馆对丁玲早期小说手稿进行整理、出版和研究，责无旁贷。

俞宽宏副研究员认为丁玲与虹口存在两方面关系。首先，虹口是培养作家丁玲的一个孵化基地。她在这里碰到了叶圣陶这样的伯乐，走上了职业作家的道路。她的第一部作品集《在黑暗中》，是叶圣陶提出并在虹口开明书店出版的。其次，丁玲一生的革命事业是从虹口起航的。1930 年初夏丁玲夫妇从济南回来，“左联”已经在虹口成立，丁玲夫妇应邀加入“左联”，从此走上了革命的道路。1931 年 9 月丁玲开始编《北斗》，开始了跟鲁迅的交往，到 1933 年 5 月丁玲被捕，她的大部分时间就生活、工作在虹口。丁玲在这里搞文艺大众化运动，开展工农兵通信工作，被捕以后在良友图书公司出版《母亲》。

俞宽宏强调，虹口不仅是丁玲、艾芜、沙丁、周扬、周立波、安娥等人文学的起航之地，也是太阳社、创造社在此伸展才华倡导无产阶级革命文学的圣地，同时这里也孕育了新感觉派小说等。本书的出版给虹口文化史研究奠定了一个很好的基础。

二、从丁玲手稿看丁玲文学

从小说手稿研究丁玲文学，是这次座谈会的一个重要主题。王锡荣、符杰祥等教授强调，《丁玲小说手稿三种》(影印本)是丁玲创作最原始的记载，是作者创作过程的一个很好展示。王锡荣和王中枕教授都认为，从手稿来看，丁玲处女作《梦珂》的构思已经很成熟，下笔流畅，思路上没有太多青年新手写作的那种纠结、反复。丁玲一生奔波，小说创作风格也有所变化。但她作为一名女性作家，这部手稿所呈现出来的细腻绵密的叙事风格，奠定了其一生的创作基调。

(一)《梦珂》与丁玲前期小说研究

张业松教授认为，小说手稿充满了激动不安的内容，人物之间和人物内心都有激烈冲突，形成了一个奇异的世界。《梦珂》是丁玲处女作，书写细若蚊虫，笔迹同内容之间形成了强烈的反差。《梦珂》所展示的，是一个女学生对学校、对梦工厂、对小市民生活、对都市娱乐、对与异性交往，甚至是对无政府革命活动的不适，概而言之是对整个消费文化生产体系的不适。这是一个格格不入的人，每一个场景的转换，女主人都体现出了一种强烈的反叛躁动。女主人最后有一种克服，就是投身其中成为被欲望的主体，然后以这个身份去反叛。丁玲到延安以前的创作，大都是这样一种都市不适症的表述。包括两种极端类型的反叛方式——苏菲亚之路和茶花女之路，都被公开讨论。这是反叛性书写，作者最终还是要寻找一个反叛的解决方案的，所以丁玲最终成为一个越来越坚定的革命者。这种可能性，已经在她的初期写作里面已经展示出来。

符杰祥教授对《梦珂》小说的成形提供了另一种解释。题目是《梦珂》，但正文中写成了“梦可”，“可”是法文，手稿多次修改变为“珂”，一个原因可能是加王剑虹的“王”字旁，以形成对王剑虹的一种纪念。《梦珂》既是一种对王剑虹纪念，也是丁玲自我的一种投射,是丁玲和王剑虹的双重影像。王剑虹在这个小说里面,既是一种陈述主体,也是一种倾诉的对象。小说中苏菲亚与茶花女的形象,包含了丁玲在学习过程中的多种可能性,是革命还是从事文艺?在那里面寻路,处处种种碰壁。"游璘"也好、"丁玲"也好,这个笔名有点瞿秋白给丁玲评价"在黑暗中飞蛾扑火"的意思。"游璘""飞蛾扑火"都显示了一种不断寻找,不断遭遇挫折,但从来没有放弃对未来光明的寻找的内心斗争。这是丁玲特殊主体性的一种表现。

(二)对《沙菲女士的日记》手稿研究

姜异新研究员强调,文学文本有几重生命:腹稿、手稿本、共存本和铅印本。本书是一种至少内涵了三种不同身份人的共存本。这是发挥了作者和编辑最大生产激情的黄金时刻,是最富创造力的。姜异新对《莎菲女士的日记》手稿本进行认真考证,认为手稿至少有四个人留下了文字痕迹,不同的颜色体现了作者、编辑、校对的"共脑",这是发稿前集体思路的一个呈现。这部手稿呈现了小说整个的文学场域生产,读者从中能看到作者生命之流绘入手稿生命的痕迹。《莎菲女士的日记》是非常正常的青春抑郁书写,把肺病作为一个隐喻,内涵了灵与欲的冲突。这种冲突后又带入左翼文学。

(三)对《暑假中》手稿研究

乔丽华研究员认为,这部小说手稿是一个誊清稿,但当中作者还有大量的修改。乔丽华通过对《暑假中》手稿本、开明版和《丁玲全集》的校勘,对小说多处修改表达了自己的意见。乔丽华认为,这个作品中表现出的是青春的抑郁,最主要还是刚刚解放的女性的抑郁。嘉瑛做教员才十八九岁,她们非常感伤,还面临着很大的压力。但对于20世纪20年代的女性来说,她们的选择并不多,如果是丁玲这样,要追求文艺、文学的,可能她们的路就更坎坷。她认为当代女性也很不容易,正是因为前辈的开拓才为我们稍稍抬高了一点天空。

(四)丁玲文学理论研究

鲁太光研究员重点论述了丁玲在文艺理论方面的贡献。从手稿里可以看出,丁玲创作意识特别敏锐。丁玲每个时期都是引领时代潮流的,从在上海时期的摩登文学和左翼创作,到延安的《在医院中》,再到《太阳照在桑干河上》对土改的书写,甚至是晚年的《杜晚香》,一生创作充满自觉。丁玲的创作理论,在延安文艺座谈之后一步步发展起来。一是深入生活理论。丁玲在不同时期,从不同维度,对深入生活做了很深的阐释。二是创作的感情问题。从年轻时《莎菲女士的日记》那种焦虑、纠结、不甘心,到《杜晚香》的叙事,丁玲一生都是用生命的热情来创作的。丁玲在一些理论性的或者是讲话的文章中,对情感与文学创作的关系都有一些论述。丁玲对现实主义,特别是社会主义现实主义,也有很多认识。新中国成立后,她在中国作家协会担任领导工作期间,有很深的理论思考,深化了我们对马克思主义文艺理论中国化的认识。

(五)对"丁玲"笔名修改的考证

"丁玲"笔名首次出现在《梦珂》手稿之中时,出现了明显的圈涂。郑亚馆长在座谈会讲话中提出疑问,这涂去的两个字,初步猜测是"游璘",而字体相对硕大的落款"丁玲"两字,究竟是谁的手笔?为何选定"丁玲"?

围绕这个话题,5位专家进行了考证。王锡荣教授认为,"丁玲"两字签名她本人的可能更大。如果从手稿学上讲,这两个字,尤其是"玲"字,确实同她所有的签名几乎都不一样。但这两字是用钢笔写的,编辑用的是毛笔,这两字在编辑拿到之前已经存在。这种观点得到了何吉贤研究员的支持。他认为钢笔字改的大多是字迹不清的字,字迹跟原来的很相似。王锡荣教授还认为,从文本生成学的角度来看,小说手稿第三章,作者的签名感觉像"迦璘"两字,"迦"字可能性更大。这个观察结果得到陈子善教授支持。

王增如观点同王锡荣教授相近,认为《梦珂》笔名是丁玲自己改的。她说丁玲晚年签名有的也这么样。大部分是用草书的签名，如果遇到有学校、杂志让她题词，她还是挺正规的，就写成这样的“丁玲”。丁玲自己说得很清楚，投稿时便用了“丁玲”两字。这个笔名是1925年春天她给鲁迅第一次写信用过，1926年在上海明星电影公司用过，再就是1927年发表《梦珂》的时候，自己决定就叫丁玲了。

“丁玲”这两个字，周立民倾向认为是叶圣陶的字。原因两点：一是“丁玲”两字同叶圣陶晚年用毛笔书写的字十分相近，尤其是“玲”字的最后一笔顿，显示了一个人的书写习惯；“丁玲”两个字明显很大、很饱满，不同丁玲的其他字。二是叶圣陶是喜欢给人家取名和改名字的编辑家，茅盾的笔名就是他帮忙改的。

符杰祥教授认为，《梦珂》笔名的修改，由“游璘”改为“丁玲”，反映了作者当时的内心情绪，都有种流浪、飘零之意，又带着寻找光明的一种倔强。“丁玲”这个笔名，可能更像人名。毛雅琴馆长提出了另一种可能。她认为“丁玲”的笔名，丁玲到上海不久就有了，但《梦珂》手稿上的笔名，为什么最初没有用，是否可能是胡也频改的？因为当时丁玲和胡也频生活在一起的。因为那个字迹不太像是丁玲的。

三、丁玲小说手稿问题研究

（一）对于“华字部公证图章”的考证

陈子善教授认为，本书每页上所盖的“华字部公证图章”，可能是商务印书馆的。商务印书馆有外文部和华字部两部分，华字部就是中文部，《小说月报》属中文部。但这里的“公证”是什么意思？上海有个公证处，解放后林语堂留在上海的藏书就盖有“上海市公证处1957年几月几日公证”的印章。王锡荣教授倾向于陈子善教授的观点，认为按照商务印书馆庞大的组织机构运作，它里面或许就有这样一个盖章环节。王锡荣认为三种手稿前面的“小说月报　号用”是个橡皮图章，也是商务印书馆编辑规范化的一种体现。

(二)对于小说手稿的编辑考证

周立民馆长认为,手稿价值,其中一个就是手稿中的编辑、出版信息。编辑处理稿子的过程在正式出版作品中经常是被隐没掉的,但丁玲小说手稿能够看出来这个过程。周立民、王锡荣、董丽敏、姜异新、孙晓忠、符杰祥都倾向认为,这三部丁玲小说手稿,大部分是叶圣陶的修改笔迹。周立民特别强调,手稿里有大量的文字编辑工作,叶圣陶从头改到尾,显示了编辑认真。但这三部小说手稿,是否都出自叶圣陶一个编辑之手,有些研究者是存疑的。王增如认为徐调孚也有参编的可能性。除了文字编辑,王锡荣认为这三部小说手稿,还有一个共同的美编,美编的笔迹在三部小说手稿同时出现。有研究者还认为,小说手稿存有校对的修改和排字工人的手迹。比如"六号——(留)",很可能是排字工人的。

(三)编辑修改对作品艺术的贡献

座谈会专家充分肯定了手稿编辑对作者的提携作用。董丽敏、周立民、符杰祥、姜异新、罗岗、孙晓忠等研究者都认为,编辑对手稿的修改给作品增色不少。董丽敏、罗岗特别认为,《梦珂》中编辑对"女学生""新学生""一个女生"的修改,是对自我身份的一种强化,充分展示了女学生这样一种新的时代人物形象,其向社会转化过程中的酸辛与纠结。《梦珂》手稿中的"我们"改为"大家",淡化了主观性的带入感,使它不至于滥情化,叙事更客观,更好地控制了小说的叙事节奏,这明显是对小说创作水平的提炼和提高。姜异新认为,《沙菲女士的日记》手稿编辑的修改,使小说更能符合时代的思潮和社会文化心理,是对作家个性流淌的一种约束。

周立民、符杰祥、郜元宝都认为,编辑是扶持年轻作家成长的一股重要力量。《小说月报》不是全发小说的,每期有两三篇原创小说就已经挺多了,有一期丁玲是头题,郁达夫排在后面,这能看出编辑家的用心。把一个年轻作者的作品连续放在重要位置发表,今天很多编辑都不敢想象。丁玲说"自己是打头排的",这是同编辑的努力分不开的。丁玲小说手稿充分体现了老作家提携新作家，特别是性别不同、经历不同的两代作家之间的经验互动关系。郜元宝教授强调，编辑叶圣陶对《梦珂》的修改较多，但《莎菲女士的日记》就改得越来越少了，说明对作者越来越信任。《莎菲女士的日记》通篇欧化生造程度惊人，有一些明显费解不通的湖南方言和生造的用语，叶圣陶都没有加以修改，让它原汁原味地呈现出来，真是功德无量。

（四）丁玲上海经历与她文学道路研究

朱鸿召和乐融深度论证丁玲早期上海经历与她一生文学道路的关系。1922 年，丁玲初到上海，在学校里同共产党人有较多接触，开始了学生社会化的过程。三种小说手稿使丁玲走上了文坛。这段时间文坛疲软，叶圣陶大量发表新人新作，丁玲的出现可谓恰逢其时。丁玲的心与青年人是相通的，这三部小说手稿展示了妇女的觉醒，倾注了丁玲人生道路的迷茫、动摇，引起了社会上一些知识妇女的共鸣，产生了广泛的影响。但 1930 年丁玲参加左翼文化运动后，又碰到丈夫牺牲，自己被绑架等事件。可以说，丁玲“祸福都在上海”。朱鸿召教授特别从三篇小说手稿引申开去，通过丁玲在延安的工作实践，深度论证了政治、文学与丁玲的关系。她认为丁玲在自己走投无路时候从事政治，她站在文学角度看政治，政治无外乎是一种生活体验；但从政治看文学、看丁玲，完全是两回事。丁玲从上海开始，就遭遇到文学和政治的“张力”，这种东西贯穿了丁玲的一生。丁玲在上海的祸福关系，是值得深入研究的课题。

吴海勇、毛雅琴和何吉贤都强调，三篇小说手稿，丁玲写出了青春期知识女性，对自己的人生、事业、情感困境的心绪。吴海勇认为，每个时代都有一些有关人生困境的书写，“五四”以来的白话小说家，像丁玲这么写是不多的。丁玲这三篇貌似写困顿生活和负面情绪的小说，它文学的正面意义，要从时代大背景中去挖掘。毛雅琴强调，三篇手稿写作时丁玲才 24 岁左右，是孤独苦闷而不得不借助于文学慰藉抒发的一个产物。但她作为一个追求个性解放的时代女性,为寻求出路南北奔波,饱尝彷徨失落的苦闷,这一切都是丁玲对文学有备而来,有感而发。

孙晓忠教授主要从丁玲对瞿秋白的认识,来谈丁玲前后的变化。他认为从丁玲手稿可以看出,丁玲前后变化很大,不断地自我否定,往前走。20世纪30年代瞿秋白第一次提倡文艺大众化,丁玲还停留在现代文学写作阶段,有点瞧不起瞿秋白。到20世纪40年代延安,丁玲意识到了当年欧化的痕迹。在纪念瞿秋白罹难11周年的文章里面,丁玲就讲到自己早期句子的欧化、西化的痕迹。20世纪50年代,赵树理成立大众文艺研究会,丁玲在演讲中批评了通俗文艺,但目的是要改变旧的城市文化旧的趣味。不能由此认为,丁玲好像是走精英路线。后来丁玲日记四次提到赵树理,肯定了他的大众通俗文艺研究。

四、丁玲手稿、文献馆藏情况介绍

上海鲁迅纪念馆、中国现代文学馆和湖南丁玲纪念馆分别介绍了各自的丁玲手稿和其他文献馆藏情况。

上海鲁迅纪念馆藏有两批丁玲研究文献:一批是谢旦如二十世纪五六十年代捐献给上海鲁迅纪念馆的革命文物,其中就包括这次影印出版的丁玲三篇小说手稿。另一批是2006年陈明捐赠给上鲁馆的一批丁玲资料。包括丁玲日记、书稿、书信、照片、书籍、简报、实物等。其中有1942年丁玲在延安时创作的两篇手稿,涉及丁玲《在医院中》的创作背景等信息材料,此外还有钢笔书写的《母亲》第三部提纲、第一章、第二章等,都是非常珍贵的文物藏品。

中国现代文学馆藏有丁玲多种文物,有手稿、实物、书信、照片等,包括她获得的斯大林奖章、《太阳照在桑干河上》素材笔记本、丁玲不死的大旗等。大致来说,文学馆所收藏的丁玲文献可分为两类:一类是笔记本。《在严寒的日子里》笔记本(共4册)、《粮秣主任》笔记本、《杜晚香》笔记本、《风雪人间》笔记本等。这些笔记本有的是手稿,也有她大量搜集的创作素材。素材笔记更多,但难被外界使用,比如她在官亭水库采访的素材等。其中两种笔记本在学术界比较有影响:一是 1943 年的笔记本,上面有英文词。另外一种是 1949 年笔记本,其叙述语调与今天讨论的小说手稿叙事笔调很像。第二类是来往信件。其中有党和国家领导人给她的回信,如邓颖超、胡锦涛给她的回信。当然更多是朋友之间的交往信件,包括很多国外作家、记者、编辑等给她的回信。除此之外,还有一些材料,如中华人民共和国成立后丁玲在作协的讲话稿、受批评后的交代材料等。

湖南丁玲纪念馆藏有丁玲作品类书信类手稿 30 件套,分别为 1982 年丁玲为《丁玲短篇小说》(意大利文版)所作的《序》手稿,1953 年出版丁玲《作家需要培养对群众的感情》手稿,1979 年为《丁玲近作》写的《写在后边》的手稿,1980 年丁玲为《萌芽》杂志所写的《恋爱与文艺创作》手稿,1981 年丁玲藏诗《歌德之歌》部分手稿。

黄乔生、符杰祥、郜元宝等研究者希望,上海鲁迅纪念馆、"左联"纪念馆和其他单位,把这个项目更扩大一些,让丁玲、胡也频、柔石、瞿秋白等人的手稿也影印出来形成一个系统。这不仅是研究所需,也是一种纪念。这些作家手稿出版对近现代中国文化,尤其是上海文化研究是个转折点,非常有价值。手稿出版只有延续下去,手稿学才能显出更多的价值。郜元宝认为,手稿出版未必非要出纸质的,电子版可以放大,更加实用,且经济节约。他强调,现代作家从鲁迅、叶圣陶,郭沫若、茅盾到丁玲,三代手稿有很大不同,毛笔和钢笔同时呈现出来,是很重要的一个转换。现在首先要做的,应该还是校勘。贺桂梅认为,这次会议组织很有特色,集合了高校、文博系统和跨学科的地方党政部门等三个系统的研究者,在同一个学术平台上来讨论问题,拓宽了研讨会的视野,这是现当代文学研究一个好的新方式。

(中国左翼作家联盟会址纪念馆)

资料

怒吼吧，中国！①

［苏］谢·特列季亚科夫　王兆玮　译

［编者按］刘岘创作过苏联作家特列季亚科夫戏剧《怒吼吧，中国！》连环版画并获得了鲁迅的指导，此组版画现藏于上海鲁迅纪念馆。据本辑所刊译者王兆玮之文，特列季亚科夫首先创作了组诗《怒吼吧，中国！》然后创作了同名戏剧。特列季亚科夫以现代诗的形式描写中国社会底层状态，为20世纪20年代所罕见。该诗未见有中文译本，现邀王兆玮首译于此，并将作者的创作说明置于组诗前。

史诗《怒吼吧，中国！》的口语来源

这首史诗的核心内容是建立在北京街头流浪手艺人和商人的"叫卖声"之上的——这些声音要么是哭声，要么是各种响器发出的声音。

磨刀匠手里拿着一根细长的喇叭，边走边吹，声音仿佛是战斗的信号。

运水的独轮车发出一种独特的尖叫，它有着其他独轮车所没有的穿透力，人们在远处依旧能听到。

理发匠手里拿着一个形似巨大音叉的东西，但其末端是闭合的，用一根小棒敲击"音叉"的时候，它就会发出"兹兹"声。

商人敲着梆子——木棒上面有一个鼓筒，侧面挂着一个小木棒。旋转手柄的时候，悬挂的木棒便会碰到鼓面，发出声音。

水果贩用小木槌敲击出特定的节奏♬♩♩ | ♩♩♬ | ♬♩♩ ♩♩ ♩♩ 80—100次，以♩♩ ♩♩♩结尾，这段节奏便戛然而止(♩ = 100)。

人力车(两个车轮的敞篷车)中，乘客坐在两个轮子中间的座位上。如果车夫放下车辕——乘客就会摔到后脑勺。

中国人对欧洲人的敌视态度是显而易见的，尤其是在劳工阶层。“红魔”是欧洲人的绰号。

餐车上的学生事件是一位外交官给我讲述的事实。其惊人之处在于，餐车上的商人站在法国人的一边：这是革命青年与“父辈”不同立场的一个标志。

中国的土壤主要是被大风从蒙古和东突厥斯坦境内吹来的黄色的土壤——黄土，这种土壤比我们俄国的黑土更加肥沃。

蓝色——中国服装的主色调。

1 墙

中国土地上沉痛的墙
犬牙撕破天穹。
中国疲倦时。
高墙间的沙漠
便是躺卧的床。
黄土——
大地的脂肪，
纵是车轮滚过
也不会轰隆作响。
富饶的黄土地上
稻米丰登。
水车的轮子
忽下，
忽上。——
绿油油的水稻
尚在生长。
稻米
将中国抚育喂养
车轮
载中国驶向前方。

2 蓝色的庄稼汉

五亿个生灵。
太阳与干旱。
抬起眼睛——满目黄蓝。
眸中的蓝色累月经年。
而低处——
蓝色的中国人埋头在红土间。
摇桨，围栏。

刨削,挖探。
时而在后
时而在前
日日如此,毫无怨言。
搬运,播种。
繁重的劳动。
　走南,
　　闯北,
　　　从西,
　　　　到东。
　蓝色的粗布
　从天而降。
　一场场战争
　缠绕翻腾。
　黄土地里抬起
　高颧骨的面庞。
　蜜蜂般勤劳温顺
　进行伟大的劳动。
战胜者刚刚踏上这片土地
尚未庆贺——便跌入谷底。
守矩的孩提绝不放纵。
颧骨上的双眸间水汽氤氲。
去寻找祖先遗留的锁匙。
这就是中国的子孙后代。
一切都混合,变软,融化
坚定地渗入中国的深处。
　　过去——
　　　战场上:
　　军刀的铁片,
　　现在——
　　　蓝色的
　　蚂蚁般的庄稼汉。
　他的,庄稼汉,
　半弓着身,
　戳着两侧,
　用竹子抽打脚底板。
　喜爱者——那些为官作宰的人:
　　父亲们——
　　皇帝
　　将军
　　商人
　　与各色官员。
拖着自己的吃喝与脂肪,
在轿子上——那上面——糊满
　黄色的污泥。
想吃?
　便要咀嚼黄土!
赶车吧,
弓腰驼背的
过路人
赶着马车
涂满京剧脸谱上的五色油彩,
庄稼汉的手中握着一两钱[②]
还有铜板[③]。

3　街区

中国有许多高墙
齿牙啮咬着天空。

但却有一堵墙——
　　撕咬着食粮
这就是——
　　使馆区的墙。
北京城的中央
藏着堆满炸药的军火厂。
阴影远投至沙漠，
遮蔽了西藏。
在这堵墙上——
　　“棕红色恶魔”的旗帜在飘扬。
在这堵墙后——
　　拳头紧握不放。
中国人的牙齿
穿过这堵墙：
“滚出去！”④
亲人的墙上——办事处与银行。
子孙的墙上——办事处与盐矿。
法国人
　　日本人
　　　美国佬——
切割，
　　勒索，
　　　储藏。
这堵墙的后面是雅致光洁的漆器。
这堵墙的上面——是军人的枪膛。
画着十字的混蛋传教士——
穿过这堵墙。
　　稻米。茶叶。煤炭。丝绸。
　　一路走好。

中国沉默着。
中国的肌肉日渐萎缩
游动于脂肪。
但却从牙缝中啐道：
“滚出去！”
中国——
（曾有这样一年）
勇敢利落地回应：
——一起抵抗！—

4　罗曼曲

这是我在舒适的地方
代表中国人歌咏。
这是我在防空洞中
代表中国人高唱。
羽毛笔如贪婪的牙齿咯吱作响
换取报复深重。

5　人力车夫

美国人鞋底厚重。
厚重的鞋底——
并非好事一桩。
若是踹在车夫的肋侧——
喉间便是血气翻涌。
美国人的靴子——
象牙一般沉重。
闷热——50 摄氏度。
车费——只有十戈比。
烦闷地拉车。

艰难地移动。
一百磅汗水滴入泥土间。
一百磅在乘车人的银行里面。
奔波中车夫感到肋骨疼痛。
他沉默——想要混一口饭。
他听着——长着一双耳朵。
车夫拉载过
成百上千人。
两条腿和一条尾
偶尔粗鲁大笑
偶尔吞下燕麦
却死在——桥下。
不过。
北京城中七千个人力车夫。
早习惯小跑中用胸腔吹口哨。
但是——
　　若感到饥饿……
或是觉得愤懑。
喉间仿佛有个锤子
腹中发出嗝响。
则是时机已到。
人力车夫不会讨要酬劳。
车夫在愤恨。
车夫在喊叫。
车辕被抛向天空。
后脑在石头上裂崩,
鲜血尚未固凝,尚未固凝。
若是发出呻吟——
　　就打掉他的牙齿:
让马蹄将他踏死在地上。

6　磨刀师傅

听喇叭声声!
磨着刀片
白刃在闪光。
　我背着
　许多磨铁。
　用他们
　磨了又磨。
　吹起喇叭。
　喊着! 叫着!
　灰色的墙上
　砖块被粉碎。
　磨着剪刀。
　磨着柴刀
　喇叭嘶鸣。
　磨啊,磨啊。
　最好的磨石。
　最锋利的磨。
　谁若是满腔愤恨——
　就会在我的刀下
　变成红色的磨石。
　磨——
　　——啊!
　磨。

7　脚夫[5]

煤。沉重的负荷。

驮着,搬着。
纤绳把胸勒出浮肿。
面庞——黑土一般,
满脸污尘
仿佛黑麦
长在这张脸。
穰穰满家。
五谷丰登。
是谁的收获? ——棕红色的男人。
搬运褐红的煤炭。
九只黑色的大雁。
这里,丰收,就在这里!
马匹昂贵? ——
套上车夫。
放上重物。
向上堆满。
要吃要喝
要活下去。
要扛运要生活。
儿时的这条路。
耄耋依然如故。
肋上的纤绳
咬穿心脏。
命途不幸的脚夫。
愤恨一切。
红褐色的男人!
面庞朝下。
倒在了胡同⑥!
车轮轧向红褐色的脖颈。
钉子,轮子,铁锈的声:
——我的收成!
我的收成!

8 掏粪工

掏出大粪。挑起粪肥。
施给萝卜和洋葱,大米和葡萄藤
女士们的白玫瑰。
粪勺舀出
清扫胡同
飞奔拾起
马匹粪便。
挑起粪肥。
搬运粪肥。
昂贵的货物
我扛在背上。
谁?
撞坏炉膛。
快来——
抓住欧洲人。
把他们扔进
粪筐。
变成华夏田野的
滋养。
将他煮了。
来吧。不要犹豫彷徨。

9 水夫

手推车唱着:

嘎—吱;嘎—吱
拉着,推着,
水啊,水啊。
链子勒着肩膀。——
唱吧手推车!
拉到饮水处。
牲口尖叫嘶鸣。
木盆挨着木盆。
桶也紧靠着桶。
十五磅水。
急急忙忙。
劳作繁重。
酷暑难耐。
倍感苦痛。
运水。运水。
链条摧折双肩。
瘙痒在肉皮上嘶鸣。
锯屑飞转——皱在脸上。
白人们,白人们戴着透明的帽子。
白人们,白人们——白色的手掌。
白人男性——发出愤怒的声音。
白人男性——红褐色的发丝。
无法摆脱红褐色的麻烦。
瘦骨嶙峋的身体看不到肤皮。
浴缸里装着十五磅的水。
把他和你溺毙其中。
用泥浆撕碎白色的脸庞。
嘎—吱。
嘎—吱。

10　水果贩

拍打着
嘟—嘟—咔。
卖货——
嘶—嘟—咔。
李子
梨子
柿子⑦
樱桃
橘子
橘子
香蕉,香
蕉……
然后是什么?
低声说道。
红色的恶魔们。在听着。
李子中需得
滴下毒药。
让食用的人被折磨
痉挛,肿胀,
让他们步履蹒跚
一头栽倒
急得跺脚。
一直跺脚。

白皮肤上
长满樱桃
卖啊，卖啊，卖啊
成批卖出去。

11 理发匠[8]

喊喊嚓嚓
刮胡子
喊喊嚓嚓
剪头发。
谁能比他们
更快地向敌人复仇？
战争突然爆发——
将我召唤。
原来是剃刀
刮出了血迹。
从嘴里
剃掉獠牙。
刮去刺刀。
占领街区。

12 大学生之歌

没有。没有歌声。
只有讥笑。
呲牙咧嘴，
与狡黠的词汇
与宪兵棍棒下的背脊
与被狠狠击打的——哦吼！——胳臂，
还有青年的头颅。
满意？！？

13 意外事件

北京—奉天。餐车。
法国少校飞一般冲进来——仿佛一个撞杆。
中国大学生在狼吞虎咽。
——滚蛋！听到了吗？没听见？
这是我的地盘！聋了？还是瞎了？
手臂挥向黄色的颧骨。
只持续了片刻时间。
大学生沉默离去。
只是，或许，他说——好吧。
颧骨随太阳一同落下。
中国——大学生
捧着颧骨悻悻走开。
商人——父亲们[9]看了一眼：
——罪有应得，你个混蛋！
摇着膀子，咯咯笑谈，
——就这德行！没教养的孩子们！

- - - - - - - - - - - - - -

有没有听到什么声音？是不是哀号？
抑或是等待来年春天？

孩子敢欺辱父母
但父母绝不会如此——永远。

14　我知道

将来。会有这么一天。
愤懑从皮肤中滴渗出来连成一片。
双目血红如太阳一般。
此时此刻无人入眠。
　　什么刺刀。
　　什么金属。
　　都无法挽救。
　　那片使馆。
他们要为一切付出代价，
为所有的胡同和村落。
　　在那唱响“席尔瓦”
　　狐步舞沙沙作响的地方，
　　用五根手指撕裂嘴唇
　　他们会在纵火中强奸
　　在那报纸中渗漏出
　　购入的闷毒的片段——
　　不必擦洗马桶，
　　人们的鲜血将它注满。
群刀的舞蹈何时结束
列强的国旗被扔在地面，
　当中国重获新生
　太阳，壮阔如大地一般。
一年之后，
到那时，
当
　　百万个勇士
　　经受刺刀和愤懑
　　走出纺织的工厂
　　还有炼钢的淬火。
　　劳动力将是另一个价格。
　　不是一个铜板，而是赤色国际
　　　遍野漫山。

北京

1924年3月20日

注释

① 诗歌原文刊登于1924年4月第一期《列夫》杂志。

② 一钱，中国古代一种常用的计量货币单位。1两银子(1吊钱或一贯钱)=10钱=1 000文，一钱银子可以理解为一块只有十分之一两的银块。相当于欧美货币单位中的半个便士。

③ 铜板，一两钱的十分之一。中国古代带孔的可以穿在带有羊皮绳子上的货币。

④ 俄语原文“Цуба”为汉语“出去，滚出去”的音译形式，故作者为俄罗斯读者加注，表意对应俄语中的“打倒！滚蛋！”之意。

⑤ 译者注：老北京的搬运工，也称作脚夫，或者北京话读“窝脖儿”，从事搬运服务的铺子被称作脚行。因为用肩膀扛东西的时候，脖子要一边偏，窝着脖子，进而转化为名词，特指搬运工这个职业。老北京交通工具不多且雇用车辆比较昂贵，故而很多短途搬运都由人力搬运工来承担，他们窝着脖子扛着货物奔行在京城的大街小巷。

⑥ 俄语原文“хутунг”为汉语“胡同”的音译形式，故作者为俄罗斯读者加注。

⑦ 俄语原文中的“Каки”引自日语“Kaki”，意为类似甜西红柿一样的水果。

⑧ 译者注：“唤头”是理发匠走街串巷时使用的响器，俗名棱子，宋代就有，制作方法与古代乐器簧极为相似，清代曾被作为乐器记载，由发声的音叉和铁棍组成。在老北京的胡同里经常见到肩上挑着担子，担子的一头是小碳火炉和手巾杆，另一头是带放剃头工具抽屉的木箱凳子。剃头匠手中拿的“唤头”不时发出“嗡嗡”的声响，顾客闻声来剃头，装剃头工具的木箱正好成为顾客的座位。

⑨ 译者注：此处指父亲一般年龄的商人们。译者保留了俄语诗歌原文的破折号，意在传达与上文“中国——大学生”这一表达之间的呼应和对比。

编　后

本辑之“鲁迅与外国文学”是非通常意义上的。《周氏兄弟与商务印书馆“说部丛书”》认为：“必须看到，翻译介绍外国文学并谋求出版是鲁迅提倡文艺运动的一个重要方面，是他重回东京后实施文艺计划的一部分，根据鲁迅和周作人留日的先后及二人当时的学识素养，合理的推测应该是：早年兄弟二人翻译上的合作，关于作品的选择及最后的定稿等，大哥鲁迅应居于主导地位，更多体现了鲁迅的‘强力意志’。然而，现在的情况是，这些译作包括译本的序言，均悉数收入周作人译文集或文集中，反之《鲁迅全集》或相关研究则将这部分排除在外。可以说，鲁迅所起的作用被‘隐身’了，迄今为止仅有少部分译作被纳入鲁迅研究视野之中，这与鲁迅弃医从文后在东京从事文艺运动所取得的业绩是不相符的。”20 世纪 20 年代“鲁迅反对将外国人名翻译附会成中国式的人名，而是倡导按照外国人名的发音进行准确翻译，体现了外国人名音译上的一种异化策略。鲁迅的这一主张随即遭到其他学者的反对，由此引发了当时外国人名音译问题上的一场论争”，《鲁迅论外国人名的音译》对此进行了回顾与评述。《〈死魂灵百图〉人物对话“图赞”》考察了鲁迅翻译《死魂灵》时所编辑出版的《死魂灵百图》，上海鲁迅纪念馆早年曾影印出版过此书，不过专文谈及此书的文章不多。鲁迅的《毁灭》出版后，曾数次被改编过，《〈毁灭〉鲁迅译本与何谷天编本对读札记》一文是对何谷天（周文）的改编本的评述。1936 年 2 月 19 日，鲁迅在给夏传经的信中说：我所译著的书，凡编译的，惟《引玉集》，《小约翰》，《死魂灵》三种尚佳，别的皆较旧，失了时效，或不足观，其实是不必看的。鲁迅对《小约翰》的宝爱，——简单来说其中有《小约翰》对于鲁迅来说“觉得仿佛对于作者和读者，负着一宗很大的债了”的情愫,也有纪念与老友共同翻译这部文艺作品的情谊。不过更主要的恐怕是在翻译这部文艺作品时候,鲁迅所赋予的语言转化中原文文化因素及情感的保留,更重要的是以此借鉴充实白话中文表达方式所做的努力,《〈小约翰〉译文手稿及其他》一文是对这个问题研究与探讨的尝试。《上海鲁迅研究·鲁迅与左翼文物》中《〈怒吼吧,中国!〉的引介、公演及美术化》一文介绍了苏联诗人、剧作家、作家特列季亚科夫的剧作《怒吼吧,中国!》,同时也提及了他创作的同名组诗。为进一步弄清相关史料,责任编委特邀请王兆玮撰文《声音与物》予以介绍,并将组诗全文译出,编入本辑《资料》栏。

2022 年是《阿 Q 正传》发表 100 周年纪念,《谈阿 Q 的“革命”》以文本细读的方式,重点考察第七章(“革命”)和第八章(“不准革命”),重新思考阿 Q“革命”的问题。《给中国社会的“苦药”——论周作人对〈阿 Q 正传〉的解读》则如副标题所示,以周作人的相关评论为基点进行新的论述。

《词语的“多质性”与鲁迅的修辞选择》的作者以为:在鲁迅的作品中,“夜”出现的频率高达 1 000 次,从“夜”的角度进入鲁迅作品成为研究者的共识。鲁迅的“夜”不仅是一个简单的文学概念,还出现了众多的分层现象,即“夜”“黑”“暗”三个层面。可以说,“夜”与“黑”“暗”等字互相缠绕所形成的互文空间,形成了进入鲁迅作品的“闸门”。《博弈生存之灰色——〈伤逝〉新探》则“聚焦于文本背后鲁迅自我生命体验、精神求索的投射,通过考察子君和涓生外部生活空间转换之际的多层思想动态,展示二人各自不同的‘与虚无相触抚’的生命体验,揭示小说中呈现的博弈生存之困境,实现自我超越的意向。”《〈故乡〉中的意义鼎立并合》认为:“其主题蕴含最少可以有三个层面:第一,作为老中国的隐喻/寓言,既有宏观图像描述,又有个体荏弱状描,同时也引发了读者变革的冲动;第二,揭示其间对隔膜/国民劣根性的人为制造层面;第三,绝望的反抗与反抗绝望之间的复杂辩证。”《鲁迅小说〈离婚〉的还原式解读》"将《离婚》与创作这篇小说之前的《华盖集》杂文对照着看,就会发现《离婚》在素材来源、人物形象以及思想主题上与女师大风潮期间鲁迅和现代评论派论争存在着微妙的互文关系。"《论鲁迅处理"神话"和"传说"题材之异同》以为:"鲁迅笔锋下的堕落英雄,实质上是对自身的一种悲叹感慨,道尽身处混沌大时代却挣脱不了桎梏的无奈。"

《鲁迅与民间文学漫议》认为,鲁迅"始终关注底层,对于底层的文化濡染较多。相对于在精神层面的'哀其不幸,怒其不争',鲁迅对民间文学的喜爱、享受、珍惜,远远胜于前者"。《人国论五:鲁迅和尼采的心灵对话》从四个方面论证了鲁迅与尼采的思想关联,同时也指出了鲁迅对尼采的超越。《现代性的追索:周氏兄弟与斯威夫特比较论》认为:"一方面,他们对斯威夫特的译介和接受是为了满足中国文学现代化发展的需要;另一方面,中国传统的文化心理始终潜伏在他们的心灵深处,他们其实仅仅是在借西方文化对传统文化进行改造。"

《创造社与湖畔诗社的交集——郭沫若致汪静之信查考》《让文学"沉"下去——鲁迅藏陈炜谟〈炉边〉》《赵景深与北新书局的前尘往事》等三篇都是根据馆藏文物资料对相关史实进行梳理考证及阐释。《鲁迅藏书室》作者对鲁迅在上海时期的藏书之所的建筑以及相关文献进行了梳理,更为明确地展示了该藏书地的历史原貌。

2022年,上海鲁迅纪念馆与中国左翼作家联盟会址纪念馆联合出版了《丁玲小说手稿三种》,包括丁玲处女作《梦珂》、成名作《莎菲女士的日记》和小说《暑假中》三篇小说手稿。8月27日,上海鲁迅纪念馆和中国左翼作家联盟会址纪念馆联合主办"从丁玲手稿看丁玲的小说创作——《丁玲小说手稿三种》(影印本)出版座谈会"。来自中国社会科学院、清华大学、北京大学、复旦大学、上海交通大学、同济大学、华东师范大学、上海师范大学、北京鲁迅博物馆、北京新文化运动纪念馆、中国艺术研究院、中国现代文学馆、上海市党史研究室、上海鲁迅纪念馆、巴金纪念馆、中国左翼作家联盟会址纪念馆、湖南丁玲纪念馆的30位专家学者就丁玲的小说创作和影印本的出版进行了学术交流。《由〈丁玲小说手稿三种〉(影印本)想到》是为会议发言稿,而要比较全面地回顾本次会议,则可以从《从丁玲手稿看丁玲小说创作——〈丁玲小说手稿三种〉(影印本)出版座谈会会议综述》中了解。

编者

2022年国庆假期

《上海鲁迅研究》投稿须知

《上海鲁迅研究》热诚欢迎海内外作者投稿。为保证学术研究成果的原创性和严谨性，倡导良好的学术风气，推进学术规范建设，特拟定《〈上海鲁迅研究〉投稿须知》（以下简称“本须知”）条款，请投稿作者知悉（投稿邮箱为：slyj@aliyun.com）：

第一，所投稿件须系作者独立研究完成之作品，对他人知识产权有充分尊重，无任何违法和违反学术道德等内容。按学术规范，认真核对引文、注释和文中使用的其他资料，确保准确无误。如使用转引资料，应注明转引出处。《上海鲁迅研究》采用文末注方式，引文出处请遵照**“作者：《篇名》，《集名》第×卷，××出版社××××年版，第×页”**格式。《上海鲁迅研究》以人民文学出版社 2005 年版《鲁迅全集》（十八卷）作为鲁迅作品引文的标准版本。

第二，凡投稿者，须同时承诺该文未一稿两投或多投，包括局部改动后投寄其他报刊，并保证不会将该文主要观点或基本内容先于《上海鲁迅研究》在其他公开或内部出版物（包括期刊、报纸、专著、论文集、学术网站等）上发表。如未注明非专有许可，视为专有许可。

第三，所投稿件应遵守国家相关标准和出版物法规，如关于标点符号和数字使用的规范等。

第四，《上海鲁迅研究》编辑部有权对来稿做文字删改。

第五，《上海鲁迅研究》实施兼职编委集体审稿与专职编辑三级审稿相结合的审稿制度。作者投稿之日起超过一年未采用，可自行投稿。其间，如需查询用稿情况、撤稿等，请作者及时通知编辑部，编辑部将视编辑该稿情形后，答复作者。

第六，来稿论文要求格式规范，项目齐全。投稿文刊出后，将由出版社支付稿酬，按照相关要求，请提供：**真实姓名，联系地址（含邮编），电子信箱，手机号码、身份证号码、作者在中国大陆地区中资银行的开户银行名并支行名（支行名称请务必提供）及账号**。作者如对稿酬有疑问者，敬请直接致电出版社（联系方式见版权页）。

第七，《上海鲁迅研究》已加入“中国知网”（光盘版）电子期刊出版系统，作者的著作权使用费与《上海鲁迅研究》稿费将一次性给付。

第八，稿件经采用，即于出版后付稿酬（限常住中国大陆地区作者，并提供“本须知”第六条者所要求各项信息者）并寄样本两册。

第九，《上海鲁迅研究》整体版权属《上海鲁迅研究》编辑者所有，未经许可，不得以任何方式复制、选编。经《上海鲁迅研究》编辑部许可，在其他出版物上发表或转载的，须特别注明“本文首发于《上海鲁迅研究》”字样。

第十，凡不同意“本须知”各条款者，请勿投稿。谢谢合作！《上海鲁迅研究》编辑部收到作者投稿，即认定作者知悉并同意“本须知”各条款。

如违背“本须知”各条款，给《上海鲁迅研究》造成任何不良影响，由作者承担全部责任。

《上海鲁迅研究》编辑部
地址：上海市甜爱路200号　上海鲁迅纪念馆
邮编：200081
电话：021-65878211　021-65402288 * 215
传真：021-56962093
电邮：slyj@aliyun.com

图书在版编目(CIP)数据

上海鲁迅研究. 鲁迅与外国文学 ：总第 96 辑 / 上海鲁迅纪念馆编 .— 上海 ：上海社会科学院出版社，2023
ISBN 978 - 7 - 5520 - 4037 - 1

Ⅰ. ①上… Ⅱ. ①上… Ⅲ. ①鲁迅研究—文集 Ⅳ. ①K825.6 - 53

中国国家版本馆 CIP 数据核字(2023)第 041837 号

上海鲁迅研究·鲁迅与外国文学(总第 96 辑)

上海鲁迅纪念馆 编
责任编辑：章斯睿
封面设计：贾川琳
出版发行：上海社会科学院出版社
上海顺昌路 622 号 邮编 200025
电话总机 021 - 63315947 销售热线 021 - 53063735
http://www.sassp.cn E-mail:sassp@sassp.cn
照 排：南京理工出版信息技术有限公司
印 刷：上海新文印刷厂有限公司
开 本：890 毫米×1240 毫米 1/32
印 张：10.125
字 数：265 千
版 次：2023 年 3 月第 1 版 2023 年 3 月第 1 次印刷

ISBN 978 - 7 - 5520 - 4037 - 1/K · 682 定价:88.00 元
